금융재정학과 블록체인

김종권

박영사

Preface

이 책은 종래에 다루어지던 재정학(Public Economics)에서 벗어나 금융(Finance) 부문을 과감하게 추가한 것이다. 이는 미국의 2008년 금융위기 당시 금융정책(monetary policy)과 재정정책(fiscal policy)을 동시에 취하여 위기국면을 빨리 타개한 것에서 착안한 것이다.

2018년 하반기 이후 한국경제는 당면한 과제들을 잘 해결하고 비약적인 발전을 해 나가기 위해서 국가적인 단위에서 이와 같은 스탠스가 필요하다는 판단을 하고 있다. 물론 금융부문은 민간영역이고, 재정학은 공공영역에 해당한다.

향후 정부 차원에서 어떠한 문제점을 해결하려면 정부 뿐 아니라 모든 경제주체들이 지혜를 모으고 힘을 합쳐야 한다. 이와 같은 측면에서 본 책자를 발간하게 된 것이다. 그리고 최근 블록체인(Blockchain)을 기반으로 하는 기술이 국내 산업모든 분야에서 확산될 조짐을 갖고 있다.

이와 같은 블록체인(Blockchain)을 기반으로 하는 기술은 4차 산업혁명(fourth industrial revolution) 중 하나이고 전통적인 산업과 상생의 발전을 해 나가고 있다. 이러한 4차 산업혁명과 관련된 기술의 산업들은 로봇을 비롯하여 인공지능, 3D 프린팅, IoT, IoE, 자율주행차, 드론, 신재생에너지 등 광범위한 범위에서 걸쳐서 발전을 거듭해 나가고 있다.

이 중에서 블록체인(Blockchain)을 기반으로 하는 기술은 가상화폐(암호화폐, cryptocurrency)와 관련하여 더욱 비약적인 발전을 해 나가고 있다. 미국과 서부유럽 등에서는 블록체인(Blockchain)을 기반으로 하는 기술이 상당히 앞서 나가고 있으며, 이 기술을 통하여 의료와 건축 그리고 스마트시티 등 다양한 분야에서 응용되어 발전되고 있다.

이와 같은 4차 산업혁명(fourth industrial revolution) 시대에는 단순한 일자리는 줄어들 수 있어도 양질의 일자리들이 새롭고 창의적으로 생겨나고 있다. 한국의 경우에도 그렇고 외국에서는 더욱 양질의 일자리 창출이 늘어나고 있는 상황이다.

또한 중국의 경우만 보더라도 상당히 우수한 고급인력들이 대학에서 졸업 후이 분야에 진출하고 있다. 이와 같은 세계적인 흐름에 맞추어 미국의 경우에는 미국 대학의 학문 영역을 자유롭게 하여 융합적인 발전을 모색하고 있다.

특히 미국의 대학에서는 의료와 IT기술 등과 관련된 4차 산업혁명(fourth industrial revolution)의 융합적인 학과 운영을 하고 있다. 이는 실질적인 플립러닝(flipped learning) 방식으로 이루어져 강의실에서 단순히 강의식 수업만으로 이루어지는 것이 아니라 학생들이 먼저 수업과 관련된 내용을 학습하고 토론을 하는 등 이전보다 다양한 형태로 진행되고 있는 것이다. 이와 같은 4차 산업혁명(fourth industrial revolution) 시대에 교육혁신(education innvation)을 통하여 미국은 우수한 인재를 발굴해내고 있다.

한국의 경우에도 세계적으로 우수한 IT기술을 확보하고 있으므로 이러한 기술을 잘 활용하면 세계적인 흐름인 블록체인(Blockchain)을 기반으로 하는 기술과 가상화폐(암호화폐, cryptocurrency)를 비롯한 핀테크(fintech) 분야에서도 세계적으로 두각을 나타낼 것으로 판단된다.

본 책자에서는 총 5편으로 구성하였다. 제1편은 투자와 자본의 한계적인 효율성에 대하여 다루었다. 여기에는 제1장 투자와 이자율의 관계와 제2장 투자와 자본의 한계적인 효율성으로 구성하였다. 제2편에서는 자본의 한계적인 효율성과 금리에 대하여 다루었는데, 제3장의 자본의 한계적인 효율성과 경제와 제4장의 자금과 경기변동이 그것이다. 그리고 제3편에서는 경기와 재정정책에 대하여 조명해 보았다. 여기서는 제5장 경기와 재정을 그리고 제6장에서 재정정책과 과세체계를 다루었다. 또한 제4편에서는 정부지출과 예산제약으로 하여 제7장에서 정부지출과 공공재 그리고 제8장에서 예산의 제약과 소득, 노동의 측면에서 살펴보았다. 마지막으로 제5편에서는 블록체인과 정부정책을 다루었다. 여기서는 제9장에서 블록체인과 투자수익 측면을 살펴보았다.

이 책을 집필할 수 있도록 배려를 해 주신 박영사의 안종만 회장님께 형언할 수 없는 진심의 마음을 담아 감사의 말씀을 드린다. 그리고 손준호 과장님께도 늘 격려와 칭찬을 아끼지 않으시고 시대에 맞게 편안하게 주제를 정하여 책자를 만들 수 있도록 배려해주신 데 진심으로 감사의 말씀을 드린다.

본 책자는 금융과 재정을 동시에 다루고 그리고 이들의 연결고리에 투자를 심도 있게 다루었다. 그리고 블록체인(Blockchain)을 기반으로 하는 기술은 가상화폐(암호화폐, cryptocurrency)와 관련하여 염두에 두고 집필을 한 것이다. 따라서 정부를 비롯하여 산업에 종사하는 분들과 기관투자자들 입장에서도 도움이 될 것으로 기대해 본다. 특히 대중 분들도 쉽게 보고 이해하실 수 있도록 각종 가장 최신으로 발표된 데이터를 사용하였다. 아울러 금융과 재정학, 세무관련 자격증 및 투자와 블록체인 및 가상화폐(암호화폐)를 포함한 4차 산업혁명과 관련된 자격증 등을 준비하는 수험생분들에게도 도움을 드리고자 최신의 데이터와 세계 및 국내적인 실무 흐름도 포함시켰다.

그리고 이 책자를 발간하는 데 전념할 수 있도록 배려해 주신 신한대학교에 감사의 말씀을 드린다.

편안하게 책자를 발간하는 데 집중할 수 있도록 해주신 가족 모든 분들께도 말로 다 표현할 수 없는 진심어린 감사의 말씀을 드린다. 늘 보호해 주시고 인도해 주시고 세상 마지막까지 함께 해 주실 하나님께 무한한 감사의 말씀을 드린다. 이 책을 통하여 공부하시고 연구해 주시는 모든 분들께도 진심어리고 형언할 수 없는 감사의 말씀을 드린다.

2018년 10월
김 종 권

Contents

금융재정학과
블록체인

 Finance and Blockchain

01

투자와 자본의
한계적인 효율성

Chapter

01
투자와 이자율의 관계

| 제1절 | 투자와 경기순환

　투자이론의 이론적인 토대는 경험적인 틀에서 제공되고 이어져 왔다. 기업들은 수많은 투자를 통하여 이윤의 극대화를 추구한다. 그리고 투자와 관련한 이론들 속에 신고전학파와 토빈이 주창한 Q 등의 이론적인 토대는 정적인 부분에서 동태적인 최적화까지 발전하여 설명이 이루어지고 있다. 이와 같이 서로 다른 투자와 관련된 이론들은 시간의 흐름에 따라 그 시대에 맞게 다양하게 전개되어 왔다. 그리고 이러한 투자 이론들은 서로 어떻게 다르게 전개되어 오고 있는지와

| 그림 1-1 | 기업경영분석지표(2009~, 전수조사) 전산업 부채비율(좌)과 자기자본비율(우)
　　　　　 의 추이(2013년부터 2016년까지)

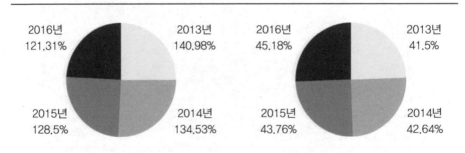

| 2016년 | 2013년 | 2016년 | 2013년 |
| 121.31% | 140.98% | 45.18% | 41.5% |

| 2015년 | 2014년 | 2015년 | 2014년 |
| 128.5% | 134.53% | 43.76% | 42.64% |

관련하여 정리되면서, 가정의 근본적인 차이점이 무엇인지 시사점을 제공해 주고 있다. 그리고 투자이론의 핵심인 토빈이 주창한 Q의 이론에 대한 한계점에 대하여도 시사점을 나타내 주고 있다.

<그림 1-1>의 기업경영분석지표(2009~, 전수조사) 전산업 부채비율(좌)과 자기자본비율(우)의 추이를 살펴보면, 부채비율은 최근 2013년 이후 2016년까지 지속적으로 낮아졌으며, 이와 반대로 자기자본비율은 최근 2013년 이후 2016년까지 지속적으로 높아졌음을 알 수 있다. 이 자료는 경제검색의 시스템[간편 검색, 한국은행]에 따른 것이다.[1]

한국이 IMF의 긴급자금 융자를 받기 전에는 투자수익률이 대출이자율보다 높아 기업경영에 있어서 매출증가율이나 판매증가율, 시장점유율에 더 많은 관심을 가지고 있었다. 하지만 한국이 IMF의 긴급자금 융자를 받은 이후 시점부터는 기업들이 기업의 성장성(growth)보다는 수익성(profitability)에 관심을 더 두게 된다. 이에 따라 투자의 패턴도 바뀌게 되었다.

경영분석(business analysis)의 관점에서 살펴보면, 투자수익률(rate of return in investment)이 대출이자율(lending interest rate)보다 높을 경우에는 부채비율, 즉 타인자본이 높을수록 투자수익률이 금리비용보다 높아 기업경영에 유리하다고 보고 있다. 이것의 관점에서 살펴보면, 기업경영에 있어서 현재의 투자수익률과 금리수준과의

| 그림 1-2 | 기업경영분석지표(2009~, 전수조사) 전산업 차입금의존도(좌)와 유동비율(우)의 추이(2013년부터 2016년까지)

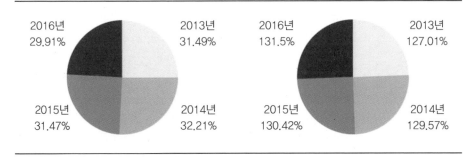

---

1 http://ecos.bok.or.kr/

관계를 살펴보아야 한다.

<그림 1-2>의 기업경영분석지표(2009~, 전수조사) 전산업 차입금의존도(좌)와 유동비율(우)의 추이를 살펴보면, 최근 2013년 이후 2016년까지의 차입금의존도의 전체적인 흐름이 낮아지고 있음을 알 수 있다. 반면에 기업들의 유동비율이 최근 2013년 이후 2016년까지 지속적으로 높아지고 있어서 부채를 진 후 갚을 수 있는 능력이 개선되고 있음을 알 수 있다. 유동비율이란 유동자산(asset)을 유동부채(debt)로 나누어서 구한 것을 의미한다. 이 자료는 경제검색의 시스템[간편 검색, 한국은행]에 따른 것이다.

유동비율과 같이 기업들이 지불할 수 있는 능력이 개선되는 것은 자기자본비율이 상승하는 것과 같이 기업의 경영건전성 측면에서는 바람직한 현상이다. 하지만 만일 기업들의 투자의욕이 줄어들어서 국가 전체적인 측면에서 살펴볼 때, 수입이 줄어들어 불황과 관련하여 기업들의 흑자가 나는 현상과 같이 투자가 줄어들면서 기업 내의 유보자금이 늘어나면서 단지 자기자본비율이 상승하고 차입의존도가 낮아지고, 부채비율이 줄어들고 유동비율이 높아진다면 이는 적어도 기업들의 지속가능한 경영과 국가 전체 차원에서도 일자리 창출 방향과는 맞지 않는 바람직하지 못한 현상이 될 수 있다.

따라서 투자와 관련된 이론이 현실세계에서 적용될 때 지표상으로는 개선되거나 좋게 보일 수 있지만, 기업들의 지속가능한 경영 측면의 동태적인(dynamic) 측면에서도 바람직하게 유지되거나 진행되는지는 잘 살펴보아야 한다.

이와 같이 기업들이 투자를 할 때, 투자 행동에 중요한 결정 요인은 무엇인가? 첫째, 이는 기업들의 경우에 있어서 기업들의 현재의 투자에 있어서의 품목(item)이 적절한지, 즉 장기적인 성장이 가능한가에 주안점이 두어져 있다. 이것에는 자본의 역할이 또한 중요한 몫을 차지하고 있다. 국가에서도 차세대 동력산업을 찾는 것과 같이 기업들의 경우에 있어서도 향후 이익 측면에 있어서 비전(vision)이 있는 품목을 적극 발굴하여 투자를 늘리게 되는 것이다. 둘째, 동태적인 경기변동과 관련되어 있다. 앞의 첫째에서도 살펴보았듯이 기업들이 새로운 품목에 대한 투자를 할 경우 현재의 경기순환(business circulation) 상에 있어서 호황국면인지 불황국면인지 등과 같은 동태적인 경기변동과 관련하여 잘 살펴볼 필요가 있는 것이다.

| 그림 1-3 | 기업경영분석지표(2009~, 전수조사) 전산업 비유동비율(좌)과 매출액영업이익
　　　　　　률(우)의 추이(2013년부터 2016년까지)

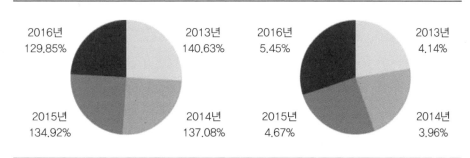

<그림 1-3>의 기업경영분석지표(2009~, 전수조사) 전산업 비유동비율(좌)과 매
출액영업이익률(우)의 추이를 살펴보면, 비유동비율은 감소추세에 놓여있는 반면
에 매출액영업이익률은 증가세를 보이고 있다. 이 자료는 경제검색의 시스템[간편
검색, 한국은행]에 따른 것이다.

비유동비율이란 비유동자산(asset)에 대하여 자기자본(net worth)으로 나누어 구한
비율을 의미한다. 한편 매출액영업이익률이 증가한다는 것은 재고(inventory)가 줄어
들 수 있음을 의미하는 것이다. 참고로 만일 재고가 바닥이 날 경우에는 경기순
환 상에 있어서 호황에 접어들 수 있는 신호로도 파악할 수 있다.

<그림 1-4>의 기업경영분석지표(2009~, 전수조사) 전산업 매출액세전순이익률
(좌)과 이자보상비율(우)의 추이를 살펴보면, 매출액세전순이익률이 최근 들어 지속

| 그림 1-4 | 기업경영분석지표(2009~, 전수조사) 전산업 매출액세전순이익률(좌)과 이자보
　　　　　　상비율(우)의 추이(2013년부터 2016년까지)

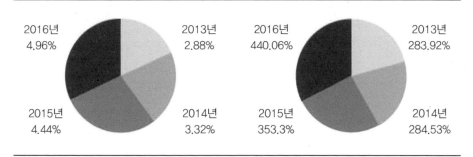

적으로 상승세에 놓여있고 이자보상비율도 최근 들어 지속적으로 상승추세에 있음을 알 수 있다. 이자보상비율 혹은 이자보상배율은 영업이익(operating profit)을 지급이자의 비용(cost)으로 나누면 계산할 수 있다. 이 자료는 경제검색의 시스템[간편검색, 한국은행]에 따른 것이다.

이와 같이 최근 들어 지표상으로는 국내 경제가 나쁘지 않음을 알 수 있다. 2018년 들어서도 해외 경제를 살펴볼 경우 미국, 일본 등 선진국의 경기 사이클(business cycle)이 호황국면을 보이고 한국의 수출(export) 여건이 나쁘지 않은 상태에 놓여 있다는 것을 나타내 주고 있다.

경기순환과 투자는 어떠한 관계에 있을까? 투자는 일반적으로 경기변동과 매우 밀접한 연관성을 지니고 있음을 알 수 있다. 즉, 경기순환과 투자는 중요한 관계에 놓여 있는데, 판매부진에 따른 재고가 쌓이면 불황이 되고 불황이 지속되다 보면 가격(price)이 하락하게 되어 수요(demand) 증가에 따른 판매가 늘어나면서 재고가 줄어들어 다시 호황으로 연결될 수 있다.

따라서 투자와의 관계를 살펴보면, 투자의 경우에 있어서는 산출량보다 일반적으로 변동성이 크다는 것을 알 수 있는데 투자는 국내외 이자율(interest rate) 및 환율(foreign exchange) 등과 같은 가격변수에도 민감한 반응을 나타낸다. 이러한 투자의 집합으로 자본(capital)이 축적되는 것이다. 지출국민소득과 관련하여 다음 식(1)과 같은 방정식을 상정해 볼 수 있다.

$$GDP = Consumption + Investment + Government\ Expenditure + Export - Import \quad \cdots\cdots\cdots\cdots\cdots\cdots\cdots\cdots\cdots\cdots\cdots\cdots\cdots (1)$$

따라서 GDP(Gross Domestic Product) 또는 산업생산지수와 투자의 상관성을 살펴볼 필요가 있다. 여기서 지출국민소득은 소비와 투자, 정부지출, 수출과 양(+)의 상관관계(correlation)를 갖고 있으며, 수입과는 음(−)의 상관관계에 놓여 있음을 알 수 있다. 따라서 투자의 증가는 GDP(Gross Domestic Product) 또는 산업생산의 증가에 기여하게 되는 것이다.

<그림 1-5>의 기업경영분석지표(2009~, 전수조사) 전산업 금융비용부담률(좌)과 차입금평균이자율(우)의 추이를 살펴보면, 금융비용부담률과 차입금평균이자율 모두 최근 들어 낮아지고 있는 추세를 보이고 있다. 이에 따라 기업경영을 둘러싼

금융관련 환경이 나쁘지 않음을 나타내 주고 있다. 금융비용부담률은 회사의 금융비용(financial costs)을 총매출액(gross sales)으로 나누어 구한 값을 의미한다. 그리고 차입금평균이자율의 경우 저금리 추세가 지속되면서 낮은 수준을 보이고 있는 것을 알 수 있다. 이 자료는 경제검색의 시스템[간편 검색, 한국은행]에 따른 것이다.

<그림 1-6>의 기업경영분석지표(2009~, 전수조사) 전산업 인건비대매출액(좌)과 인건비대영업총비용(우)의 추이를 살펴보면, 지속적으로 양 지표 모두 최근 들어 상승추세에 있음을 알 수 있다. 이 자료는 경제검색의 시스템[간편 검색, 한국은행]에 따른 것이다.

이는 2018년 들어 경기변동과 여러 가지 체감 경영지표들을 고려할 때 최저임금(minimum wage)의 상승이 경제에 미치는 영향들에 대하여 기업들이 민감한 상황

| 그림 1-5 | 기업경영분석지표(2009~, 전수조사) 전산업 금융비용부담률(좌)과 차입금평균이자율(우)의 추이(2013년부터 2016년까지)

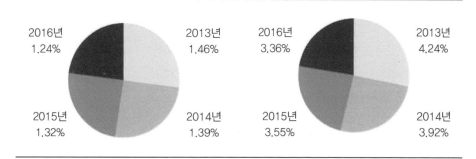

| 그림 1-6 | 기업경영분석지표(2009~, 전수조사) 전산업 인건비대매출액(좌)과 인건비대영업총비용(우)의 추이(2013년부터 2016년까지)

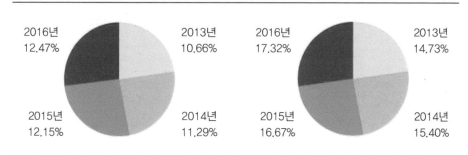

임을 고려할 때 인건비대매출액(employment costs to sales)과 인건비대영업총비용 (employment costs to total operating costs)의 상승은 기업들에게 자금사정상 부담요인이 될 수 있다.

경기변동상에 있어서 투자를 구성하는 요소들은 시계열상 경기순환에 따라 변동성이 큰 품목들을 포함하고 있다.

그러면 투자율을 결정짓게 되는 것은 무엇이 있을까? 거시경제학의 모형에서는 재고의 증감에 따른 투자가 경기순환에 영향을 줄 수 있다. 즉, 투자는 소득의 함수 형태로도 파악해 볼 수 있다. 일반적으로 경기가 호황국면에 접어들며 고용이 증가하고 가계 및 기업들의 소득수준이 높아지게 되어 투자가 활성화된다는 것이다.

한편 이자율 수준이 낮게 되면 투자는 활성화되어야 하고, 이자율 수준이 높게 되면 투자는 위축되게 된다.

<그림 1-7>의 기업경영분석지표(2009~, 전수조사) 전산업 매출액증가율(좌)과 유형자산증가율(우)의 추이를 살펴보면, 매출액증가율이 2015년까지 하락세를 보이다가 2016년 들어 상승폭이 확대된 것으로 나타났다. 그리고 유형자산증가율은 2014년까지 하락과 2015년 들어 상승을 반복한 후 2016년 들어 둔화된 것을 알 수 있다. 유형자산증가율이 높아졌다는 의미는 토지와 건물, 기계, 공장에 대하여 기업들의 투자추세가 증가하였음을 나타내는 지표이다. 이 자료는 경제검색의 시스템[간편 검색, 한국은행]에 따른 것이다.

매출액증가율이 높아졌다는 것은 기업들에게 있어서 영업이익 증가 등으로

| 그림 1-7 | 기업경영분석지표(2009~, 전수조사) 전산업 매출액증가율(좌)과 유형자산증가율(우)의 추이(2013년부터 2016년까지)

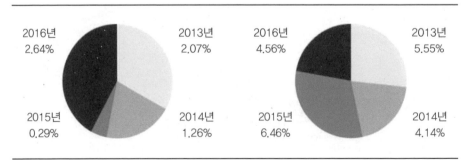

긍정적으로 평가할 수 있는 부분이다. 하지만 유형자산증가율이 둔화되었다는 것은 향후 경제성장잠재력(economic growth potential)이 둔화될 수 있는 것을 반영한 지표로도 해석할 수 있다. 보다 엄격하게는 체감지표들까지 같이 살펴보아야 현재 기업들의 경기상황에 대한 진단까지 살펴볼 수 있겠다.

<그림 1-8>의 기업경영분석지표(2009~, 전수조사) 전산업 총자산증가율(좌)과 제조업 부채비율(우)의 추이를 살펴보면, 전산업 총자산증가율이 완만하게 상승하고 있는 것을 알 수 있다. 그리고 제조업 부채비율도 지속적으로 낮아지고 있는 것을 알 수 있다. 이 자료는 경제검색의 시스템[간편 검색, 한국은행]에 따른 것이다.

전산업 총자산증가율과 제조업 부채비율을 살펴볼 경우 기업의 경영환경이 나쁘지 않은 것을 알 수 있다. 하지만 2018년 하반기 이후 본격적인 미국과 중국의 관세(tariff)와 관련된 무역 분쟁 등이 지속된다면 대외의존도가 높은 한국의 경제상황도 낙관만 하기는 어렵다고 볼 수 있다.

투자율을 결정하는 요인들은 무엇이 있는지와 관련하여 앞에서도 살펴보았다. 이것의 개념은 국가 전체적으로 살펴보았을 때 통화신용정책(monetary credit policy)이 인플레이션을 안정화시키는 정책(inflation targeting)과 연계성이 있다. 즉, 저금리를 유지하기 위한 정책은 상대적으로 기업들의 투자를 촉진시킬 수 있다. 반면에 물가상승률이 높을 경우 금리를 올릴 수 있는데, 이는 투자심리와 행태에 나쁜 영향을 줄 수 있다.

참고로 2018년 미국의 경우 근원인플레이션율의 상승 등에 따라 금리인상이

| 그림 1-8 | 기업경영분석지표(2009~, 전수조사) 전산업 총자산증가율(좌)과 제조업 부채비율(우)의 추이(2013년부터 2016년까지)

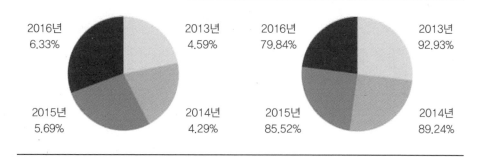

진행되고 있다. 이는 경기가 호황에 접어들고 실업률도 낮은 수준인 것에 의하여 물가상승률이 영향을 받고 있기 때문이다.

한편 기대 인플레이션의 상승은 환율에도 영향을 줄 수 있고, 이는 수입 물가를 상승시킬 수 있다. 이에 따라 실제로 인플레이션이 높은 방향으로 진행될 수 있는 것이다. 그리고 기대 인플레이션의 상승은 소비와 투자에 영향을 주어 노동시장의 임금수준을 높여서 실제 인플레이션이 상승하게 된다. 인플레이션율과 중앙은행 금리정책(interest policy)의 관계를 살펴보면, 중앙은행의 기준금리와 관련된 정책은 시장이자율에 영향을 미쳐서 기대 물가상승률의 변동에 영향을 나타내 실제로 인플레이션이 상승할 경우에는 앞에서도 언급한 바와 같이 중앙은행의 기준금리인 정책금리를 올려서 시장금리를 상승하게 하고 기대 물가상승률 수준을 낮춰서 물가상승을 진정시키는 것이다.

<그림 1-9>의 기업경영분석지표(2009~, 전수조사) 제조업 자기자본비율(좌)과 차입금의존도(우)의 추이를 살펴보면, 자기자본비율은 2013년 이후 지속적으로 상승하고 있으며, 반면에 차입금의존도는 2014년 이후 지속적으로 낮아지는 추세를 보이고 있다. 차입금의존도는 총자산을 의미하는 자본과 부채의 합계로부터 차입금 비중이 어느 정도를 차지하고 있는지와 관련하여 백분율을 표시한 재무제표(financial statement)를 의미한다. 따라서 이 수치의 경우 낮은 것이 수익성(profitability)과 재무구조 상에 있어서 좋다는 의미를 지니고 있다. 이 자료는 경제검색의 시스템[간편 검색, 한국은행]에 따른 것이다.

| 그림 1-9 | 기업경영분석지표(2009~, 전수조사) 제조업 자기자본비율(좌)과 차입금의존도
          (우)의 추이(2013년부터 2016년까지)

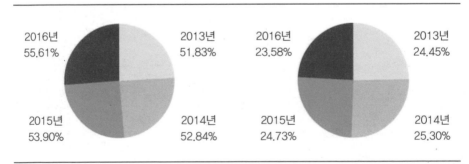

물론 기업들의 재무제표의 지표상으로는 자기자본비율이 높아지고 차입금의존도가 낮아지는 것이 긍정적이기는 하지만 이것이 향후 경기변동(business cycle)상 기업들에게 불리하게 판단한다든지 경제적으로 잠재성장률이 낮아질 것으로 예상하여 투자규모를 줄여서 나타나는 현상이라면 반드시 긍정적이라고 평가하기는 어렵다. 따라서 각국 정부에서는 금융과 관련된 모든 정책들 양적 완화와 마이너스 금리를 비롯한 초저금리 정책으로 경제에 활력을 불어넣으려고 2018년 들어 미국을 제외하고는 지속적인 정책을 취하곤 하였다. 이에 따라 금리수준이 낮아질 만큼 낮아졌다고 판단하는 선진 각국들의 정부는 재정정책(fiscal policy)을 확대해나가고 있다. 하지만 이것도 재정건전성의 테두리 내에서 추진되어야 하는 한계점을 지니고 있다.

<그림 1-10>의 기업경영분석지표(2009~, 전수조사) 제조업 유동비율(좌)과 비유동비율(우)의 추이를 살펴보면, 전산업의 경우 기업들의 유동비율이 최근 2013년 이후 2016년까지 지속적으로 높아지고 있어서 부채를 진 후 갚을 수 있는 능력이 개선되고 있음을 알 수 있었다. 이와 같은 추세가 제조업에서도 그대로 이어지고 있다. 전산업의 비유동비율이 감소추세에 놓여있는 것을 앞에서도 살펴보았는데, 제조업에서도 그대로 나타나고 있다. 이 자료는 경제검색의 시스템[간편 검색, 한국은행]에 따른 것이다.

이에 따라 기업들의 경영환경들이 전산업의 경우에서와 같이 제조업에서도 그대로 진행되고 있다. 단지 우리나라가 그동안 지속해 온 제조업보다 서비스중심

| 그림 1-10 | 기업경영분석지표(2009~, 전수조사) 제조업 유동비율(좌)과 비유동비율(우)
　　　　　의 추이(2013년부터 2016년까지)

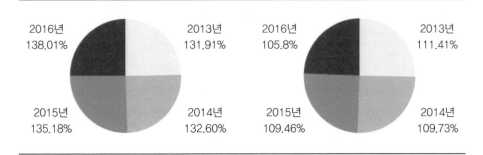

의 산업구조 개편으로의 진행속도 등에 있어서 한번 정도 숙지해 볼 때가 된 것으로 판단된다. 영국의 경우 금융중심지인 것은 어느 국민들이든지 간에 알 정도로 익숙하다. 하지만 재미있는 비교는 영국과 독일이다. 독일의 경우에 있어서는 같은 유럽(Europe) 국가들 중에 속해 있으면서도 제조업도 잘 유지하고 있다. 이는 한국의 경우 최근 양질의 일자리의 창출 제고와 관련된 노력을 진행 중인데, 독일의 경우와 영국의 경우를 비교하여 잘 판단해야 한다. 이는 블록체인(Blockchain)과 가상화폐, ICO 등을 비롯한 인공지능, 로봇, 자율주행차 등 4차 산업혁명(fourth industrial revolution)이 일자리를 줄이는 방향으로 전개되는지 살펴보아야 하는 시점이기도 하기 때문이다. 물론 4차 산업혁명과 관련된 새로운 일자리도 만들어지고 있다. 이에 대한 숙련된 고급 기술자와 전문가들을 양산해 나가야 한다. 이 또한 한국의 정부와 산업계, 학계 등이 산학연 공동 노력을 경주해 나가야 하는 당위성으로 진행될 것이다. 하지만 기존의 익숙한 근로환경에서 새로운 4차 산업혁명의 일자리에 익숙해 질 때까지 그동안의 마찰적 실업(frictional unemployment) 등이 크지는 않아도 발생할 수도 있다.

물론 블록체인을 위시한 4차 산업혁명으로의 산업개편은 피할 수 없는 당면과제이다. 반도체산업이 과거에는 벤처기업이었지만, 한국의 대표적인 유일무이한 주력산업이 된 것처럼 향후 이와 같은 주력산업을 만들어가야 하기 때문이다.

투자를 결정하는 것은 무엇일까? 이는 단순하게 신고전학파 모형을 이용하면 투자는 이자율과 음(−)의 관계에 놓인다고 판단된다. 하지만 실제 경험적인(empirical) 모형에서 연립방정식(simultaneous) 모형을 구성하여 분석해 보면 반드시 그렇게 결과 값을 보이지는 않는다. 이는 한국에서 경기가 호황일 경우에 그리고 IMF 긴급 금융지원(bail−out)을 받기 이전에는 투자수익률이 대출이자율보다 대체로 높은 구간이 많았다. 따라서 투자가 증가하면서 기업들을 비롯한 대출증가에 따른 이자율도 상승하는 것과 같은 신고전학파 모형과는 다른 양상을 보이는 구간이 많았기 때문이다.

<그림 1−11>의 기업경영분석지표(2009~, 전수조사) 제조업 매출액영업이익률(좌)과 매출액세전순이익률(우)의 추이를 살펴보면, 전산업의 매출액영업이익률은 증가세를 보이고 있는 것과 마찬가지로 제조업의 경우에 있어서도 2014년 이후 증가추세를 나타내고 있다. 전산업 매출액세전순이익률이 최근 들어 지속적으로

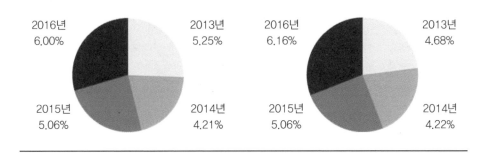

상승세에 놓여있는 것과 같이 제조업의 매출액세전순이익률도 2014년 이후 증가추
세를 보이고 있다. 이 자료는 경제검색의 시스템[간편 검색, 한국은행]에 따른 것이다.

　매출액은 시장점유율과 직결되어 있고 미국과 중국의 무역 분쟁 조짐과 관세
발동에 따른 세계 무역의 위축이 우려되는 것이 2018년의 특징이다. 이에 따라
한국 내의 전문가들도 무역과 관련하여 미국과 중국에 과도하게 집중되어 있는
무역관계(trade relationship)를 다른 국가들로 돌파하여야 한다는 해법을 제시하고 있
다. 이것은 무역관련 위기(crisis)가 있을 때마다 지적되어온 사항이기도 하다. 대외
의존도가 높은 한국의 입장에서는 미국과 중국의 무역분쟁 조짐과 이에 따른 고
율의 관세는 한국경제(Korea economy)와 무역에 위축을 가져올 수 있을 것으로 판
단되기 때문이다.

　예를 들어, 전에 모기업과 같이 자원이 풍부한 제3국가에 대한 사회시설을 비
롯한 인프라지원을 늘려나가는 것도 향후 미국과 중국에 대한 의존도를 낮추고
무역선을 다변화하는 효과는 있겠지만 이는 장기적인 해결방안이 될 수 있을지는
몰라도 단기적인 해결방안이 되기는 어렵다는 측면이 있다. 이는 현금흐름(cash
flow)상 기업에 부담요인이 될 수 있기 때문이다.

　<그림 1-12>의 기업경영분석지표(2009~, 전수조사) 제조업 이자보상비율(좌)과
금융비용부담률(우)의 추이를 살펴보면, 전산업의 이자보상비율도 최근 들어 지속
적으로 상승추세에 있음을 알 수 있었는데, 제조업의 이자보상비율도 지속적인
상승세를 나타내고 있다. 앞에서 살펴본 바와 같이 이자보상비율 혹은 이자보상

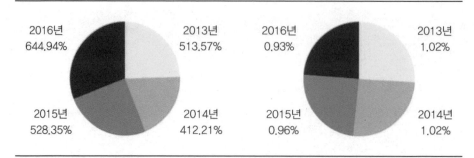

배율은 영업이익(operating profit)을 지급이자의 비용(cost)으로 나누면 계산할 수 있는
방법이다. 이에 대하여 판단할 때 이 지표가 1보다 낮은 경우에 있어서는 문제가
될 수 있는데, 기업들이 번 영업이익(operating profit)이 이자의 비용(cost)과 비교할
때 적은 것을 의미한다고 일반적으로 알려져 있다.

전산업 금융비용부담률이 낮아지고 있는 추세를 나타냈는데, 제조업 금융비용
부담률의 경우에 있어서도 동일한 추세를 보이고 있다. 따라서 제조업의 기업경
영을 둘러싼 금융관련 환경이 나쁘지 않음을 나타내 주고 있다. 앞에서도 언급한
바와 같이 금융비용부담률은 회사의 금융비용(financial costs)을 총매출액(gross sales)
으로 나누어 구한 값을 의미하며, 이와 같은 방법으로 계산할 수 있다. 이 자료는
경제검색의 시스템[간편 검색, 한국은행]에 따른 것이다.

최근 들어 세계적인 금리 추세가 2018년 들어 진행되고 있는 미국의 금리인상
전에는 낮아지는 추세가 지속적으로 이어진 바 있다. 한편 저명한 경제학자인 맨
키유(Mankiw) 교수가 연방준비은행(federal reserve bank)에 마이너스 금리(negative interest
rate)를 제의한 후 유럽의 몇 개 국가와 일본이 이를 시행한 바 있다. 이와 같은
저금리 추세에 따라 한국의 경우에 있어서도 이자의 비용(cost)이 낮아 기업의 경
영환경, 즉 자금조달에 있어서 문제점이 줄어들고 영업이익(operating profit)의 개선
에 기여하였을 수 있다. 이에 따라 금리의 지속적인 하락추세가 전산업의 이자보
상비율과 제조업의 이자보상비율을 통하여 살펴본 기업경영 환경에 긍정적인 역
할을 하였을 수도 있다.

그러면 한국 이외의 국가에서도 이자율과 투자와의 관계가 통계적으로 동일한 결과가 일어날까? 이는 미국과 같이 자본주의(capitalism) 역사가 긴 경우에 있어서는 한국과 다른 결과로 이어질 수도 있다. 그리고 중앙은행(central bank)이 준칙주의에 따라 통화량을 조절한 경험이 긴 국가일수록 신고전학파 모형에 근접한 결과 값이 나타날 수 있다. 따라서 '시계열 상 어느 정도의 데이터(data)에 따라 분석기간을 갖는가'가 중요해질 것으로 판단된다. 그리고 분기의(quarterly) 혹은 연간의(annually) 자료에 따른 분석인가에 따라서 데이터의 변동성(volatility)에 따라 신고전학파 모형의 결과 값과 근사 값이 나올 수 있는지 차이가 나타날 수 있다.

제2절 투자와 기업가치의 결정

<그림 1−13>의 기업경영분석지표(2009~, 전수조사) 제조업 차입금평균이자율(좌)과 인건비대매출액(우)의 추이를 살펴보면, 전산업 차입금평균이자율이 최근 들어 낮아지고 있는 추세와 마찬가지로 제조업의 차입금평균이자율도 2014년 이후 낮아지는 모습을 나타내고 있다. 한편 전산업 인건비대매출액이 최근 들어 상승 추세에 있었던 바와 같이 제조업의 경우에 있어서도 2013년 이후 지속적으로 높아지고 있는 것을 알 수 있다. 이 자료는 경제검색의 시스템[간편 검색, 한국은행]에

| 그림 1−13 | 기업경영분석지표(2009~, 전수조사) 제조업 차입금평균이자율(좌)과 인건비대매출액(우)의 추이(2013년부터 2016년까지)

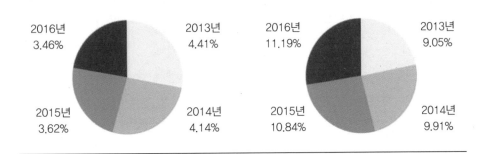

따른 것이다.

제조업 차입금평균이자율의 경우 세계적인 저금리 속에 한국의 기준금리도 낮아지고 있는 추세를 보임에 따라 자연스럽게 낮아지고 있을 수 있다. 물론 이와 같은 차입금평균이자율이 낮아지는 것은 기업경영환경(company business environment)에 있어서 긍정적인 요소가 될 수는 있다. 하지만 재무관리(financial management)를 전공한 학자들이 주장하는 바와 같이 이자율의 하락이 기업들의 이익률이 줄어들어 산업 전반에 걸쳐 더 나아가 국가경제 전체시스템상 낮아지는 것의 반영으로 볼 수 있다면 경제학자(economist)들이 우려하는 바와 같이 향후 잠재성장률이 하락추세에 놓이게 되는 것을 감안할 경우 장기적인 기업경영환경에 반드시 긍정적인 요소라고만 간주하기에는 너무 낙관적일 수도 있다.

더욱이 수출지향적인(export oriented) 국가경제를 생각할 경우 2018년 미국과 중국을 비롯한 보호무역주의(protectionism) 경향이 진행될 수 있는 상황과 한반도를 둘러싼 지정학적인 요인 등이 맞물려 있는 한국경제에 있어서는 세밀한 정책 타이밍과 실행이 필요할 것으로 판단된다.

전산업과 제조업의 인건비대매출액의 증가에 대비하는 기업들의 경우 장기적(long-term)으로는 블록체인과 ICO(initial coin offerings), 로봇, 인공지능, 자율주행차를 위시한 4차 산업혁명으로 결국에는 인력고용을 줄이고 보다 기계와 컴퓨터, 인터넷이 중심이 되는 시대로 진행되어 갈 것이다. 하지만 이는 실업의 증가와 맞물려 있어서 새로운 4차 산업혁명에 적응할 때까지는 마찰적인 실업을 피할 수 없을 수도 있다. 따라서 제조업과 IT가 결합하고 BT와 연결되는 융합(consilience) 시대에 이와 같은 핵심인력과 기술 그리고 산업군의 육성 등이 필요해지고 있다. 물론 컴퓨터와 로봇, 인터넷을 기반으로 하는 IT위주이지만 제조업을 기반으로 하는 스마트팩토리(smart factory)와 같은 혁신적인 시스템으로 기업들의 전사적인 공급망관리체계(supply chain management)를 갖추어 나가야 한다. 또한 IT위주 산업발달이므로 해킹(hacking)과 도덕적인 해이문제(moral hazard) 등이 발생되지 않도록 하고, 이와 연관된 정보의 비대칭(information asymmetric) 문제들을 해결해 나가도록 정부와 산업계, 학계 모두 노력을 해 나가야 한다.

<그림 1-14>의 기업경영분석지표(2009~, 전수조사) 제조업 인건비대영업총비용(좌)과 매출액증가율(우)의 추이를 살펴보면, 전산업의 인건비대영업총비용과 마

| 그림 1-14 | 기업경영분석지표(2009~, 전수조사) 제조업 인건비대영업총비용(좌)과 매출
액증가율(우)의 추이(2013년부터 2016년까지)

찬가지로 제조업의 인건비대영업총비용이 2013년 이후 상승추세에 놓여 있음을 알 수 있다. 전산업의 매출액증가율이 2015년까지 하락세를 보이다가 2016년 들어 상승폭이 확대된 것으로 나타난 것과 달리 제조업의 매출액증가율이 2013년 이후 지속적으로 좋지 않은 모습을 보이고 있다. 이 자료는 경제검색의 시스템[간편검색, 한국은행]에 따른 것이다.

인건비대영업총비용의 상승은 결국 경제주체들의 생산성(productivity)의 상승과 맞물려 있어서 각종 교육훈련(education and training) 프로그램에 대하여 기업체뿐만 아니라 정부의 정책방향도 잘 마련되어야 한다. 이는 저출산고령화 사회에서 일을 할 수 있는 가용자원이 줄어들 때 더욱 부정적인 영향을 받을 수 있으므로 현재 정부도 잘 준비해 나가고는 있다. 한국경제가 더욱 도약해 나가기 위해서는 선제적인 대응책을 지속적으로 강구해 나가야 한다는 각계 전문가들의 판단이다.

전산업의 매출액증가율이 2015년까지 하락세를 보이다가 2016년 들어 상승폭이 확대된 반면에 제조업의 경우 2013년 이후 지속적으로 좋지 않은 모습을 보이고 있다. 따라서 2018년 이후 세계경기의 흐름을 잘 판단하여 이자율 하락 또는 정체 국면을 잘 활용하여 제조업의 경우에도 이익 증대에 노력을 다해 나가야 한다. 기술적으로도 4차 산업혁명에 기업들은 빠르게 대응해 나가야 하는데, 로봇 및 인공지능 등 핵심 4차 산업혁명 분야에 있어서 아직도 미국과 독일, 일본 등에 뒤처져 있는 것이 현실이다. 이는 차세대 동력산업과 연결되어 있어서 잘 준비해 나가야 하는 분야이기도 하다.

일반적으로 미국의 경우에 있어서도 모든 경우에 있어서 신고전학파와 같은 이자율의 하락이 곧바로 투자의 증가로 연결되고, 이자율의 상승이 투자의 하락으로 나타나지는 않고 있다. 이는 투자에 미치는 영향이 이자율에만 한정되는 것도 아니고, 앞서 지적한 바와 같은 기타 경제적인 이슈 등이 투자에도 영향을 미치기 때문으로 판단된다.

적어도 한국의 경우에 있어서 이자율이 하락이 투자의 증가로 연결된다는 판단으로 투자를 기업의 투자의 의사결정(decision making)을 한다는 것은 조금 섣부른 판단이 아닌가 하는 의구심이 들 수밖에 없다. 하지만 기업의 투자에 대하여 이자율이 가장 큰 영향을 주는 주요 요인(principal factor)이므로 기업들이 이자율 하락 추세 또는 정체 국면이 있을 경우 잘 활용해 볼 필요가 있다.

<그림 1-15>의 기업경영분석지표(2009~, 전수조사) 제조업 유형자산증가율(좌)과 총자산증가율(우)의 추이를 살펴보면, 전산업의 유형자산증가율은 2014년까지 하락과 2015년 들어 상승을 반복한 후 2016년 들어 둔화된 것을 알 수 있었는데,

| 표 1-1 | 이자율 하락과 투자의 관계

분류	내용과 특징
이자율 하락과 투자의 관계	일반적으로 미국의 경우에 있어서도 모든 경우에 있어서 신고전학파와 같은 이자율의 하락이 곧바로 투자의 증가로 연결되고, 이자율의 상승이 투자의 하락으로 나타나지는 않고 있다.
	이는 투자에 미치는 영향이 이자율에만 한정되는 것도 아니고, 앞서 지적한 바와 같은 기타 경제적인 이슈 등이 투자에도 영향을 미치기 때문으로 판단된다.
	적어도 한국의 경우에 있어서 이자율의 하락이 투자의 증가로 연결된다는 판단으로 투자를 기업의 투자의 의사결정(decision making)을 한다는 것은 조금 섣부른 판단이 아닌가 하는 의구심이 들 수밖에 없다.
	하지만 기업의 투자에 대하여 이자율이 가장 큰 영향을 주는 주요 요인(principal factor)이므로 기업들이 이자율 하락 추세 또는 정체 국면이 있을 경우 잘 활용해 볼 필요가 있다.

이와 같은 추세는 제조업의 유형자산증가율에서도 같은 양상을 보였다. 앞에서 살펴본 바와 같이 유형자산증가율이 높아졌다는 의미는 토지와 건물, 기계, 공장에 대하여 기업들의 투자추세가 증가하였음을 나타내는 지표(indicator)이다. 전산업 총자산증가율은 완만하게 상승하고 있는 것으로 나타난 반면에 제조업의 총자산증가율은 2013년 이후 2015년까지 하락추세를 기록한 후 2016년 들어 회복세를 나타냈다. 이 자료는 경제검색의 시스템[간편 검색, 한국은행]에 따른 것이다.

최근 들어 유형자산증가율과 총자산증가율이 상승추세를 보였다는 것은 향후 경기전망(economic prediction)을 좋게 본다는 측면이라고도 볼 수 있다. 그런데 보다 정확한 수치를 알기 위해서는 기업경기실사지수인 BSI(business survey index)와 같은 기업들의 체감지표까지 면밀히 파악해 보는 것이 필요하다.

<그림 1-16>의 기업경영분석지표(2009~, 전수조사) 전산업 부채비율(좌)과 자기자본비율(우)의 추이를 살펴보면, 2013년부터 2016년까지 전산업과 제조업 부채비율이 지속적으로 낮아지고 있는 것과 같이 미국의 금융위기(financial crisis) 직후인 2009년부터 2012년까지의 기간 동안을 대상으로 살펴보았을 때에도 전산업의 부채비율이 계속적으로 낮아졌음을 알 수 있다. 참고로 미국의 금융위기 시 미국의 경제사정을 살펴보면 2009년 1월부터 3월까지 사이가 가장 낮은 저점을 보였다.

그리고 전산업 및 제조업의 자기자본비율은 2013년 이후 2016년까지 지속적으로 상승하고 있는 것을 알 수 있었다. 한편 미국의 금융위기 직후인 2009년부터 2012년까지의 기간 동안을 대상으로 살펴보았을 때에도 전산업의 자기자본비율이 계속적으로 높아졌음을 알 수 있다. 이 자료는 경제검색의 시스템[간편 검색, 한국

| 그림 1-15 | 기업경영분석지표(2009~, 전수조사) 제조업 유형자산증가율(좌)과 총자산증가율(우)의 추이(2013년부터 2016년까지)

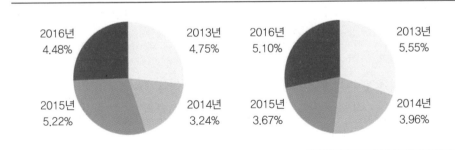

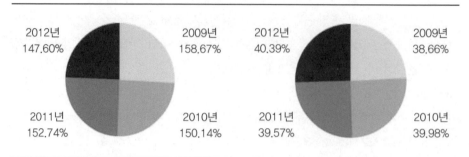

은행]에 따른 것이다.

　이와 같이 미국의 금융위기 직후에 한국의 전산업 부채비율과 자기자본비율을
살펴보는 것은 미국과 한국 경제의 동조성(synchronization)과 관련하여 한국의 경제
및 금융에 대한 영향을 살펴보는 데에도 의미가 있기 때문이다. 미국을 중심으로
대외 경제여건이 나빠지기는 하였지만, 한국경제에서 전산업 부채비율과 자기자
본비율의 측면에서 기업들의 경영환경이 나빠지지는 않았던 것을 알 수 있다.

　한편 2018년 들어 미국과 중국의 무역 분쟁과 보복관세 발동 등과 관련된 이
슈가 제기되는 환경도 대외여건상 수출지향적인 한국경제와 기업환경에는 좋지
못한 여건이 될 수 있어서 주시할 필요성이 제기되고 있다.

　기업의 미래가치(future value)는 이와 같이 이자율과 투자의 관계와 같은 경제문
제에서부터 대외적인 여건까지 고려해야 하는 측면들이 무수히 많은 것이 현실이
다. 하지만 투자와 가장 직결되는 문제만으로 단기적(short-term)으로 좁힌다면 기
업들의 투자 행태에 미치는 것들에만 요인을 뽑아낼 수 있다.

　그러면 기업의 가치와 이와 같은 기업들의 가치를 창출하는 데에 기여하는 소
비자는 어떠한 관계에 놓일까? 이는 기업들의 물건을 소비자들이 수요(demand)하
여야 기업들의 이익이 창출되고 결국 기업들의 가치도 극대화되는 것이다.

　한편 기업들의 경우에 있어서는 기업단위를 운영할 때 필요한 자금은 어떻게
구할 수 있을까? 이는 은행을 통한 자금조달, 채권발행, 증권을 통한 자금조달 등
여러 가지 형태로 나타날 수 있다. 여기서는 주식의 경우로서 좁혀서 생각을 해
보고자 한다. 이 경우 기업들은 주식의 소유자인 주주들에게 있어서 이익을 최대

| 표 1-2 | 기업의 미래가치(future value)와 주식

분류	내용과 특징
기업의 미래가치 (future value)와 주식	기업의 미래가치(future value)는 이와 같이 이자율과 투자의 관계와 같은 경제문제에서부터 대외적인 여건까지 고려해야 하는 측면들이 무수히 많은 것이 현실이다. 하지만 투자와 가장 직결되는 문제만으로 단기적(short-term)으로 좁힌다면 기업들의 투자 행태에 미치는 것들에만 요인을 뽑아낼 수 있다.
	기업의 가치와 이와 같은 기업들의 가치를 창출하는 데에 기여하는 소비자는 어떠한 관계에 놓일까? 이는 기업들의 물건을 소비자들이 수요(demand)하여야 기업들의 이익이 창출되고 결국 기업들의 가치도 극대화되는 것이다.
	기업들의 경우에 있어서는 기업단위를 운영할 때 필요한 자금은 어떻게 구할 수 있을까? 이는 은행을 통한 자금조달, 채권발행, 증권을 통한 자금조달 등 여러 가지 형태로 나타날 수 있다. 여기서는 주식의 경우로서 좁혀서 생각을 해 보고자 한다. 이 경우 기업들은 주식의 소유자인 주주들에게 있어서 이익을 최대한 많이 주어야 한다.
	주식의 소유자들은 2018년도 말에 $Stock_{2018}$만큼의 주식을 소유하고 있다가 2019년도 말에 들어 주식을 판다고 가정을 하였을 경우, 그 동안 배당이 한 번 지급된다고 하였을 경우 주식의 소유자들은 한 번의 배당금(dividend)을 받으며, 이를 SD_{2019}라고 표현하기로 한다. 그리고 2019년도 말에 들어 주식을 판다고 가정을 하였을 경우 주식의 매도에 따른 $Stock_{2019}$ 주식가치의 변동에 따른 이익을 얻을 수 있다. 물론 현실적으로는 주식이 위험자산(risk asset)에 속하기 때문에 손실도 발생할 수 있다.

한 많이 주어야 한다.

주식의 소유자들은 2018년도 말에 $Stock_{2018}$만큼의 주식을 소유하고 있다가 2019년도 말에 들어 주식을 판다고 가정을 하였을 경우, 그 동안 배당이 한 번 지급된다고 하였을 경우 주식의 소유자들은 한 번의 배당금(dividend)을 받으며, 이를 SD_{2019}라고 표현하기로 한다. 그리고 2019년도 말에 들어 주식을 판다고 가정을 하였을 경우 주식의 매도에 따른 $Stock_{2019}$ 주식가치의 변동에 따른 이익을 얻을 수 있다. 물론 현실적으로는 주식이 위험자산(risk asset)에 속하기 때문에 손실도 발생할 수 있다.

무위험의 이자율인 r_{free}가 t시점에 금융시장에 존재한다면, 다음과 같이 현재의 t시점에서 $t+1$시점으로의 변화를 예측(prediction)해 낼 수 있다. 이는 다음과 같은 식(2)의 형태로 상정해 볼 수 있다.

$$1+r_{free_t} = \frac{SD_{t+1} + Stock_{t+1}}{Stock_t} + \bar{g} \quad \cdots\cdots\cdots\cdots\cdots\cdots\cdots\cdots\cdots\cdots (2)$$

여기서 r_{free_t}는 t시점에 무위험의 이자율이고 SD_{t+1}는 $t+1$시점에서의 배당금, $Stock_t$는 t시점에서의 주식의 가치, $Stock_{t+1}$는 $t+1$시점에서의 주식의 가치를 의미한다. 그리고 $\bar{g}$는 기업의 성장률(growth rate)에 따른 반영분 등 다른 사정과 요인들은 동일하게 일정하다는 것을 가정한다.

<그림 1-17>의 기업경영분석지표(2009~, 전수조사) 전산업 차입금의존도(좌)와 유동비율(우)의 추이를 살펴보면, 전산업 및 제조업의 차입금의존도가 2014년 이후 지속적으로 낮아지는 추세를 보이고 있는 양상과 비슷하게 전산업에 있어서 차입금의존도가 2009년부터 2012년까지를 살펴볼 때 2011년 이후 31.92%로 낮아졌음을 알 수 있다. 이와 같은 차입금의존도는 총자산을 의미하는 자본과 부채의 합계로부터 차입금 비중이 어느 정도를 차지하고 있는지와 관련하여 백분율을 표시한 재무제표(financial statement)를 의미하고 있다.

전산업의 경우 기업들의 유동비율이 2013년 이후 2016년까지 지속적으로 높아지고 있어서 부채를 진 후 갚을 수 있는 능력이 개선되고 있음을 알 수 있었고,

| 그림 1-17 | 기업경영분석지표(2009~, 전수조사) 전산업 차입금의존도(좌)와 유동비율(우)의 추이(2009년부터 2012년까지)

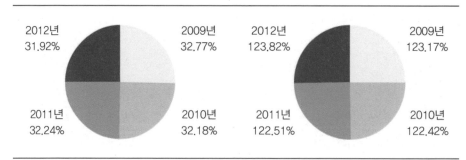

제조업의 경우에 있어서도 이와 같은 추세가 그대로 이어지고 있었다. 2009년부터 2012년까지를 살펴볼 경우에도 2010년 이후 개선추세가 뚜렷한 것을 알 수 있다. 유동비율(current ratio)은 유동자산(current asset)을 유동부채(current liabilities)로 나누어 계산한 값이고 단위는 비율이다. 이 자료는 경제검색의 시스템[간편 검색, 한국은행]에 따른 것이다.

시점으로 볼 때 2009년부터 2012년까지의 기간 동안이 의미를 가지는 것은 미국의 금융위기(financial crisis) 직후인 2009년 1월부터 3월까지가 미국의 경제국면이 가장 침체기였던 이 당시 즈음에 나타냈기 때문이며, 미국과 한국 경제 및 금융의 동조성과 관련성이 직접적으로 있기 때문에 시사점을 알아볼 필요성이 있다.

2018년 현재 국면은 미국과 중국 서로 간의 관세부과와 관련된 문제가 한국경제 및 금융시장에 주는 영향들에 초점이 맞춰져 있다. 또한 미국의 금리인상에 대하여 일부 경제학자들은 한국으로부터 한국과 미국 간의 금리 역전관계로 자금유출이 가시화되고 한국경제에 IMF 긴급융자를 받았던 시점만큼 한국경제가 위축될 것인지에 대하여 우려를 지속하고 있는 상황이기도 하다.

<그림 1-18>의 기업경영분석지표(2009~, 전수조사) 전산업 비유동비율(좌)과 매출액영업이익률(우)의 추이를 살펴보면, 전산업과 제조업의 2013년부터 2016년까지의 비유동비율이 감소추세에 놓여있었다. 반면에 2009년부터 2012년까지 전산업의 비유동비율이 2010년까지 낮아진 후 2011년 이후 높아지는 추세를 보였다. 이와 같이 전산업의 비유동비율이 높아진 것은 기업들에게 있어서 자금상 부담요인이 될 수 있었던 국면이다. 미국의 금융위기 직후인 2009년 1월부터 3월까

| 그림 1-18 | 기업경영분석지표(2009~, 전수조사) 전산업 비유동비율(좌)과 매출액영업이익률(우)의 추이(2009년부터 2012년까지)

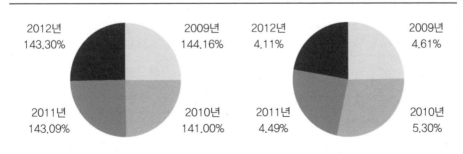

2012년 143.30%　2009년 144.16%　2012년 4.11%　2009년 4.61%
2011년 143.09%　2010년 141.00%　2011년 4.49%　2010년 5.30%

지가 이 당시 즈음의 미국경제 국면에서 가장 침체기를 겪었고, 한국과 미국 간의 경제 및 금융 동조화가 강하게 진행 중이어서 시사점을 검토한 것이다. 이는 미국의 금리인상과 미국과 중국 G2 국가들 간의 보복관세 방향으로의 2018년 들어 진행 중인 사항들을 고려할 때 기업들이 참고할 만한 사항으로 판단된다.

2013년부터 2016년 기간 동안 전산업의 매출액영업이익률이 증가세를 보였고, 제조업의 경우에 있어서도 2014년 이후 증가추세를 나타냈다. 반면에 2009년부터 2012년까지 전산업의 매출액영업이익률의 경우 2010년 이후 하락 추세를 나타냈다. 이는 미국의 금융위기 여파에 의한 것인지 아니면 다른 해외 요인인지, 국내적인 요인인지 구분하기는 어렵지만 2018년 G2인 미국과 중국 간의 보복관세(retaliatory duties)와 같이 대외 수출여건이 좋지 못한 환경에 처할 수도 있는 위기 국면과 국내적으로 고용률과 관련된 이슈에서 어려움을 겪을 때에는 기업들이 겪을 수 있는 충격(shock)에 대한 영향으로 시사점에 대하여 파악할 수 있다고 판단된다. 이 자료는 경제검색의 시스템[간편 검색, 한국은행]에 따른 것이다.

일반적으로 투자의 합으로써 자본 스톡의 개념을 사용한다. 따라서 투자의 변동성보다 국가적인 차원에서 자본 스톡의 변동성은 일반적으로 작다. 예를 들어, 월별 투자의 집계로 분기의 자본 스톡을 계산해 낼 수 있다면 월별 투자변동률보다 분기별 자본 스톡의 변화가 작을 수밖에 없다는 것이다. 그리고 이자율에 대하여 투자가 민감하게 반응을 한다면, 당연히 자본 스톡에도 이자율이 영향을 미칠 수밖에 없는 것이다. 케인지안(Keynesian)의 경우 단기에 있어서 이자율의 하락은 투자의 증가로 뚜렷하게 연결될 수 있음을 시사하고 있다. 그러면, 유동성함정(liquidity trap)에 빠져있는 경우에도 이자율을 낮춘다고 투자가 단기간이라도 급격하게 증가할 수 있을까? 그것은 아니라고 밖에 볼 수 없다. 그러면 세계적으로는 어떤가? 일본의 경우 아베노믹스(Abenomics)로 일컬어지는 마이너스 금리를 도입해 본 경험이 있고, 세계적으로 저금리 추세가 2018년 미국의 금리인상 전에 이어진 바 있다.

금융시장에서 2018년 미국의 금리인상을 미국경기의 회복으로 받아들여 오히려 주가가 오를 가능성까지 보이고 있다. 또한 안전한 자산에 대한 선호현상(flight to quality)이 발생하여 해외 이머징마켓(emerging market)에서 미국으로의 투자증가로 이어질 수도 있는 환경이 조성되고 있다.

| 표 1-3 | 이자율의 투자 및 자본스톡에 대한 영향

분류	내용과 특징
이자율의 투자 및 자본스톡에 대한 영향	일반적으로 투자의 합으로써 자본 스톡의 개념을 사용한다. 따라서 투자의 변동성보다 국가적인 차원에서 자본 스톡의 변동성은 일반적으로 작다. 예를 들어, 월별 투자의 집계로 분기의 자본 스톡을 계산해 낼 수 있다면 월별 투자변동률보다 분기별 자본 스톡의 변화가 작을 수밖에 없다는 것이다. 그리고 이자율에 대하여 투자가 민감하게 반응을 한다면, 당연히 자본 스톡에도 이자율이 영향을 미칠 수밖에 없는 것이다. 케인지안(Keynesian)의 경우 단기에 있어서 이자율의 하락은 투자의 증가로 뚜렷하게 연결될 수 있음을 시사하고 있다. 그러면, 유동성함정(liquidity trap)에 빠져있는 경우에도 이자율을 낮춘다고 투자가 단기간이라도 급격하게 증가할 수 있을까? 그것은 아니라고 밖에 볼 수 없다. 그러면 세계적으로는 어떤가? 일본의 경우 아베노믹스(Abenomics)로 일컬어지는 마이너스 금리를 도입해 본 경험이 있고, 세계적으로 저금리 추세가 2018년 미국의 금리인상 전에 이어진 바 있다.
	금융시장에서 2018년 미국의 금리인상을 미국경기의 회복으로 받아들여 오히려 주가가 오를 가능성까지 보이고 있다. 또한 안전한 자산에 대한 선호현상(flight to quality)이 발생하여 해외 이머징마켓(emerging market)에서 미국으로의 투자증가로 이어질 수도 있는 환경이 조성되고 있다.
	단기적으로든 현재와 같은 세계적인 저금리 추세인 유동성함정과 비슷한 양상이 벌어진다고 가정할 때, 이자율의 하락이 투자의 확대로 즉각적으로 연결될 수 있는지는 면밀한 분석이 필요한 것이 현실이다.
	이산시간모형을 통할 경우에도 이자율의 하락이 투자의 급격한 확대로 연결된다는 확실한 증거를 찾기에는 아직 연구가 더 되어야 하는 상황에 놓여 있다.

따라서 단기적으로든 현재와 같은 세계적인 저금리 추세인 유동성함정과 비슷한 양상이 벌어진다고 가정할 때, 이자율의 하락이 투자의 확대로 즉각적으로 연결될 수 있는지는 면밀한 분석이 필요한 것이 현실이다.

이에 대한 이산시간모형을 통할 경우에도 이자율의 하락이 투자의 급격한 확대로 연결된다는 확실한 증거를 찾기에는 아직 연구가 더 되어야 하는 상황에 놓여 있다.

| 그림 1-19 | 기업경영분석지표(2009~, 전수조사) 전산업 매출액세전순이익률(좌)과 이자
보상비율(우)의 추이(2009년부터 2012년까지)

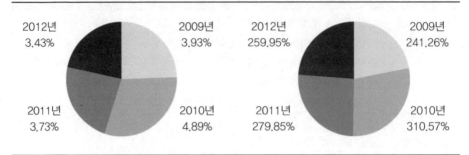

<그림 1-19>의 기업경영분석지표(2009~, 전수조사) 전산업 매출액세전순이익률(좌)과 이자보상비율(우)의 추이를 살펴보면, 전산업의 매출액세전순이익률이 2013년 이후 2016년까지 지속적으로 상승세에 놓여있었으며, 제조업의 매출액세전순이익률도 2014년 이후 증가추세를 보였다. 2009년부터 2012년까지 전산업의 매출액세전순이익률은 2010년까지 상승한 후 2012년까지 하락추세를 나타냈다. 이는 2009년 1월부터 3월까지가 미국의 금융위기 직후 미국 경기순환상 저점이란 점을 감안하여 시사점을 얻고자 하는 것이다. 현재와 같은 한반도를 중심으로 하는 지정학적인(geopolitical) 이슈들이 세계 경제 및 금융시장에 영향을 미치고, 미국과 중국의 세계 초강대국들의 보복관세 논란들이 일고 있는 2018년 대외여건을 고려하면 수출지향적인 한국기업들이 잘 살펴보아야 할 점이다. 특히 경제전문가들이 진단하고 있는 바에 따르면, 한국의 국내경제에서 고용률 증가에 획기적인 해결책이 강구되어야 하고, 최저임금과 관련된 이슈들과 공장가동률에 관련된 이슈들이 제기되며 장기적으로 볼 때 저출산 및 고령화 문제 등을 해결하여야 하는 국가적인 과제들을 잘 숙지하여야 하는 것이다. 따라서 이와 같은 과제들이 현실화되게 되면 기업들의 향후 매출액이나 수익성의 악화와 연결될 수 있기 때문에 대내외적인 환경을 무시하기는 어려운 실정인 것이다.

2013년부터 2016년까지 전산업과 제조업의 이자보상비율이 지속적으로 상승추세에 있음을 알 수 있었다. 하지만 2009년에서 2010년에는 전산업의 이자보상비율이 높아졌다가 이후 2012년까지는 하락하는 모습을 나타냈다. 앞에서 알아본 바와 같이 이자보상비율 혹은 이자보상배율은 영업이익(operating profit)을 지급이자의 비용(cost)으로 나누면 계산할 수 있는 방법이다. 이에 대한 판단에서 이 지표

가 1보다 낮은 경우에 있어서는 문제가 될 수 있는데, 기업들이 번 영업이익(operating profit)이 이자의 비용(cost)과 비교할 때 적은 것을 의미한다고 일반적으로 알려져 있다. 따라서 다소 낮아졌지만 우려할 만한 수준은 아니었다. 이 자료는 경제검색의 시스템[간편 검색, 한국은행]에 따른 것이다.

<그림 1-20>의 기업경영분석지표(2009~, 전수조사) 전산업 금융비용부담률(좌)과 차입금평균이자율(우)의 추이를 살펴보면, 2013년부터 2016년까지의 전산업 금융비용부담률이 낮아지고 있는 추세를 나타냈는데, 제조업 금융비용부담률의 경우에 있어서도 동일한 추세를 보였다. 금융비용부담률은 앞에서도 살펴본 바와 같이 회사의 금융비용(financial costs)을 총매출액(gross sales)으로 나누어 구한 값을 의미하며, 이와 같은 방법으로 계산할 수 있다. 따라서 제조업의 기업경영을 둘러싼 금융관련 환경이 나쁘지 않음을 나타내 주고 있다. 2009년부터 2012년까지의 전산업의 금융비용부담률도 비슷한 환경으로 나쁘지 않음을 알 수 있었다.

이와 같이 2009년부터 2012년까지의 분석이 중요한 것은 2009년 1월부터 3월까지가 미국의 금융위기 직후 미국 경기순환상 저점이란 점을 감안하여 시사점을 얻고자 하는 것이다. 2018년 현재와 같은 한반도를 중심으로 하는 지정학적인 이슈들이 세계 경제 및 금융시장에 영향을 미치고, 미국과 중국의 세계 초강대국들의 보복관세 논란들이 일고 있는 2018년 대외여건을 고려하면 수출지향적인 한국기업들이 잘 살펴보아야 할 점이다. 한편 경제전문가들이 진단하고 있는 바에 따르면, 한국의 국내경제에서 고용률 증가에 획기적인 해결책이 강구되어야 하고, 최저임금과 관련된 이슈들과 공장가동률에 관련된 이슈들이 제기되며 장기적으로 볼

| 그림 1-20 | 기업경영분석지표(2009~, 전수조사) 전산업 금융비용부담률(좌)과 차입금평균이자율(우)의 추이(2009년부터 2012년까지)

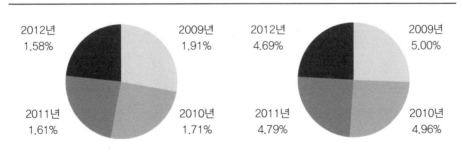

2012년
1.58%

2009년
1.91%

2011년
1.61%

2010년
1.71%

2012년
4.69%

2009년
5.00%

2011년
4.79%

2010년
4.96%

때 저출산 및 고령화 문제 등을 해결하여야 하는 국가적인 과제들을 잘 살펴보아야 한다. 이에 따라 이러한 과제들이 현실화되게 되면 기업들의 향후 매출액이나 수익성의 악화와 연결될 수 있기 때문에 대내외적인 환경을 무시하기는 어려운 실정인 것이다. 그리고 산업구조가 한국과 유사한 일본의 산업 및 사회적인 이슈들이 한국에 대한 시사점을 제공해 주기도 하기 때문에 기업들이 경제적인 영향 등에 대하여 벤치마킹(benchmarking) 할 필요성도 제기되고 있다.

2013년부터 2016년까지의 전산업 차입금평균이자율이 낮아지고 있는 추세와 마찬가지로 제조업의 차입금평균이자율도 2014년 이후 낮아지는 모습을 나타냈다. 2009년부터 2012년까지의 전산업의 차입금평균이자율도 지속적으로 하락하는 모습을 나타냈다.

전산업 차입금평균이자율의 경우 세계적인 저금리 속에 한국의 기준금리도 낮아지고 있는 추세를 보임에 따라 자연스럽게 낮아지고 있을 수 있다. 물론 이와 같은 차입금평균이자율이 낮아지는 것은 기업경영환경에 있어서 긍정적인 요소가 되기는 한다. 그렇지만 재무관리를 전공한 학자들이 주장하는 바와 같이 이자율의 하락이 기업들의 이익률이 줄어들어 산업 전반에 걸쳐 더 나아가 국가경제 전체시스템상 낮아지는 것의 반영으로 볼 수 있다면 경제학자들이 우려하는 바와 같이 장기적으로 잠재성장률이 하락추세에 놓이게 되는 것을 감안할 경우 장기적인 기업경영환경에 반드시 긍정적인 요소라고만 간주할 수는 없다. 유럽과 일본의 경우 마이너스 금리를 도입하였지만, 일종의 유동성함정의 시대로 진입하면서 이자율 하락이 투자로 연결되는 것이 불분명해져 있기 때문이다. 이 자료는 경제 검색의 시스템[간편 검색, 한국은행]에 따른 것이다.

02

투자와 자본의 한계적인 효율성

제1절 투자와 자본의 조정비용

케인지안들이 주장하는 바와 같이 단기적으로 이자율의 하락이 투자의 확대로 반드시 연결될 수 있는지는 경험적인(empirical) 분석이 보다 필요한 것으로 판단된다. 여기에는 고려하여야 할 요소로서 자본의 조정비용도 있다. 이는 일종의 투자에 따른 기회비용(opportunity cost)의 요소와도 같다. 예를 들어, 기업체들이 투자를할 경우에 품목(item)에도 여러 가지가 있을 수 있고, 한 가지에 투자를 집중할 때다른 것에는 투자를 소홀히 할 수밖에 없으므로 기회비용이 발생하게 될 수밖에없는 것이다.

기회비용적인 요소는 경기변동과 관련하여 호황일 경우에도 발생하고, 반대로불황일 경우에도 흔히 발생하는 현상이기도 하다.

이와 같은 자본의 조정비용을 추가적으로 고려하면 투자의 기회비용적인 요소를 감안하여 경기순환(business circulation)을 고려할 때 투자자들은 경기가 호황일 경우에는 투자를 늘리고 경기가 불황일 경우에는 투자 규모를 대폭 줄이는 것에 대하여 설명할 수 있다.

예를 들어, 증권회사의 경우에 있어서도 호황일 경우 지점 수를 늘리고, 불황일 경우 지점의 숫자를 줄이는 것과 같이 일반적인 기업들에서도 이와 같은 현상은 반복되는 것이 일상적이라고 볼 수 있다.

　토빈에 의한 q이론을 통하여 설명하면 투자와 관련된 이론을 일정 부분 해석할 수도 있다. 즉, 시장에 의하여 형성된 가치에 대하여 해당 기업의 설립에 들어가는 총비용(total cost)인 대체비용으로 나누어 계산한 값이다. 따라서 토빈에 의한 q와 1과의 관계에서 q>1이면, 투자가 유리하다고 볼 수 있다. 이와 같은 측면에서 투자와 관련된 기업들 또는 투자자의 의사결정을 이해할 수 있다.

| 표 2-1 | 투자와 관련된 세 가지 이론적 정립

분류	내용과 특징
투자와 관련된 세 가지 이론적 정립	케인지안들이 주장하는 바와 같이 단기적으로 이자율의 하락이 투자의 확대로 반드시 연결될 수 있는지는 경험적인(empirical) 분석이 보다 필요한 것으로 판단된다. 여기에는 고려하여야 할 요소로서 자본의 조정비용도 있다. 이는 일종의 투자에 따른 기회비용(opportunity cost)의 요소와도 같다. 예를 들어, 기업체들이 투자를 할 경우에 품목(item)에도 여러 가지가 있을 수 있고, 한 가지에 투자를 집중할 때 다른 것에는 투자를 소홀히 할 수밖에 없으므로 기회비용이 발생하게 될 수밖에 없는 것이다.
	자본의 조정비용을 추가적으로 고려하면 투자의 기회비용적인 요소를 감안하여 경기순환(business circulation)을 고려할 때 투자자들은 경기가 호황일 경우에는 투자를 늘리고 경기가 불황일 경우에는 투자 규모를 대폭 줄이는 것에 대하여 설명할 수 있다.
	토빈에 의한 q이론을 통하여 설명하면 투자와 관련된 이론을 일정 부분 해석할 수도 있다. 즉, 시장에 의하여 형성된 가치에 대하여 해당 기업의 설립에 들어가는 총비용(total cost)인 대체비용으로 나누어 계산한 값이다. 따라서 토빈에 의한 q와 1과의 관계에서 q > 1이면, 투자가 유리하다고 볼 수 있다. 이와 같은 측면에서 투자와 관련된 기업들 또는 투자자의 의사결정을 이해할 수 있다.

| 그림 2-1 | 투자와 자본의 조정비용

| 그림 2-2 | 자본의 조정비용과 투자의 기회비용 및 경기순환에 따른 투자

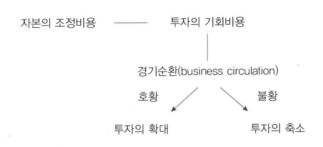

| 그림 2-3 | 토빈에 의한 q이론을 통한 투자와 관련된 실행

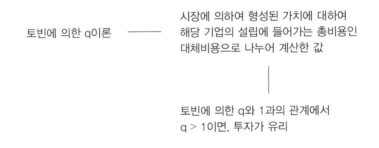

<그림 2-4>의 기업경영분석지표(2009~, 전수조사) 전산업 인건비대매출액(좌)과 인건비대영업총비용(우)의 추이를 살펴보면, 2013년부터 2016년까지의 전산업과 제조업의 인건비대매출액이 상승추세에 있었다. 전산업 인건비대매출액(employment costs to sales)에 있어서 2009년부터 2012년까지의 경우에는 2011년까지 하락하다가 2012년 들어 상승추세로 반전되었다.

| 그림 2-4 | 기업경영분석지표(2009~, 전수조사) 전산업 인건비대매출액(좌)과 인건비대영
업총비용(우)의 추이(2009년부터 2012년까지)

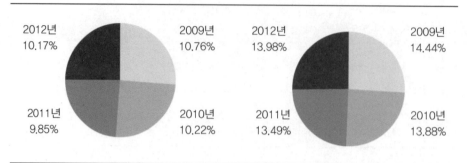

2012년 10.17% 2009년 10.76% 2012년 13.98% 2009년 14.44%

2011년 9.85% 2010년 10.22% 2011년 13.49% 2010년 13.88%

2009년부터 2012년까지의 분석이 중요한 것은 2009년 1월부터 3월까지가 미국의 금융위기 직후 미국 경기순환상 저점이란 점을 감안하여 볼 때 시사점을 얻을 수 있기 때문이다. 2018년 현재와 같은 한반도를 중심으로 하는 지정학적인 이슈들이 세계 경제 및 금융시장에 영향을 미치고, 미국과 중국의 세계 초강대국들의 무역에 있어서 분쟁 논란들이 일고 있는 2018년 대외여건을 고려하면 수출지향적인 한국기업들이 잘 살펴보아야 할 시점이다.

또한 국내적으로도 경제전문가들이 진단하고 있는 바에 따르면, 한국의 국내경제에서 고용률 증가에 획기적인 해결책이 강구되어야 하고, 최저임금과 관련된 이슈들과 공장가동률에 관련된 이슈들이 제기되며 장기적으로 볼 때 저출산 및 고령화 문제 등을 해결하여야 하는 국가적인 과제들을 잘 살펴보아야 한다.

반도체(semiconductor) 산업 이외에는 차세대 성장 동력 산업이 뚜렷이 보이지 않는 문제점과 미국의 금리인상이 한국의 금융시장(financial market)으로부터 자금이탈이 가시화될 지의 문제점 등이 상존하고 있는 현실이다. 또한 2018년 이후의 한국경제 성장률에 대하여 경기가 좋을 것이라는 전망치에 대한 확신이 서지 않는 것도 여전히 문제점으로 남아 있기도 하다. 따라서 이러한 과제들이 현실화하게 되면 기업들의 향후 매출액이나 수익성의 악화와 연결될 수 있기 때문에 대내외적인 환경을 무시하기는 어려운 상황이다. 그리고 산업구조가 한국과 유사한 일본의 산업 및 사회적인 이슈들이 한국에 대한 시사점을 제공해 주기도 하기 때문에 기업들이 경제적인 영향 등에 대하여 벤치마킹할 필요성도 있다.

따라서 전산업 인건비대매출액의 경우에 있어서도 기업들에게 부담요인이 계속 발생되지 않도록 시장 상황을 예의주시할 필요가 있다. 물가상승률(inflation)을 비롯한 구조적인 요인들을 복합적으로 혁신적인 방향으로 개선시키기는 어렵더라도 최소한 자영업자와 중소기업을 운영하는 기업인들을 포함한 기업들의 영업활동 개선에 지혜를 모아 나가야 할 것이다. 여기에는 필요에 따라서 4차 산업시대를 화두로 한 획기적인 개선안들이 있는지도 점검해 나가야 한다. 이 자료는 경제검색의 시스템[간편 검색, 한국은행]에 따른 것이다.

2013년부터 2016년까지 전산업의 인건비대영업총비용(employment costs to total operating costs)과 마찬가지로 제조업의 인건비대영업총비용이 2013년 이후 상승추세에 놓여 있었다. 2009년부터 2012년까지 전산업의 인건비대영업총비용도 2011년까지 하락하다가 2012년 들어 상승 반전되었다. 이와 같은 요인들은 인건비대매출액과 마찬가지로 기업들에게는 부담요인으로 작용할 수 있다.

<그림 2-5>의 기업경영분석지표(2009~, 전수조사) 전산업 매출액증가율(좌)과 유형자산증가율(우)의 추이를 살펴보면, 2013년부터 2016년까지 전산업의 매출액증가율이 2015년까지 하락세를 보이다가 2016년 들어 상승폭이 확대된 것으로 나타난 것과 달리 제조업의 매출액증가율이 2013년 이후 지속적으로 좋지 않은 모습을 보였다. 2010년부터 2012년까지 전산업의 매출액증가율 동향을 살펴보면, 2010년 이후 하락하였으며 특히 2011년에서 2012년에 하락 폭이 심화되었음을 알 수 있다.

| 그림 2-5 | 기업경영분석지표(2009~, 전수조사) 전산업 매출액증가율(좌)과 유형자산증가율(우)의 추이(2009년부터 2012년까지)

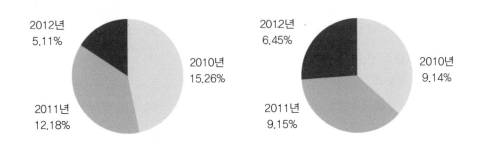

2009년 이후 2012년까지의 분석이 중요한 것은 2009년 1월부터 3월까지가 미국의 금융위기 직후 미국 경기순환상 저점이란 점을 감안하여 볼 때 한국경제에 주는 시사점이 클 것이라는 점 때문이다. 2018년 현재와 같은 한반도를 중심으로 하는 지정학적인 이슈들이 세계 경제 및 금융시장에 영향을 미치고, 미국과 중국의 세계 초강대국들의 무역에 있어서 관세에 의한 논란들이 일고 있는 2018년 대외여건을 고려하면 수출지향적인 한국기업들에게 있어서 중요한 시점으로 판단되기 때문인 것이다.

그리고 국내적으로도 경제전문가들이 진단하고 있는 바에 따르면, 한국의 국내경제에서 고용률 증가에 획기적인 해결책이 강구되어야 하고, 최저임금과 관련된 이슈들과 공장가동률에 관련된 이슈들이 제기되며 장기적으로 볼 때 저출산 및 고령화 문제 등을 해결하여야 하는 국가적인 과제들을 잘 살펴보아야 하는 시점이다. 한국의 경우 저출산 문제로 경제활동인구가 줄어들 가능성도 제기되고 있는 실정이다.

반도체산업 이외에는 차세대 성장 동력 산업이 뚜렷이 보이지 않는 문제점과 미국의 금리인상이 한국의 금융시장으로부터 자금이탈이 가시화될 지의 문제점 등이 있는 현실이다. 그리고 2018년 이후의 한국경제 성장률에 대하여 경기가 좋을 것이라는 전망치에 대한 확신이 서지 않는 것도 문제점이며, 이와 같은 과제들이 현실화하게 되면 기업들의 향후 매출액이나 수익성의 악화와 연결될 수 있기 때문에 대내외적인 환경을 중요시해야 하는 것이다. 또한 산업구조가 한국과 유사한 일본의 산업 및 사회적인 이슈들이 한국에 대한 시사점을 제공해 주기도 하기 때문에 기업들이 경제적인 영향 등에 대하여 벤치마킹할 필요도 있다.

이 뿐만 아니라 로봇과 자율주행차, 드론, 인공지능(artificial intelligence) 등과 같은 4차 산업혁명 분야에 대하여도 면밀한 분석과 차세대 동력산업으로서의 가능성이 높을 경우 투자확대가 이루어지도록 하는 산업정책으로 패러다임 변화도 생각해 보아야 하는 시점이다.

또한 유아들의 애니메이션 산업에 있어서 선풍적인 인기를 끌고 있는 대표가 한국의 기업풍토에 대하여 언급하고 있듯이 자기가 좋아하는 분야에서 실패를 거듭해도 결국 성공할 수 있고 이것이 세계시장에 대하여 판매를 해 나갈 수 있도록 하는 풍토를 만들어주는 것도 필요하다. 그리고 이와 같은 기업환경의 분위기도 만들어져야 하고, 기업가들도 남들이 하지 않은 산업을 개척해 나갈 때 국가적으로도 큰 이익이 될 수 있음을 인지해 나가는 기업분위기가 형성되어야 한다.

최저임금과 관련하여 2018년 동안 소상공인과 자영업자들과 다른 이익집단들과의 다른 견해 차이를 좁혀 나가는 것도 국가적인 과제이다.

이와 같은 기업의 분위기와 기업환경을 둘러싼 대내외 어려운 환경들을 극복해 나갈 때 기업들의 매출액증가율도 더욱 안정적인 토대 위에서 발전을 거듭해 나갈 것으로 판단된다. 이 자료는 경제검색의 시스템[간편 검색, 한국은행]에 따른 것이다.

2010년부터 2012년까지 전산업의 유형자산증가율을 살펴보면 2010년부터 2011년까지 소폭 상승한 후 2012년 들어 하락한 것을 알 수 있다. 그리고 이러한 추세

|표 2-2| 투자와 순 현재가치

분류	내용과 특징
투자와 순 현재가치	투자와 관련하여 쟌 케인즈(John M. Keynes)와 얼빙 피셔(Irving Fisher)와 같은 유명한 학자들은 미래의 수익을 통한 순 현재가치의 값이 0과 같아질 경우까지 추가적인 투자의 확대가 이루어진다고 보았다. 예를 들어, 특정 분야에 대한 투자를 한다고 가정하자.
	처음에는 공장시설을 비롯하여 각종 초기투자비용과 같은 음(−)의 수익률을 기록하게 된다. 하지만 점차 사람을 고용하고 시설 및 소모품 등에 대한 투자가 이루어지고 광고 등이 이루어지면서 고객이 확보되고 미래 수익이 늘어나게 된다.
	이 경우 하지만 재고가 쌓이고 물건이 적게 팔리면서 결국에는 자본의 비용인 이자율 r_t의 값과 투자에 따른 수익률인 i_t 값이 같아지도록 투자에 따른 수익률이 줄어들면서 자본의 비용이며 동시에 자본에 의한 기회의 비용으로 표시되는 이자율, 즉 할인율 r_t와 예상되는 투자에 따른 수익률인 i_t 값이 서로 같아지게 되는 것이다.
	즉, $r_t = i_t$가 이루어질 때 순 현재가치는 0이 되는 것이다.

는 지속되어 2013년부터 2016년까지 전산업의 유형자산증가율을 살펴보면 2014년까지 지속적으로 하락한 후 2015년 들어 상승한 후 2016년 들어 다시 둔화된 것을 알 수 있었다. 한편 2010년부터 2016년까지의 이와 같은 추세는 제조업의 유형자산증가율에서도 같은 양상을 보였다. 앞에서 살펴본 바와 같이 유형자산증가율이 높아졌다는 것이 의미하는 바는 토지와 건물, 기계, 공장에 대하여 기업들의 투자추세가 증가하였음을 나타내는 지표이다.

투자와 관련하여 쟌 케인즈(John M. Keynes)와 얼빙 피셔(Irving Fisher)와 같은 유명한 학자들은 미래의 수익을 통한 순 현재가치의 값이 0과 같아질 경우까지 추가적인 투자의 확대가 이루어진다고 보았다. 예를 들어, 특정 분야에 대한 투자를 한다고 가정하자. 처음에는 공장시설을 비롯하여 각종 초기투자비용과 같은 음(−)의 수익률을 기록하게 된다. 하지만 점차 사람을 고용하고 시설 및 소모품 등에 대한 투자가 이루어지고 광고 등이 이루어지면서 고객이 확보되고 미래 수익이 늘어나게 된다. 하지만 이 경우에 재고가 쌓이고 물건이 적게 팔리면서 결국에는 자본의 비용인 이자율 r_t의 값과 투자에 따른 수익률인 i_t 값이 같아지도록 투자에 따른 수익률이 줄어들면서 자본의 비용이며 동시에 자본에 의한 기회의 비용으로

| 그림 2-6 | 투자수익률과 순 현재가치 및 할인율의 관계

쟌 케인즈(John M. Keynes)와
얼빙 피셔(Irving Fisher)

미래의 수익을 통한 순 현재가치의
값이 0과 같아질 경우까지 추가적인
투자의 확대

자본의 비용인 이자율의 값과 투자에 따른 수익률 값이 같아지도록 투자에 따른 수익률이 줄어들면서 자본의 비용이며 동시에 자본에 의한 기회의 비용으로 표시되는 이자율, 즉 할인율과 예상되는 투자에 따른 수익률 값이 서로 같아지게 되는 것임

할인율과 예상되는 투자에 따른 수익률 값이 서로 같아질 때 순 현재가치는 0이 되는 것임

표시되는 이자율, 즉 할인율 r_t와 예상되는 투자에 따른 수익률인 i_t 값이 서로 같아지게 되는 것이다. 즉, $r_t = i_t$가 이루어질 때 순 현재가치는 0이 되는 것이다.

<그림 2-7>의 기업경영분석지표(2009~, 전수조사) 전산업 총자산증가율(좌)과 제조업 부채비율(우)의 추이를 살펴보면, 2013년부터 2016년 기간 동안 전산업 총자산증가율은 2014년 이후 완만하게 상승하고 있는 것으로 나타난 반면에 제조업의 총자산증가율은 2013년 이후 2015년까지 하락추세를 기록한 후 2016년 들어 회복세를 나타냈다. 2010년부터 2012년까지 전산업 총자산증가율은 2011년까지는 증가세를 보인 후 2012년 들어 하락 반전되었다. 앞에서 살펴본 바와 같이 이후의 흐름은 비교적 나쁘지는 않은 것으로 나타났다.

2009년 이후 2012년까지의 분석이 중요한 것은 2009년 1월부터 3월까지가 미국의 금융위기 직후 미국 경기순환상 저점이란 점을 감안하여 볼 경우 한국경제에 주는 시사점이 클 것이라는 점 때문인 것이다. 2018년 현재와 같은 한반도를 중심으로 하는 지정학적인 이슈들이 세계 경제 및 금융시장에 영향을 미치고 있다. 또한 미국과 중국, 유럽 등 세계 초강대국들의 무역에 있어서 관세에 의한 논란들이 일고 있는 2018년 대외여건을 고려하면 수출지향적인 한국기업들에게 있어서 중요한 시점으로 판단되고 있기 때문이다.

국내적으로도 경제전문가들이 진단하고 있는 바에 따르면, 한국의 국내경제에서 고용률 증가에 획기적인 해결책이 강구되어야 하는 시점이다. 또한 최저임금

| 그림 2-7 | 기업경영분석지표(2009~, 전수조사) 전산업 총자산증가율(좌)과 제조업 부채비율(우)의 추이(2009년부터 2012년까지)

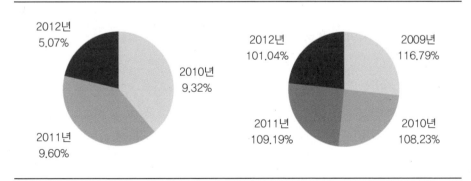

과 관련된 이슈들과 장기적으로 볼 때 저출산 및 고령화 문제 등을 해결하여야 하는 국가적인 과제들을 잘 살펴보아야 하는 시점이다. 그리고 한국의 경우 저출산 문제로 경제활동인구가 줄어들 가능성도 제기되고 있는 실정이다. 따라서 잠재성장률 제고도 하나의 큰 이슈가 되고 있으며 기업들의 체감경기의 개선으로 적극적인 국내투자(domestic investment)가 이루어져야 지속적인 총자산의 증가가 전 산업과 제조업 등에서 이루어질 것이다. 그리고 한국경제의 선순환 구조도 이루어질 것으로 판단된다.

현재 미국과 일본 등이 경기호황국면으로 최저 실업률에 가까이 가 있는 상황을 적극적으로 활용할 필요도 있다. 이는 향후 세계경제의 불황에 대비하기 위해서도 중요한 것이다.

특히 한국경제에는 반도체산업 이외에는 차세대 성장 동력 산업이 뚜렷이 보이지 않는 문제점과 미국의 금리인상이 한국의 금융시장으로부터 자금이탈이 가시화될 지의 문제점 등이 있는 현실이다. 또한 2018년 이후의 한국경제 성장률에 대하여 경기가 좋을 것이라는 전망치에 대한 확신이 서지 않는 것도 문제점이다.

이는 미국의 금리와 한국의 금리 역전이 지속되게 할 수도 없는 딜레마(dilemma)를 탈피하기 위해서도 중요한 것이다.

이와 같은 과제들을 해결하지 못하게 되면 기업들의 향후 매출액이나 수익성의 악화와 연결될 수 있기 때문에 대내외적인 환경을 중요시해야 하는 것이다. 또한 산업구조가 한국과 유사한 일본의 산업 및 사회적인 이슈들이 한국에 대한 시사점을 제공해 주기도 하기 때문에 기업들이 경제적인 영향 등에 대하여 벤치마킹할 필요도 있다.

최저임금과 관련하여 2018년 동안 소상공인과 자영업자들과 다른 이익집단들과의 다른 견해 차이를 좁혀 나가는 것도 국가적인 난제이다.

이와 같은 기업의 분위기와 기업환경을 둘러싼 대내외 어려운 환경들을 극복해 나갈 때 기업들의 총자산증가율의 양호한 흐름도 더욱 안정적으로 지속될 것이다. 이 자료는 경제검색의 시스템[간편 검색, 한국은행]에 따른 것이다.

2013년부터 2016년까지 전산업과 제조업 부채비율이 지속적으로 낮아지고 있는 것과 같이 미국의 금융위기 직후인 2009년부터 2012년까지의 기간 동안을 대상으로 살펴보았을 때에도 전산업의 부채비율이 계속적으로 낮아졌음을 알 수 있었다. 한편 제조업의 부채비율은 2009년부터 2010년까지 낮아진 후 2011년 다시 상승 반전되었음을 알 수 있다. 그리고 제조업의 부채비율은 2012년까지 큰 폭으로 하락하였음을 알 수 있다. 이와 같은 흐름은 2013년 이후 최근까지 이어지고 있는 것이다.

<그림 2-8>의 기업경영분석지표(2009~, 전수조사) 제조업 자기자본비율(좌)과 차입금의존도(우)의 추이를 살펴보면, 전산업 및 제조업의 자기자본비율은 2013년

| 그림 2-8 | 기업경영분석지표(2009~, 전수조사) 제조업 자기자본비율(좌)과 차입금의존도 (우)의 추이(2009년부터 2012년까지)

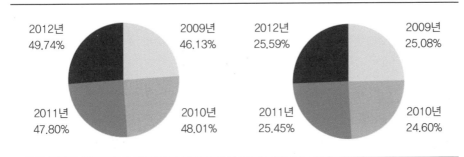

| 표 2-3 | 경기순환과 기업들의 수익성과의 관계

분류	내용과 특징
경기순환과 기업들의 수익성과의 관계	경기순환과 기업들의 수익성과의 관계에 대하여는 그동안 많은 연구가 이루어져 왔다. 이자율과 투자 이외에 저축과 투자와의 관계에 대하여도 많은 연구가 있어 왔다. 예를 들어, 한 국가의 예를 들어서도 저축이 많아야 투자도 늘릴 수 있다.
	케인지안의 경우 미래의 경기전망이 좋지 않을 경우 이것이 추세적으로 경기변동 측면에 있어서 하락국면에 속해 있는 것인지에 대하여 연구를 집중하여 왔다. 즉, 이와 같은 경우 재고의 누적이 신호(signal)로서 작용할 수도 있다.
	케인지안의 경제에 대한 성과(performance)라고 하면 경기의 확장국면을 늘리고, 반면에 경기가 하락국면에 접어들었을 경우에 있어서는 이러한 현상을 완화시키기 위해 구체적으로 정부가 취해야 하는 경제정책적인 함의를 제공해 주고 있다는 측면이다.

이후 2016년까지 지속적으로 상승하고 있는 것을 알 수 있었다. 한편 미국의 금융위기 직후인 2009년부터 2012년까지의 기간 동안을 대상으로 살펴보았을 때에도 전산업의 자기자본비율이 계속적으로 높아졌음을 알 수 있었고, 제조업의 자기자본비율도 2011년을 제외하고는 지속적으로 상승하였다. 자기자본비율이 상승한 것은 자금여력의 측면에서 살펴볼 경우 기업에게는 바람직한 현상으로 판단된다.

전산업 및 제조업의 차입금의존도가 2014년 이후 지속적으로 낮아지는 추세를 보이고 있는 양상과 비슷하게 전산업에 있어서 차입금의존도가 2009년부터 2012년까지를 살펴볼 때 2011년 이후 31.92%로 낮아졌다. 반면에 제조업 차입금의존도는 2010년까지 낮아졌다가 다시 2012년까지 상승하는 모습을 보였다. 이후에는 앞서 설명한 바와 같이 안정적인(stationary) 추세를 보였다. 이와 같은 차입금의존도는 총자산을 의미하는 자본과 부채의 합계로부터 차입금 비중이 어느 정도를 차지하고 있는지와 관련하여 백분율의 값으로 표시한 재무제표(financial statement)를 나타내고 있다. 이 자료는 경제검색의 시스템[간편 검색, 한국은행]에 따른 것이다.

경기순환과 기업들의 수익성과의 관계에 대하여는 그동안 많은 연구가 이루어져 왔다. 이자율과 투자 이외에 저축과 투자와의 관계에 대하여도 많은 연구가 있어 왔다. 예를 들어, 한 국가의 예를 들어서도 저축이 많아야 투자도 늘릴 수 있다.

케인지안의 경우 미래의 경기전망이 좋지 않을 경우 이것이 추세적으로 경기변동 측면에 있어서 하락국면에 속해 있는 것인지에 대하여 연구를 집중하여 왔다. 즉, 이와 같은 경우 재고의 누적이 신호(signal)로서 작용할 수도 있다.

케인지안의 경제에 대한 성과(performance)라고 하면 경기의 확장국면을 늘리고, 반면에 경기가 하락국면에 접어들었을 경우에 있어서는 이러한 현상을 완화시키기 위해 구체적으로 정부가 취해야 하는 경제정책적인 함의를 제공해 주고 있다는 측면이다.

<그림 2-10>의 기업경영분석지표(2009~, 전수조사) 제조업 유동비율(좌)과 비유동비율(우)의 추이를 살펴보면, 전산업의 경우 기업들의 유동비율이 2013년 이후 2016년까지 지속적으로 높아지고 있어서 부채를 진 후 갚을 수 있는 능력이 개선되고 있음을 알 수 있었고, 제조업의 경우에 있어서도 이와 같은 추세가 그대로

| 그림 2-9 | 경기순환과 기업들의 수익성과의 관계 흐름도

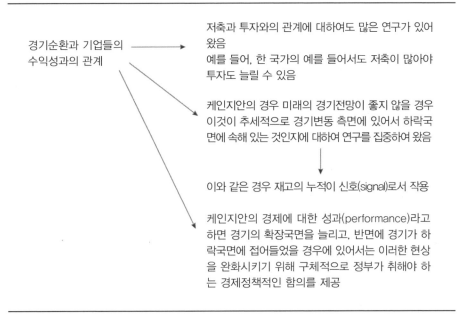

진행되었음을 알 수 있었다. 2009년부터 2012년까지를 살펴볼 경우에도 전산업과 제조업 각각이 2010년과 2009년 이후 개선추세가 뚜렷한 것을 알 수 있다. 유동비율(current ratio)은 유동자산(current asset)을 유동부채(current liabilities)로 나누어 계산한 값이고 단위로는 비율이다. 이 자료는 경제검색의 시스템[간편 검색, 한국은행]에 따른 것이다.

시점으로 볼 경우 2009년부터 2012년까지의 기간 동안이 의미를 가지는 것은 미국의 금융위기 직후인 2009년 1월부터 3월까지가 미국의 경제국면이 가장 침체기를 이 당시 즈음에 나타냈기 때문이다. 그리고 미국과 한국 경제 및 금융의 동조성과 관련이 직접적으로 있기 때문에 시사점을 알아볼 필요성이 있다. 미국과 한국 경제 및 금융의 동조성은 한국의 경제 및 금융부문의 개방과 관련성이 높은데 2000년대 들어 한국을 비롯한 세계적인 현상으로 나타나고 있다.

2018년 현재 국면은 미국과 중국, 유럽(대표적 자동차부문)의 서로 간의 관세부과와 관련된 문제가 한국경제 및 금융시장에 주는 영향들에 초점이 맞춰져 있다. 그리고 미국의 금리인상에 대하여 일부 경제학자들은 한국으로부터 한국과 미국 간의

| 그림 2-10 | 기업경영분석지표(2009~, 전수조사) 제조업 유동비율(좌)과 비유동비율(우)
의 추이(2009년부터 2012년까지)

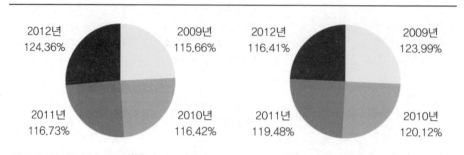

금리 역전관계로 자금유출이 가시화되고 한국경제에 IMF 긴급융자를 받았던 시
점만큼 한국경제가 위축될 것인지에 대하여 촉각을 곤두세우고 있는 상황이다.
미국의 금리인상은 2018년 상반기에는 4차례 인상이 유력시 되었지만 하반기 이
후에는 금리인상이 경제 및 금융, 주식시장 등에 영향을 2018년 상반기만큼 주지
않을 것으로 시장에서 판단하고 있다. 이는 미국 경제 및 금융, 주식시장 등에서
미국과 중국의 무역관련 관세 분쟁 이슈 등에 우려감을 갖고 있기 때문이기도 하
다. 즉, 미국의 금리인상이 미국의 경제 및 금융, 주식시장에 주는 영향을 최소화
하려고 미국 연방준비제도이사회(Federal Reserve Board)가 할 것이라는 전망과 연결
되어 있다.

전산업과 제조업의 2013년부터 2016년까지의 비유동비율이 감소추세에 놓여있
었던 반면에 2009년부터 2012년까지 전산업의 비유동비율이 2010년까지 낮아진
후 2011년 이후 높아지는 추세를 보였다. 반면에 제조업의 비유동비율이 2009년
이후 감소추세를 지속한 것으로 나타났다. 비유동비율은 비유동자산에 대하여 자
기자본으로 나눈 백분율이다. 따라서 전산업의 비유동비율이 높아진 것은 기업들
에게 있어서 자금상 부담요인이 될 수 있었던 경제적인 국면(economic phase)이다.

<그림 2-11>의 기업경영분석지표(2009~, 전수조사) 제조업 매출액영업이익률
(좌)과 매출액세전순이익률(우)의 추이를 살펴보면, 2013년부터 2016년 기간 동안
전산업의 매출액영업이익률이 증가세를 보였고, 제조업의 경우에 있어서도 2014년
이후 증가추세를 나타냈다. 하지만 2009년부터 2012년까지 전산업과 제조업의
매출액영업이익률의 경우 2010년 이후 하락 추세를 나타냈다. 이는 미국의 금융

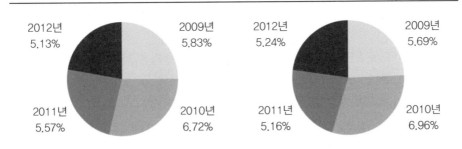

| 그림 2-11 | 기업경영분석지표(2009~, 전수조사) 제조업 매출액영업이익률(좌)과 매출액 세전순이익률(우)의 추이(2009년부터 2012년까지)

위기 여파에 의한 것인지 아니면 다른 해외 요인인지, 국내적인 요인인지 구분하기는 어렵지만 2018년 G2인 미국과 중국 간의 보복관세와 같이 대외 수출여건이 좋지 못한 환경에 처할 수도 있는 위기 국면과 국내적으로 고용률과 관련된 이슈에서 어려움을 겪을 때에는 기업들이 당면한 충격에 대한 영향으로 시사점에 대하여 파악할 수 있을 것으로 보인다. 또한 최저임금(minimum wage) 인상 논란과 같이 중소자영업자를 비롯한 이익집단 간의 이견을 보이는 변수(variable)를 비롯한 각종 이슈 등이 경제적인 불확실성(uncertainty)으로 나타날 경우에 있어서는 더욱이 참고할 만한 지표(indicator)로서 판단된다. 이 자료는 경제검색의 시스템[간편 검색, 한국은행]에 따른 것이다.

전산업의 매출액세전순이익률이 2013년 이후 2016년까지 지속적으로 상승세를 보였으며, 제조업의 매출액세전순이익률도 2014년 이후 증가추세를 나타냈다. 한편 2009년부터 2012년까지 전산업의 매출액세전순이익률은 2010년까지 상승한 후 2012년까지 하락추세를 나타냈다. 또한 제조업의 매출액세전순이익률은 2010년까지 6.96%까지 상승한 후 2011년 하락 반전을 나타냈고 2012년 들어 소폭의 증가추세로 5.24%를 보였다.

제2절 자본의 한계적인 효율성 정리

　케인지안의 공헌 중에 하나는 자본의 한계적인 효율성 측면에서 계속 하락할 경우 경제에 대한 하락국면을 의미하게 되는지에 대한 연구 성과(study performance) 등이 제시되고 있다.

　케인지안은 자본의 한계적인 효율성이 할인율을 통하여 장기금리와 관련되어 있고 투자와 연계된다고 보았다. 따라서 자연스럽게 투자와 직결되는 경제와도 연계성에 대한 연구를 집중하게 된 것이다.

　<그림 2-13>의 기업경영분석지표(2009~, 전수조사) 제조업 이자보상비율(좌)과

| 그림 2-12 | 자본의 한계적인 효율성과 할인율, 경제의 관계도

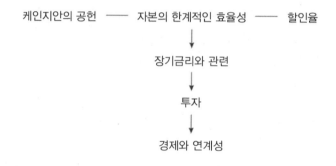

| 표 2-4 | 자본의 한계적인 효율성과 경제의 관계

분류	내용과 특징
자본의 한계적인 효율성과 경제의 관계	케인지안의 공헌 중에 하나는 자본의 한계적인 효율성 측면에서 계속 하락할 경우 경제에 대한 하락국면을 의미하게 되는지에 대한 연구 성과 (study performance) 등이 제시되고 있다.
	케인지안은 자본의 한계적인 효율성이 할인율을 통하여 장기금리와 관련되어 있고 투자와 연계된다고 보았다. 따라서 자연스럽게 투자와 직결되는 경제와도 연계성에 대한 연구를 집중하게 된 것이다.

| 그림 2-13 | 기업경영분석지표(2009~, 전수조사) 제조업 이자보상비율(좌)과 금융비용부
담률(우)의 추이(2009년부터 2012년까지)

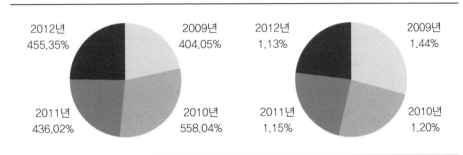

금융비용부담률(우)의 추이를 살펴보면, 2013년부터 2016년까지 전산업과 제조업
의 이자보상비율이 지속적으로 상승추세에 있음을 알 수 있었다. 하지만 2009년
에서 2010년에는 전산업과 제조업의 이자보상비율이 높아졌다가 이후 2012년까
지는 하락하는 모습을 나타냈다. 앞에서 알아본 바와 같이 이자보상비율 혹은 이
자보상배율은 영업이익(operating profit)을 지급이자의 비용(cost)으로 나누면 계산할
수 있는 방법인데, 이에 대한 판단에서 이 지표가 1보다 낮은 경우에 있어서는
문제가 될 수 있다. 즉, 이것은 기업들이 번 영업이익(operating profit)이 이자의 비용
(cost)과 비교할 때 적은 것에 해당한다. 따라서 다소 낮아졌지만 우려할 만한 수
준은 아니었다.

시점으로 볼 경우 2009년부터 2012년까지의 기간 동안이 의미를 가지는 것은
미국의 금융위기 직후인 2009년 1월부터 3월까지가 미국의 경제국면이 가장 침
체기를 이 당시 즈음에 나타냈기 때문이며 미국과 한국 경제 및 금융의 동조성
(synchronization)과 관련이 직접적으로 있기 때문에 시사점을 알아볼 필요성이 있다.
2000년대 초 들어 뉴밀레니엄이 시작되고 나서 미국의 다우존스시장과 나스닥시
장 및 한국의 코스피시장과 코스닥시장의 연계성이 상당히 높아지면서 일별의 데
이터(daily data)로 시점에 따라 0.9이상의 상관관계(correlation)의 주가 흐름을 기록하
기도 하였다. 이와 같은 미국과 한국 경제 및 금융의 동조성은 한국의 경제 및
금융부문의 개방과 관련성이 높으며, 앞서 지적한 바와 같이 2000년대 들어 한국
을 비롯한 세계적인 현상으로 나타나고 있다.

2018년 현재 국면은 미국과 중국, 유럽(대표적 자동차부문)의 서로 간의 관세부과와 관련된 문제가 한국경제 및 금융시장에 주는 영향들에 초점이 맞춰져 있는데, 이들 국가 간의 관계가 서로 좋아졌다가 나빠지는 시각이 시장에 혼돈스럽게 정보 제공되고 있다. 그리고 미국의 금리인상에 대하여 일부 경제학자들은 한국으로부터 한국과 미국 간의 금리 역전관계로 자금유출이 가시화되고 한국경제에 IMF 긴급융자를 받았던 시점만큼 한국경제가 위축될 것인지에 대하여 촉각을 곤두세우고 있는 상황이기도 하다. 그리고 환율과 관련하여 미국의 요구사항에 대하여도 시장에서 한국의 대응에 대하여 예의주시하고 있다.

미국의 금리인상은 2018년 상반기에는 4차례 인상이 유력시 되었지만 하반기 이후에는 금리인상이 경제 및 금융, 주식시장 등에 영향을 2018년 상반기만큼 주지 않을 것으로 시장에서 판단하고 있지만 여전히 변수로서 작용하고 있다. 이는 미국의 경제상황과 맞물려 있다. 2017년 하반기 이후 미국의 부동산(real estate) 경기를 비롯하여 고용상황, 투자유치 등이 양호한 흐름을 이어가고 있기 때문에 시장에서는 미국 연방준비제도이사회(Federal Reserve Board)의 경기 판단을 주목하고 있는 것이다. 이 자료는 경제검색의 시스템[간편 검색, 한국은행]에 따른 것이다.

앞서 살펴본 바와 같이 2013년부터 2016년까지의 전산업 금융비용부담률이 낮아지고 있는 추세를 나타냈는데, 제조업 금융비용부담률의 경우에 있어서도 동일한 추세를 보인 바 있다. 금융비용부담률은 회사의 지급이자를 비롯한 금융비용(financial costs)을 총매출액(gross sales)으로 나누어 구한 값을 의미하고 있는데, 이와

| 그림 2-14 | 기업경영분석지표(2009~, 전수조사) 제조업 차입금평균이자율(좌)과 인건비
대매출액(우)의 추이(2009년부터 2012년까지)

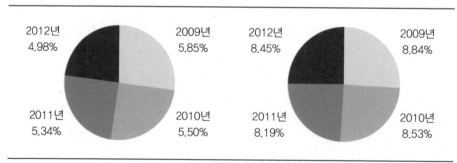

2012년 4.98% 2009년 5.85% 2012년 8.45% 2009년 8.84%
2011년 5.34% 2010년 5.50% 2011년 8.19% 2010년 8.53%

같은 방법으로 계산할 수 있다. 따라서 제조업의 기업경영을 둘러싼 금융관련 환경이 나쁘지 않음을 나타내 주고 있다. 2009년부터 2012년까지의 전산업과 제조업의 금융비용부담률도 비슷한 환경으로 나쁘지 않음을 알 수 있었다.

<그림 2-14>의 기업경영분석지표(2009~, 전수조사) 제조업 차입금평균이자율(좌)과 인건비대매출액(우)의 추이를 살펴보면, 2013년부터 2016년까지의 전산업 차입금평균이자율이 낮아지고 있는 추세와 마찬가지로 제조업의 차입금평균이자율도 2014년 이후 낮아지는 모습을 나타냈다. 2009년부터 2012년까지의 전산업과 제조업의 차입금평균이자율도 지속적으로 하락하는 모습을 나타냈다.

전산업 차입금평균이자율의 경우 세계적인 저금리 속에 한국의 기준금리도 낮아지고 있는 추세를 보임에 따라 자연스럽게 낮아지고 있을 수 있는데, 물론 이와 같은 차입금평균이자율이 낮아지는 것은 기업경영환경에 있어서 긍정적인 요소가 되기는 한다.

하지만 미국을 중심으로 하여 2018년 들어 금리인상이 단행되고 있는 점과 한국과 미국의 금리역전 현상 등은 국제 간에 있어서 자금의 흐름양상 등에 대하여 중앙은행(central bank)이 예의주시하고 있는 상황이다.

한국의 경우 미국과 일본을 중심으로 하는 선진국의 경제흐름이 양호한 가운데, 고용의 안정과 주가, 투자 유치 등 국내경제(domestic economy)를 안정화(stabilization)시키기 위해 정부가 노력 중에 있다.

2018년 하반기 들어 반도체(semiconductor) 가격의 변동성(volatility)이 확대되고 있으며 2019년도에도 중국의 저가 반도체의 생산이 본격적으로 이루어질 경우 한국의 가장 큰 주력산업에 대한 기업환경이 우려되고 있는 상황에 놓여 있다. 이는 바로 양질의 일자리 창출 등과 관련하여 경제주체 모두가 고민해야 하는 것이다. 기업의 영업이익이 나빠질 경우 결국에는 자금흐름은 풍부해도 마땅한 투자처가 없기 때문에 이자율도 낮아질 수 있다.

반도체 이후의 국가경제의 버팀목을 위해 그동안에도 효자종목이긴 하였지만, 자동차, 조선 등 전통적으로 한국경제의 강점이 있는 산업들의 양호한 흐름이 생기도록 하는 정책적인 노력이 뒷받침되어야 한다. 그리고 향후 4차 산업혁명 시대의 블록체인(Blockchain)과 가상화폐, ICO 등을 비롯한 인공지능, 로봇, 자율주행차 등이 새로운 양질의 일자리를 만들고 한국경제의 견인차 역할을 할 것이므로

| 표 2-5 | 케인지안의 수익성과 관련된 분석

분류	내용과 특징
케인지안의 수익성과 관련된 분석	케인지안의 수익성과 관련된 분석에서 투자와 장기의 금리 간에는 장기금리에 관련성이 있는 자본의 한계적인 효율성과 연계되어 있다. 자본의 한계적인 효율성은 할인율에 동등한 가치를 가짐을 증명하고 있다.
	자본의 한계적인 효율성은 과거와 연관된 혹은 현재와 연관된 실현된 이윤과 관련된 것이 아니다. 이는 주로 예상된 이윤 및 자본과 관련된 투자수익률과 관련성을 갖는다.

선진국 대비 기술력 격차를 좁히도록 노력해 나가는 것도 한국경제의 지속가능한 성장(growth)과 양질의 일자리 창출에 필요할 것으로 판단된다. 이 자료는 경제검색의 시스템[간편 검색, 한국은행]에 따른 것이다.

2013년부터 2016년까지의 전산업과 제조업의 인건비대매출액이 상승추세에 놓여 있었다. 그리고 전산업과 제조업의 인건비대매출액(employment costs to sales)에 있어서 2009년부터 2012년까지의 경우에는 2011년까지 하락하다가 2012년 들어 상승추세로 반전되었다.

이와 같은 전산업과 제조업의 인건비대매출액의 상승은 기업들의 채산성(payability)을 악화시킬 우려가 있다.

케인지안의 수익성과 관련된 분석에서 투자와 장기의 금리 간에는 장기금리에 관련성이 있는 자본의 한계적인 효율성과 연계되어 있다. 자본의 한계적인 효율성은 할인율에 동등한 가치를 가짐을 증명하고 있다.

자본의 한계적인 효율성은 과거와 연관된 혹은 현재와 연관된 실현된 이윤과 관련된 것이 아니다. 이는 주로 예상된 이윤 및 자본과 관련된 투자수익률과 관련성을 갖는다.

<그림 2-16>의 기업경영분석지표(2009~, 전수조사) 제조업 인건비대영업총비용(좌)과 매출액증가율(우)의 추이를 살펴보면, 2013년부터 2016년까지 전산업의 인건비대영업총비용(employment costs to total operating costs)과 마찬가지로 제조업의 인건비대영업총비용이 2013년 이후 상승추세에 놓여 있었다. 그리고 2009년부터 2012년까지 전산업과 제조업의 인건비대영업총비용도 2011년까지 하락하다가

| 그림 2-15 | 케인지안의 수익성과 관련된 분석도

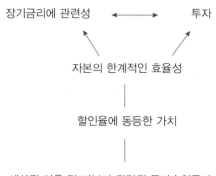

장기금리에 관련성 ←――→ 투자

자본의 한계적인 효율성

할인율에 동등한 가치

예상된 이윤 및 자본과 관련된 투자수익률과 관련성

| 그림 2-16 | 기업경영분석지표(2009~, 전수조사) 제조업 인건비대영업총비용(좌)과 매출액증가율(우)의 추이(2009년부터 2012년까지)

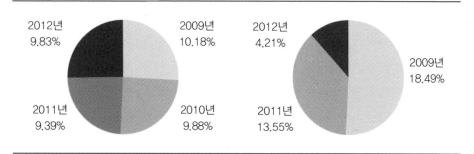

2012년
9.83%

2009년
10.18%

2012년
4.21%

2009년
18.49%

2011년
9.39%

2010년
9.88%

2011년
13.55%

2012년 들어 상승 반전되었다. 이와 같은 요인들은 인건비대매출액과 마찬가지로 기업들에게는 부담요인으로 작용할 수 있는데, 시점으로 볼 경우 2009년부터 2012년까지의 기간 동안이 의미를 가지는 것은 미국의 금융위기 직후인 2009년 1월부터 3월까지가 미국의 경제국면이 가장 침체기를 이 당시 즈음에 나타냈기 때문이다.

2018년 현재 국면은 미국과 일본 등이 실업률(unemployment rate)에서 낮은 수준을 유지하고 있지만, 미국과 중국의 G2 간의 관세부과와 관련된 문제가 한국경제 및 금융시장에 좋지 않은 영향을 줄 가능성이 있다. 그리고 국내적으로도 고용상황을 나타내는 지표의 저하와 최저임금과 관련된 논란 등으로 국내경제가 어수선

한 상황으로 2009년부터 2012년까지의 기간 동안을 살펴볼 필요성이 있다.

또한 대외적으로 미국의 금리인상에 대하여 일부 경제학자들은 이머징마켓 (emerging market)에서 미국으로의 자금유출이 가시화될 수 있음을 우려하고 있다, 그리고 환율과 관련하여서도 미국의 요구사항에 대하여도 시장에서 한국의 대응에 대하여 면밀히 살펴보고 있는 상황이다.

한편 미국의 금리인상은 2018년 상반기에는 4차례 인상이 유력시 되었지만 하반기 이후에는 금리인상이 경제 및 금융, 주식시장 등에 영향을 2018년 상반기만큼 주지 않을 것으로 시장에서 판단하고 있지만 한국의 금융과 경제에는 여전히 중요한 요인임에는 틀림없는 상황이다.

또한 한국경제(Korea economy)의 유일한 세계적인 버팀목인 반도체 가격이 2018년 하반기 이후에 하락세를 보일지 그리고 2019년 중국의 저가 반도체 공세가 발생할지 불안한 여건이기도 하다.

따라서 한국경제는 반도체 이후의 국가경제의 버팀목을 위해 그동안에도 효자종목이긴 하였지만, 자동차, 조선 등 전통적으로 한국경제의 강점이 있는 산업들의 양호한 흐름이 생기도록 하는 정책적인 노력이 뒷받침되어야 하는 상황이다.

그리고 향후 4차 산업혁명 시대의 블록체인(Blockchain)과 가상화폐, ICO 등을 비롯한 인공지능, 로봇, 자율주행차, 드론, 빅데이터, 3D 프린터 등이 새로운 양질의 일자리를 만들고 한국경제의 견인차 역할을 할 것이므로 선진국 대비 기술력 격차를 좁히도록 노력해 나가야 한다.

이는 인건비에 대한 부담 등에 따른 로봇의 사무자동화에 따른 실업률 증가도 있을 수 있지만 어쩔 수 없이 미래 산업에 대비하고 세계적인 산업체질의 빠른 전환에 따라 대비책을 세워 나가야 한다면 잘 준비할 경우 고용상황에 있어서 개선점도 찾아나갈 수 있다. 이는 한국경제가 정보통신을 비롯한 IT분야에 강점도 지니고 있기 때문이다. 또한 이것은 한국경제의 지속가능한 성장(growth)과 양질의 일자리 창출에 필요할 수도 있다. 이 자료는 경제검색의 시스템[간편 검색, 한국은행]에 따른 것이다.

2013년부터 2016년까지 전산업의 매출액증가율이 2015년까지 하락세를 보이다가 2016년 들어 상승폭이 확대된 것으로 나타난 것과 달리 제조업의 매출액증가율이 2013년 이후 지속적으로 좋지 않은 모습을 나타냈다. 그리고 2010년부터

2012년까지 전산업과 제조업의 매출액증가율 동향을 살펴보면, 2010년 이후 하락하였으며 특히 2011년에서 2012년에 하락 폭이 심화되었음을 알 수 있다.

<그림 2-17> 기업경영분석지표(2009~, 전수조사) 제조업 유형자산증가율(좌)과 총자산증가율(우)의 경우에서 2010년부터 2012년까지 전산업의 유형자산증가율을 살펴보면 2010년부터 2011년까지 소폭 상승한 후 2012년 들어 하락한 것을 알 수 있다. 하지만 2010년부터 2012년까지 제조업의 유형자산증가율을 살펴보면 지속적으로 하락추세를 보였다.

그리고 이러한 추세는 지속되어 2013년부터 2016년까지 전산업의 유형자산증가율을 살펴보면 2014년까지 지속적으로 하락한 후 2015년 들어 상승한 후 2016년 들어 다시 둔화되었다. 한편 2010년부터 2016년까지의 이와 같은 추세는 제조업의 유형자산증가율에서도 같은 양상을 나타냈다. 앞에서 살펴본 바와 같이 유형자산증가율이 높아졌다는 것이 의미하는 바는 토지와 건물, 기계, 공장에 대하여 기업들의 투자가 증가하였음을 나타내는 지표이다.

2013년부터 2016년 기간 동안 전산업 총자산증가율은 완만하게 상승하고 있는 것으로 나타난 반면에 제조업의 총자산증가율은 2013년 이후 2015년까지 하락추세를 기록한 후 2016년 들어 회복세를 보였다. 그리고 2010년부터 2012년까지 전산업 총자산증가율은 2011년까지는 증가세를 보인 후 2012년 들어 하락 반전되었다. 하지만 제조업 총자산증가율은 2010년부터 2012년까지 지속적인 하락추세에 놓여 있었다. 앞에서 살펴본 바와 같이 이후의 흐름은 비교적 나쁘지는 않

| 그림 2-17 | 기업경영분석지표(2009~, 전수조사) 제조업 유형자산증가율(좌)과 총자산증가율(우)의 추이(2010년부터 2012년까지)

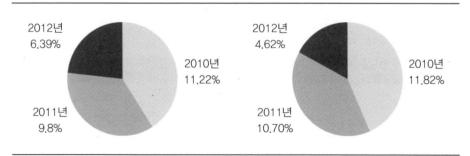

은 것으로 나타났는데, 유형자산증가율과 총자산증가율이 서로 약간 다른 양상을 보이고 있는 것을 알 수 있다.

2018년 하반기 이후 국내적으로는 핀테크(fintech) 산업의 양호한 향후 발전을 위하여 은산분리 완화에 대한 논의가 진행 중에 놓여 있는 가운데 4차 산업혁명 (fourth industrial revolution)의 세계적인 흐름에 잘 편승하려는 노력을 진행 중에 있다.

4차 산업혁명의 세계적인 흐름은 기존의 단순한 일자리의 노동력 제공에서 새로운 취·창업의 일자리로 전이(transition)되어 나가는 변혁기로 산업계와 학계 등을 비롯한 경제주체의 지혜가 필요한 상황이며, 특히 미국과 독일, 일본 등 선진국 대비 기술격차를 줄여나가는 노력도 필요한 상황이다.

트럼프(Trump) 미국대통령이 자국에 대한 투자유치에 노력 중이고 미국의 양호한 경기흐름을 반영하여 금리 인상이 이루어져 한국과 미국의 금리차이가 역전되는 등 대내외 경제적으로 패러다임(paradigm)의 대전환이 이루어질 수 있다. 미국의 자국 내에서는 트럼프 미국대통령의 기존의 관행을 깬 전자상거래업체들에 대한 판매세를 비롯하여 기존의 세제 체계에 있어서의 변화 가능성에 대하여 미국을 비롯한 시장에서 예의주시하고 있는 상황이기도 하다.

특히 시장의 예상과 때로는 부합되게 때로는 예상과 빗나가게 미국과 중국과의 관세(tariff)를 중심으로 무역 분쟁이 지속되고 있는 2019년 이후의 경제를 예측 (prediction)해 나가기 쉽지 않은 추세에 놓여 있기도 하다. 그리고 동북아시아의 지정학적인 위치에 따른 각국의 이해관계가 첨예하게 대립되어 있는 상황이다.

이와 같은 시장에서의 불확실성(uncertainty)의 제거노력이 결실을 거두어야 기업들의 유형자산과 총자산에 대한 국내투자(domestic investment)를 늘려나갈 것이며, 이를 잘 뒷받침할 수 있는 경제주체들의 노력이 필요한 시점이기도 하다. 이 자

| 표 2-6 | 저축과 투자, 자본의 한계적인 효율성의 관계

분류	내용과 특징
저축과 투자, 자본의 한계적인 효율성의 관계	케인지안은 저축이 투자에 대하여 결정요인임을 주장하고 있다. 그리고 투자증가가 어느 정도 이루어진 후에는 투자 증가에 의해 자본의 한계적인 효율성이 감소할 수 있다. 이는 투자증가를 통한 생산비 (cost)의 상승과 이를 통한 공급가격의 상승에 기인하기도 한다.

| 그림 2-18 | 저축과 투자, 자본의 한계적인 효율성의 관계도

케인지안 ⟶ 저축이 투자에 대하여 결정요인

투자증가가 어느 정도 이루어진 후에는 투자 증가에
의해 자본의 한계적인 효율성이 감소할 수 있음

료는 경제검색의 시스템[간편 검색, 한국은행]에 따른 것이다.

케인지안은 저축이 투자에 대하여 결정요인임을 주장하고 있다. 그리고 투자증가가 어느 정도 이루어진 후에는 투자 증가에 의해 자본의 한계적인 효율성이 감소할 수 있다. 이는 투자증가를 통한 생산비(cost)의 상승과 이를 통한 공급가격의 상승에 기인하기도 한다.

소비와 저축의 그래프가 0점을 중심으로 45°선으로 그려져 있다. 그리고 소비와 투자의 그래프 D와 D′, D″과 X축을 중심으로 각각 Ae와 B, C 점으로 표시되어 있다. 소비와 투자의 그래프(graph) D와 소비와 저축의 그래프가 만나는 X축의 Ae와 Y축의 E점에서 균형(equilibrium)이 달성되어 있다. 그런데 X축을 중심으로 Ae점의 왼쪽은 투자가 저축보다 높은 영역에 해당하며, Ae점의 오른쪽은 투자가 저축보다 낮은 영역에 해당한다. 이를 Ae의 경우 균형과 관련하여 수식으로 나타내면 다음 (3)식과 같다.

$$Income = Consumption + Saving = Consumption + Investment \cdots (3)$$

즉, 수식(3)에서 소득(Income)은 소비(Consumption)와 저축(Saving)의 합과 소비(Consumption)와 투자(Investment)의 합과 같아지게 된다는 것이다. Ae점의 왼쪽은 투자가 저축보다 높은 영역이므로 투자활성화에 따른 생산(production) 증가로 소득 수준이 높아지는 구간에 해당하게 된다.

Ae점의 오른쪽은 저축보다 투자가 미치지 못하는 부분으로 향후 경제의 불확실성이 증가할 경우 투자가 적게 이루어지고 생산 위축과 고용 감소 등이 일어날 수 있는 구간에 해당한다. 이는 소비와 투자의 그래프 D′, D″선과 소비와 저축의

| 그림 2-19 | 소비와 저축, 투자의 관계

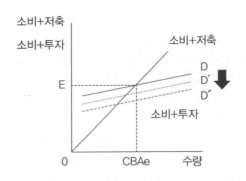

| 그림 2-20 | 기업경영분석지표(2007~2010) 전산업 부채비율(좌)과 자기자본비율(우)의
추이 (각각의 단위: %)

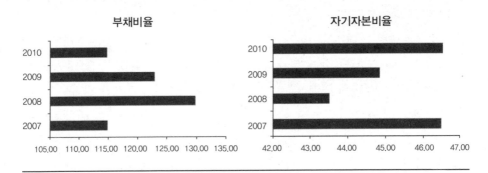

선이 만나는 X축 중심의 각각 B와 C점에서도 동일한 결과를 가져올 수 있다.

2018년 현재와 같은 한반도를 중심으로 하는 지정학적인 이슈들이 세계 경제 및 금융시장에 영향을 지속적으로 나타내고 있다. 또한 미국과 중국, 유럽 등 세계 초강대국들의 무역에 있어서 관세에 의한 논란들이 일고 있는 2018년 상반기와 하반기의 대외여건을 고려하면 수출지향적인 한국기업들에게 있어서 중요한 시점으로 판단되고 있기 때문이다. 시장에서는 2018년 하반기에 발표되는 데이터(data)를 살펴볼 경우에도 상반기의 경상수지(balance on current account) 흑자폭이 줄어들어 우려를 나타내고 있는 상황이다.

국내적으로도 경제전문가들이 진단하고 있는 바에 따르면, 한국의 국내경제에

| 표 2-7 | 2007년 이후 시점별 한국경제 및 금융에 대한 영향 요인

분류	내용과 특징
2007~2008	경제활성화를 위한 한미FTA(Free Trade Agreement) 체결(2007), 미국의 서브프라임 모기지(subprime mortgage) 사태에 따른 금융위기의 한국경제 및 금융에 대한 좋지 않은 영향(2008)
2009~2012	미국의 금융위기 직후인 2009년 1월부터 3월까지가 미국의 경제국면이 가장 침체기를 겪은 후 한국경제 및 금융에도 부담요인으로 작용한 시기
2013~2016	최근의 통계지표 발표에 따른 시차(time lag)에 따른 영향

| 표 2-8 | 2007년 이후 시점별 전산업과 제조업 부채비율의 변화 양상 (1)

분류	내용과 특징
2007~2008	2007년부터 2010년 사이의 전산업 부채비율은 2008년 들어 급증한 후 2009년 이후 낮아지는 추세를 보였다. 따라서 미국의 서브프라임 모기지(subprime mortgage) 사태에 따른 금융위기가 한국경제 및 금융에 대한 좋지 않은 영향을 주었음을 시사하고 있다.
2009~2012	제조업의 부채비율은 2009년부터 2010년까지 낮아진 후 2011년 다시 상승 반전되었음을 알 수 있다. 그리고 제조업의 부채비율은 2012년까지 큰 폭으로 하락하였음을 알 수 있다. 이와 같은 흐름은 2013년 이후 최근까지 이어지고 있는 것이다.
2013~2016	전산업과 제조업 부채비율이 지속적으로 낮아지고 있는 것과 같이 미국의 금융위기 직후인 2009년부터 2012년까지의 기간 동안을 대상으로 살펴보았을 때에도 전산업의 부채비율이 계속적으로 낮아졌음을 알 수 있었다.

서 고용률 증가에 획기적인 해결책이 강구되어야 하는 시점이기도 하다. 최저임금과 관련된 이슈들이 계속되고 있고, 자영업자들은 고용을 줄여나가야 하는 고민을 하는 시점이기도 하다.

국내 경제를 살펴볼 때, 장기적으로 저출산 및 고령화 문제 등을 해결하여야 하는 국가적인 과제들도 있다. 그리고 한국의 경우 저출산 문제로 경제활동인구가 줄어들 가능성도 제기되고 있는 상황이기도 하다.

이에 따라 잠재성장률 제고가 하나의 큰 이슈가 되고 있으며 기업들의 체감경기의 개선으로 적극적인 국내투자가 이루어져야 지속적인 총자산의 증가가 전산업과 제조업 등에서 선순환의 경기흐름을 만들어 낼 수 있을 것이다.

2018년 하반기 현재 미국과 일본 등은 경기호황국면으로 최저 실업률에 가까이 가 있는 상황을 적극적으로 활용할 필요도 있다. 이는 향후 세계경제의 불황에 대비하기 위해서도 중요하다는 판단이다.

한국경제에는 반도체산업 이외에는 차세대 성장 동력 산업이 뚜렷이 보이지 않는 문제점과 미국의 금리인상이 한국의 금융시장으로부터 자금이탈이 가시화될 지의 문제점 등이 있는 현실이며, 환율과 관세 등에 있어서도 미국의 보호무역에 가까운 정책들과 관련된 세밀한 정책 대응이 필요한 시점이다.

이는 미국의 금리와 한국의 금리 역전이 지속되게 할 수도 없는 딜레마를 벗어나기 위해서도 중요한 것이다. 특히 투자는 다음 식 (4)와 같이 설비투자와 건설투자로 구성되어 있다. 그런데 건설투자 부분이 하락조짐을 2018년 하반기 들어서 나타내게 될지 시장에서 주시를 하고 있는 상황이기도 하다. 기업들의 이러한 적극적인 설비투자와 건설투자의 적극적인 노력이 있어야 경제가 선순환 구조를 가져갈 수 있기 때문이다. 수식 (4)에서 pe는 설비투자(plant and equipment)를 의미한다.

$$Investment = pe\ investment + construction\ investment \quad \cdots\cdots (4)$$

따라서 이와 같은 과제들을 해결하지 못하게 되면 기업들의 향후 매출액이나 수익성의 악화로 연결될 수 있기 때문에 대내외적인 환경을 중요시해야 한다. 단순히 해당 산업적인 부분을 뛰어넘어 교육(education)과 같은 분야에서도 혁신(innovation)이 전개되고 있기 때문이다. 미국의 대학들의 경우에도 이에 박차를 가하고 실질적인 플립러닝(flipped learning) 방식으로 이루어지고 있다. 즉, 기존의 전통산업이 아니라 로봇과 자율주행차, 인공지능(AI: artificial intelligence), U-Health 등과 같이 새로운 패러다임으로 학문 간의 융합이 자연스럽게 연결되고 있기도 하다. 한국에서는 플립러닝의 개념이 거꾸로 하는 학습 등의 형태로 소개되어 최상위권 학교에서 도입해 운영하고 있는 상황이다. 이러한 교육혁신이 초일류의 반도체 이후의 차세대 먹거리 산업을 만들어낼 수 있다고 이 분야를 연구하는 교수와 학자,

연구원들은 주장하고 있는 것이다.

미국의 경우 적극적인 국내투자 유인을 내세우고 있는데, 이와 같은 정책도 참고할 필요성이 있다. 이는 양질의 일자리 창출과 맞물려 있기 때문이다. 블록체인 (blockchain)을 비롯한 4차 산업혁명이 단순한 일자리를 줄일 수는 있어도 새로운 형태의 창의적인 고급 일자리를 만들어낼 수 있으므로 이에 대한 대비책도 세워 나가야 한다.

앞에서도 지적한 바와 같이 최저임금과 관련하여 2018년 동안 소상공인과 자영업자들과 다른 이익집단들과의 견해 차이를 좁혀 나가는 것도 국가적인 난제 중에 하나이다. 이와 같은 기업의 분위기와 기업환경을 둘러싼 대내외 어려운 환경들을 극복해 나아갈 때 기업들의 과감한 투자로 이어질 것이다. 기업들의 부채 비율(debt ratio)이 단순히 줄어드는 것을 환영만 할 것이 아니라 적극적인 기업들의 투자(investment)로 고용 증가와 임금 상승, 양질의 일자리 창출, 실업률 하락, 경제소득의 향상 등으로 이어지는 안정적인 선순환 구조를 만들어가야 하는 것이다. 이 자료는 경제검색의 시스템[간편 검색, 한국은행]에 따른 것이다.

자기자본비율이 상승한 것은 자금여력의 측면에서 살펴볼 경우 기업에게는 바람직한 현상으로 판단된다. 하지만 기업들의 자기자본비율이 상승한 것이 투자여건이 나빠서 활발한 투자가 진행되지 못해서였다면 바람직하지는 못한 것이다.

예를 들어 2018년 상반기와 하반기에 걸쳐서 경상수지 흑자가 이어진 것이 수출보다 수입이 줄어드는 불황형 흑자라면 바람직하지 못한 것이다. 따라서 미국과 일본 등 선진국이 경제호황국면일 때 적극적인 수출확대가 이루어질 수 있도록 기업체를 비롯한 학계 등 경제주체들의 다양한 아이디어와 노력이 뒤따라야 할 것이다.

블록체인의 경우에도 2018년 하반기 들어 스타벅스(Starbucks) 등이 가상화폐시스템에 대하여 마이크로소프트(Microsoft)와 함께 관심도를 높여가는 것과 같이 기업들과 기업체들을 둘러싼 산업정책 등에서 차세대 성장동력산업으로서 가능성이 높은 산업이 무엇인지와 관련된 담론과 동시에 선진국의 금융시스템(finance system)의 발전 방향도 함께 잘 살펴보아야 한다.

차입금의존도는 총자산을 의미하는 자본과 부채의 합계로부터 차입금 비중이 어느 정도를 차지하고 있는지와 관련하여 백분율의 값으로 표시한 재무제표(financial

| 표 2-9 | 2007년 이후 시점별 전산업과 제조업 자기자본비율의 변화 양상 (1)

분류	내용과 특징
2007~2008	전산업 자기자본비율이 2008년 들어 낮아졌는데, 이는 미국의 서브프라임 모기지(subprime mortgage) 사태에 따른 금융위기가 한국경제 및 금융에 대하여 나쁜 영향을 주었음을 시사하고 있다.
2009~2012	미국의 금융위기 직후인 2009년부터 2012년까지의 기간 동안을 대상으로 살펴보았을 때에도 전산업의 자기자본비율이 계속적으로 높아졌음을 알 수 있었고, 제조업의 자기자본비율도 2011년을 제외하고는 지속적으로 상승하였다.
2013~2016	전산업 및 제조업의 자기자본비율은 2013년 이후 2016년까지 지속적으로 상승하고 있는 것을 알 수 있었다.

| 그림 2-21 | 기업경영분석지표(2007~2010) 전산업 차입금의존도(좌)와 유동비율(우)의 추이

(각각의 단위: %)

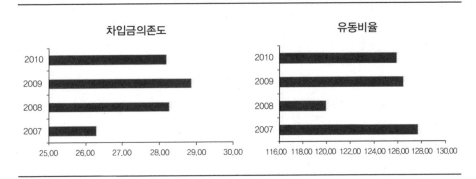

statement)를 나타내고 있다. 이 자료는 경제검색의 시스템[간편 검색, 한국은행]에 따른 것이다. 유동비율(current ratio)은 유동자산(current asset)을 유동부채(current liabilities)로 나누어 계산한 값이고 단위로는 비율이다.

현재 기업들은 달러를 기축통화로 하여 주로 거래를 하고 있다. 물론, 유로화와 엔화 등이 추가적으로 세계적인 기축통화의 역할을 하고 있다. 블록체인을 기반으로 하는 가상화폐(암호화폐) 시장에 앞서 언급한 바와 같이 2018년 하반기 들어 스타벅스(Starbucks) 등이 참여에 관심을 갖는 것은 비트코인(bitcoin)에 대하여 대중

화를 가져올 수 있는 획기적인 시초가 될 수 있기 때문에 시장에서 주목을 받고
있다.

| 표 2-10 | 2007년 이후 시점별 전산업과 제조업 차입금의존도의 변화 양상 (1)

분류	내용과 특징
2007~2008	전산업 차입금의존도가 2008년 들어 높아졌는데, 이는 미국의 서브프라임 모기지(subprime mortgage) 사태에 따른 금융위기가 한국경제 및 금융에 대하여 좋지 않은 영향을 나타냈음을 시사하고 있다.
2009~2012	전산업에 있어서 차입금의존도가 2009년부터 2012년까지를 살펴볼 때 2011년 이후 31.92%로 낮아졌다. 반면에 제조업 차입금의존도는 2010년까지 낮아졌다가 다시 2012년까지 상승하는 모습을 보였다.
2013~2016	전산업 및 제조업의 차입금의존도가 2014년 이후 지속적으로 낮아지는 추세를 보이고 있다.

| 표 2-11 | 2007년 이후 시점별 전산업과 제조업 유동비율의 변화 양상 (1)

분류	내용과 특징
2007~2008	전산업 유동비율이 2008년 들어 낮아졌는데, 이는 미국의 서브프라임 모기지(subprime mortgage) 사태에 따른 금융위기가 한국경제 및 금융에 대하여 좋지 않은 영향을 주었음을 반영하고 있는 것이다.
2009~2012	2009년부터 2012년까지를 살펴볼 경우에도 전산업과 제조업 각각 2010년과 2009년 이후 개선추세가 뚜렷한 것을 알 수 있다.
2013~2016	전산업의 경우 기업들의 유동비율이 2013년 이후 2016년까지 지속적으로 높아지고 있어서 부채를 진 후 갚을 수 있는 능력이 개선되고 있음을 알 수 있었고, 제조업의 경우에 있어서도 이와 같은 추세가 그대로 진행되었음을 알 수 있었다.

금융재정학과
블록체인

 Finance and Blockchain

02

자본의 한계적인
효율성과 금리

Chapter

03

자본의 한계적인 효율성과 경제

제1절 　투자와 비용, 이자율

경쟁적인 시장에서 생산비용의 증가는 가격의 상승과 연결되고 기업들의 이익은 줄어들 수밖에 없다. 이에 따라 케인지안은 기업들의 경쟁시장에서 적어도 단기적인 상태에서는 생산량의 증가가 단위 비용의 상승(고용 증가에 따른 비용을 포함)과 수익의 감소로 연결됨을 지적하고 있다.

그러면 장기적으로는 어떨까? 만일 장기평균비용(long-term average cost)이 하락한다면 이는 투자증가가 기업들의 생산능력의 확대로 이어질 수 있다. 이는 기업들이 규모경제(economy of scale)를 달성한다면 장기평균비용을 최대로 낮춘 상태에서 생산이 가능함을 의미한다.

아마존(Amazon)과 같은 거대기업들의 경우 무역의 이익을 통하여 규모경제를 달성하는 경우도 있다. 일반적인 경우에는 규모경제가 하나의 국가 단위 내에서만 상정을 하지만 통상(trade)의 영역까지 고려할 경우 해외시장(overseas market)을 통하여 무역으로 규모경제를 달성할 수도 있는 것이다.

| 표 3−1 | 장기평균비용(long−term average cost)의 하락과 투자

분류	내용과 특징
장기평균비용의 하락과 투자	경쟁적인 시장에서 생산비용의 증가는 가격의 상승에 연결되고 기업들의 이익은 줄어들 수밖에 없다.
	케인지안은 기업들의 경쟁시장에서 적어도 단기적인 상태에서는 생산량의 증가가 단위 비용의 상승(고용 증가에 따른 비용을 포함)과 수익의 감소로 연결됨을 지적하고 있다.
	장기평균비용(long−term average cost)이 하락한다면 이는 투자증가가 기업들의 생산능력의 확대로 이어질 수 있다.
	이는 기업들이 규모경제(economy of scale)를 달성한다면 장기평균비용을 최대로 낮춘 상태에서 생산이 가능함을 의미한다. 아마존(Amazon)과 같은 거대기업들의 경우 무역의 이익을 통하여 규모경제를 달성하는 경우도 있다. 일반적인 경우에는 규모경제가 하나의 국가 단위 내에서만 상정을 하지만 통상의 영역까지 고려할 경우 해외시장을 통하여 무역으로 규모경제를 달성할 수도 있는 것이다.

| 그림 3−1 | 생산비용의 증가와 가격 및 기업들의 이익의 관계도

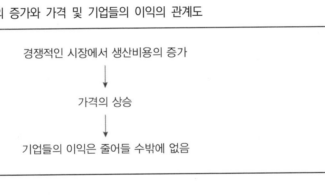

| 그림 3-2 | 단기적인 상태에서 생산량의 증가와 단위 비용, 수익의 관계도

기업들의 경쟁시장에서 적어도
단기적인 상태에서는 생산량의 증가

↓

단위 비용의 상승(고용 증가에 따른 비용을 포함)

↓

수익의 감소로 연결

| 그림 3-3 | 장기평균비용의 하락과 투자, 기업들의 생산능력의 관계도

장기평균비용(long-term average cost)의 하락

↓

투자증가가 기업들의 생산능력의 확대로 이어질 수 있음

| 그림 3-4 | 규모경제의 달성과 장기평균비용, 생산의 관계도

기업들의 규모경제(economy of scale)를 달성

↓

장기평균비용을 최대로 낮춘 상태에서 생산이 가능함을 의미

장기평균비용(long-term average cost)이 하락할 경우 <그림 3-5>와 같이 투자
증가로 이어지고 기업들의 생산능력의 확대로 이어질 수 있다. 즉, X축의 A점과
B점, C점, E점으로 투자의 증가와 기업들의 생산능력의 확대로 나타날 수 있다.
이는 장기평균비용곡선상에서 a점에서 b점으로 다시 c점으로의 연결점과 같이
된다. 기울기를 고려할 때 각각 a점에서 b점, 그리고 c점으로 오른쪽으로 이동하
면 할수록 기울기가 완만하게 됨을 알 수 있다.

결국 X축의 E점까지 투자 및 생산이 확대될 경우 그 이후의 구간부터는 기업들이 규모경제를 달성함을 의미하고 있다. 즉, 장기평균비용을 더 이상 낮출 수 없는 최대로 낮춘 상태에서 생산이 이루어짐을 나타내고 있는 것이다.

비유동비율은 비유동자산에 대하여 자기자본으로 나눈 백분율의 값이다. 이에 따라 비유동비율이 높아진다는 것은 기업들에게 있어서 자금상 부담요인이 될 수 있었던 경제적인 국면이다.

국내 경제를 살펴볼 때, 장기적으로 저출산 및 고령화 문제 등을 해결하여야 하는 국가적인 과제들이 있다. 또한 한국의 경우 저출산 문제로 경제활동인구가

| 그림 3-5 | 장기평균비용곡선과 수량의 관계

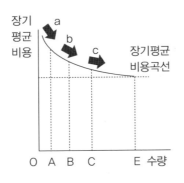

| 그림 3-6 | 기업경영분석지표(2007~2010) 전산업 비유동비율(좌)과 매출액영업이익률(우)의 추이

(각각의 단위: %)

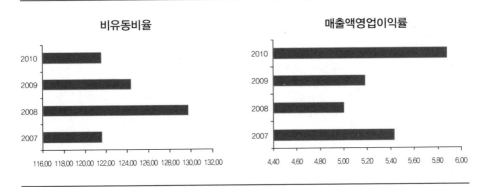

| 표 3-2 | 2007년 이후 시점별 전산업과 제조업 비유동비율의 변화 양상 (1)

분류	내용과 특징
2007~2008	전산업 비유동비율이 2008년 들어 높아졌는데, 이는 미국의 서브프라임 모기지(subprime mortgage) 사태에 따른 미국의 금융위기가 한국경제 및 금융에 대하여 좋지 않은 영향을 주었음을 나타내고 있는 것이다.
2009~2012	2009년부터 2012년까지 전산업의 비유동비율이 2010년까지 낮아진 후 2011년 이후 높아지는 추세를 보였다. 반면에 제조업의 비유동비율이 2009년 이후 감소추세를 지속한 것으로 나타났다.
2013~2016	전산업과 제조업의 2013년부터 2016년까지의 비유동비율이 감소추세에 놓여있었다.

| 표 3-3 | 2007년 이후 시점별 전산업과 제조업 매출액영업이익률의 변화 양상 (1)

분류	내용과 특징
2007~2008	전산업 매출액영업이익률이 2008년 들어 낮아졌는데, 이는 미국의 서브프라임 모기지(subprime mortgage) 사태에 따른 미국의 금융위기가 한국 경제 및 금융에 대하여 나쁜 영향을 미쳤음을 나타내고 있는 것이다.
2009~2012	2009년부터 2012년까지 전산업과 제조업의 매출액영업이익률의 경우 2010년 이후 하락 추세를 나타냈다.
2013~2016	2013년부터 2016년 기간 동안 전산업의 매출액영업이익률이 증가세를 보였고, 제조업의 경우에 있어서도 2014년 이후 증가추세를 나타냈다.

줄어들 가능성도 제기되고 있는 상황이기도 하다. 이는 잠재성장률의 하락으로 연결될 수 있어서 출생률(birth rate)이 감소하는 것을 막는 것이 국가적인 과제인 것이다.

중국의 LCD산업이 한국을 추월한 것으로 2018년 하반기 지표(indicator)에서 확인되고 있다. 이는 미국의 금융위기 시에 한국의 굴지의 LCD들이 투자를 줄인 것에 반하여 중국은 투자를 확대한 것이 2018년 들어 시점을 두고 반영된 것이다.

또한 중국(China)에서는 블록체인(blockchain)을 비롯한 4차 산업혁명과 관련된 기업들에 대규모의 신규 인력충원이 2018년 하반기 들어서도 이루어지고 있는데,

중국의 주요 대학들의 우수한 신규 인재들이 대거에 진출하고 있다. 반면에 한국은 신규 인력의 충원규모에서도 중국에 비하여 부족한 상황이다.

이와 같이 국가들 간의 무한경쟁시대에 향후 차세대 동력산업들에 있어서 시급한 과제들이 무엇인지 잘 판단하여야 한다. 그리고 최저임금(minimum wage)과 같은 주요 이슈(issue)들을 잘 점검하여 기업들의 체감경기의 개선으로 적극적인 국내투자가 이루어지도록 하여야 한다. 이것이야말로 경제의 선순환의 경기흐름을 만들어 낼 수 있는 것이다.

2018년 하반기 현재 미국과 일본 등은 경기호황국면으로 최저 실업률에 가까이 가 있는 상황을 적극적으로 활용할 필요성도 있다. 이는 향후 세계경제가 불황국면에 접어들었을 때를 대비하기 위해서도 중요하다는 판단이다. 이는 한국경제가 대외 경제에 크게 의존하고 있기 때문이기도 하다.

한국경제에는 반도체산업 이외에는 차세대 성장 동력 산업이 뚜렷이 보이지 않는 문제점과 미국의 금리인상이 한국의 금융시장으로부터 자금이탈이 가시화될 지의 문제점 등이 있는 현실이다. 그리고 환율과 관세 등에 있어서도 미국의 보호무역에 가까운 정책들과 관련된 세밀한 정책 대응이 필요한 상황이기도 하다.

이는 미국의 금리와 한국의 금리 역전이 지속되게 할 수도 없는 딜레마를 벗어나기 위해서도 중요한 것이다. 한국은 제조업의 수출 지향적인 국가로서 기업들의 생산을 위한 자금확보를 위하여 쉽게 금리를 올리기 어려운 구조를 갖고 있기도 하다.

그리고 블록체인 기술을 활용한 한국의 의료서비스(medical service)의 기술 우위를 바탕으로 하는 의료관광(medical tour)과 U-Health산업의 발전 등도 4차 산업혁명과 연계되어 발전을 해 나가야 한다.

앞에서 중국의 신규 인력창출과 관련하여 언급한 바와 같이 이와 같은 4차 산업혁명을 이끌 소프트웨어(software)인 교육시스템의 혁신도 필요하다. 예를 들어 미국의 대학들과 같이 실질적인 플립러닝(flipped learning) 방식으로 이루어져 4차 산업혁명과 관련된 로봇과 자율주행차, 인공지능, 드론(drone), U-Health 등과 같이 새로운 패러다임으로 학문 간의 융합이 자연스럽게 연결되도록 하여야 한다. 이는 단순히 강의실에서만 수업이 이루어지는 방식이 아니라 학생들이 예습을 통하여 이미 내용을 파악하고 학교에서는 토론식 수업이 이루어지는 플립러닝(flipped learning), 즉 일명 '거꾸로 하는 학습' 등의 형태가 정착되도록 하는 것도 고려되어야 하는 것이다. 이러한 교육혁신(education innovation)이 초일류의 반도체 이후의 차세대 먹거리 산업을 만들어낼 수 있다고 이 분야를 연구하는 교수와 학자, 연구원들은 주장하고 있다.

미국의 경우 적극적인 국내투자 유인을 내세우고 있는데, 이와 같은 정책도 참고할 필요가 있다. 이는 양질의 일자리 창출과 맞물려 있으며, 스마트공장(smart factory)과 같은 새로운 산업의 발전으로 블록체인을 비롯한 4차 산업혁명이 단순한 일자리를 줄일 수는 있어도 새로운 형태의 창의적이고 새로운 고급 일자리를 만들어낼 수도 있는 2018년 하반기 이후의 상황이기 때문이다.

또한 최저임금과 관련하여 2018년 동안 소상공인과 자영업자들과 다른 이익집단들과의 견해 차이를 줄여 나가는 것도 국가적인 난제 중에 하나이다. 이와 같은 기업의 분위기와 기업환경을 둘러싼 대내외 어려운 환경들을 극복해 나아갈 때 기업들의 체감경기의 개선은 기업들의 과감한 투자로 이어질 것이다. 이 자료는 경제검색의 시스템[간편 검색, 한국은행]에 따른 것이다.

이자보상비율 혹은 이자보상배율은 영업이익(operating profit)을 지급이자의 비용(cost)으로 나누면 계산할 수 있는 방법인데, 이에 대한 판단에서 이 지표(indicator)가 1보다 낮은 경우에 있어서는 문제가 될 수 있다. 즉, 이것은 기업들이 번 영업

| 그림 3-7 | 기업경영분석지표(2007~2010) 전산업 매출액세전순이익률(좌)과 이자보상비율(우)의 추이 (각각의 단위: %)

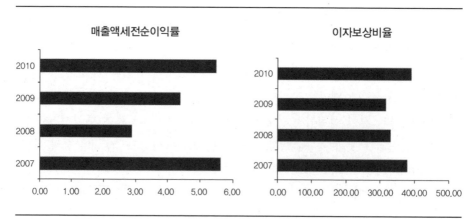

이익(operating profit)이 이자의 비용(cost)과 비교할 때 적은 것을 의미한다. 따라서 2007년 기간 이후 다소 낮아진 시점에서도 우려할 만한 수준은 아니었던 것으로 판단된다.

중국은 현재 신규인력 창출에서도 세계적으로 우수한 인재들이 4차 산업혁명 (fourth industrial revolution) 분야에 진출하고 있다. 앞서 LCD사업에 대한 미국의 금융

| 표 3-4 | 2007년 이후 시점별 전산업과 제조업 매출액세전순이익률의 변화 양상 (1)

분류	내용과 특징
2007~2008	전산업 매출액세전순이익률이 2008년 들어 낮아졌는데, 이는 미국의 서브프라임 모기지(subprime mortgage) 사태에 따른 미국의 금융위기(financial crisis)가 한국경제 및 금융에 대하여 나쁜 영향을 미쳤음을 나타내고 있는 것이다.
2009~2012	2009년부터 2012년까지 전산업의 매출액세전순이익률은 2010년까지 상승한 후 2012년까지 하락추세를 나타냈다. 또한 제조업의 매출액세전순이익률은 2010년까지 6.96%까지 상승한 후 2011년 하락 반전을 나타냈고 2012년 들어 소폭의 증가추세로 5.24%를 보였다.
2013~2016	전산업의 매출액세전순이익률이 2013년 이후 2016년까지 지속적으로 상승세를 보였으며, 제조업의 매출액세전순이익률도 2014년 이후 증가추세를 나타냈다.

| 표 3-5 | 2007년 이후 시점별 전산업과 제조업 이자보상비율의 변화 양상 (1)

분류	내용과 특징
2007~2008	전산업 이자보상비율이 2007년 380.96%에서 2008년 들어 330.78%로 낮아졌는데, 이는 미국의 서브프라임 모기지(subprime mortgage) 사태에 따른 미국의 금융위기(financial crisis)가 한국경제 및 금융에 대하여 좋지 않은 영향을 주었음을 나타내고 있는 것이다.
2009~2012	2009년에서 2010년에는 전산업과 제조업의 이자보상비율이 높아졌다가 이후 2012년까지는 하락하는 모습을 나타냈다.
2013~2016	2013년부터 2016년까지 전산업과 제조업의 이자보상비율이 지속적으로 상승추세에 있음을 알 수 있었다.

위기 시에 중국의 대규모 투자가 시차(time lag)를 거쳐 한국의 LCD산업이 일본을 제쳤던 것과 같이 한국을 벤치마킹(benchmarking)하여 제친 것으로 알려지고 있다. 이는 한국이 LCD산업에 일본보다 대규모 투자를 하여 일본의 LCD산업을 제친 것과 같이 중국이 대규모의 투자를 통하여 한국보다 더 많은 투자를 하여 제친 것이다.

이와 같이 4차 산업혁명 분야에서 차세대 산업동력에 대규모 투자와 신규 우수한 인재양성을 통하여 미국과 대등한 관계로 경제적인 측면에서 발전해 나가고 있는 것이다. 따라서 기업들에게 있어서 새로운 분야에서 보다 높은 차원의 부가가치를 창출할 수 있는 분야를 적극 발굴하고 이 분야에 자금이 잘 융통될 수 있도록 관련 산업계를 비롯하여 학계와 경제주체들이 지혜를 모아 나가야 할 시점으로 판단된다. 이것이 지속적인 기업들의 매출액세전순이익률의 양호한 흐름으로도 연결될 것이다.

장기적인 경제적 관점에서 수요의 중요성 측면이 있다. 이는 케인지안들의 생각과 같이 기업들이 투자증대를 하고 생산량이 늘어나면 종전의 가격 수준에서 판매를 유지할 수가 없다. 결국에는 판매에 따른 가격수준을 낮출 수밖에 없는 것이다.

이는 종국적으로 기업들의 예상 이익부분도 하락할 수밖에 없는 처지에 놓이게 된다. 또한 자본의 한계적인 효율성에도 부정적인 영향을 나타내 하락시키게 된다. 케인지안의 공급과 수요에 관한 설명 부분은 이에 대한 정합성으로 증명되고 있으며, 자본의 한계적인 효율성에 관한 설명에서도 중요한 부분이다.

전체적인 국가경제 단위에서는 개별적인 기업들의 진입과 탈퇴가 모두 합해지는 개념으로 전개된다. 각 개별 회사들의 경우에 있어서 자본의 한계적인 효율성은 투자와는 반대의 관계에 놓이게 된다. 이는 국가전체의 기업들이 속해 있는 산업(industry)들을 분석해도 동일한 결론을 얻을 수 있다.

케인지안의 경우 자본의 한계적인 효율성이 하락할 때 투자지출의 자연스러운 감소와 동반하는 것은 아니라고 주장한다. 이는 대출에 관한 여러 종류가 있는데 각각의 이자율수준이 자본의 한계적인 효율성보다 낮게 된 상황인지 아니면 높은지가 중요하다는 것이다.

만일 자본의 한계적인 효율성수준보다 이자율수준이 더 낮게 되면 당연히 자

| 표 3-6 | 자본의 한계적인 효율성과 이자율, 경제의 관계

분류	내용과 특징
자본의 한계적인 효율성과 이자율, 경제의 관계	장기적인 경제적 관점에서 수요의 중요성 측면이 있다. 이는 케인지안들의 생각과 같이 기업들이 투자증대를 하고 생산량이 늘어나면 종전의 가격 수준에서 판매를 유지할 수가 없다. 결국에는 판매에 따른 가격수준을 낮출 수밖에 없는 것이다.
	이는 종국적으로 기업들의 예상 이익부분도 하락할 수밖에 없는 처지에 놓이게 된다. 또한 자본의 한계적인 효율성에도 부정적인 영향을 나타내 하락시키게 된다. 케인지안의 공급과 수요에 관한 설명 부분은 이에 대한 정합성으로 증명되고 있으며, 자본의 한계적인 효율성에 관한 설명에서도 중요한 부분이다.
	전체적인 국가경제 단위에서는 개별적인 기업들의 진입과 탈퇴가 모두 합해지는 개념으로 전개된다. 각 개별 회사들의 경우에 있어서 자본의 한계적인 효율성은 투자와는 반대의 관계에 놓이게 된다. 이는 국가전체의 기업들이 속해 있는 산업(industry)들을 분석해도 동일한 결론을 얻을 수 있다.
	케인지안의 경우 자본의 한계적인 효율성이 하락할 때 투자지출의 자연스러운 감소와 동반하는 것은 아니라고 주장한다. 이는 대출에 관한 여러 종류가 있는데 각각의 이자율수준이 자본의 한계적인 효율성보다 낮게 된 상황인지 아니면 높은지가 중요하다는 것이다.
	만일 자본의 한계적인 효율성수준보다 이자율수준이 더 낮게 되면 당연히 자본의 한계적인 효율성수준이 감소하여도 언제든지 기업들은 투자할 동기부여가 있게 된다는 것이다. 이는 케인지안의 경우 금리수준을 낮추어 경기부양을 하는 경제적인 이론의 뒷받침을 제공해 줄 수 있는 것이다.

본의 한계적인 효율성수준이 감소하여도 언제든지 기업들은 투자할 동기부여가 있게 된다는 것이다. 이는 케인지안의 경우 금리수준을 낮추어 경기부양을 하는 경제적인 이론의 뒷받침을 제공해 줄 수 있는 것이다.

금리수준과 경기와의 관계는 그동안 많은 연구들이 이루어져 왔다. 한국의 경우에는 저금리 정책을 통한 경기부양에 많은 관심을 갖고 있는 국가들 중에 하나이다. 이는 제조업 위주의 국가경제체제이고, 동시에 해외 판매에 따른 수출지향적인 국가이기에 이와 같은 경향이 더욱 큰 것이다.

한편 금리와 투자와의 관계성과 관련하여서도 그동안 많은 연구들이 있어왔는데, 한국의 경우 연합방정식모형(simultaneous model)을 구성한 데이터(data) 분석에서는 경기가 좋을 경우 투자증가와 금리가 동반적으로 상승하는 현상이 있어서 금리가 낮을 경우 투자가 증가하는 탄성치의 매개변수(coefficient)와 부호가 종종 생각보다 다르게 나타나는 경우도 있다.

완전경쟁시장(perfectly competitive market)을 가정할 때 한 국가 내의 진입과 탈퇴가 자유롭게 이루어지게 된다. 일본과 한국의 공정거래위원회가 이와 같은 역할을 해내는 공적기관으로서의 역할을 하고 있다.

| 그림 3-8 | 투자와 가격의 관계도

장기적인 경제적 관점에서 수요의 중요성 측면

↓

기업들이 투자증대를 하고 생산량이 늘어나면
종전의 가격 수준에서 판매를 유지할 수가 없음

↓

결국에는 판매에 따른 가격수준을 낮출 수밖에 없음

| 그림 3-9 | 가격하락과 기업들의 예상 이익의 관계도

기업들의 투자증대와 생산량의 증가
종전의 가격 수준에서 판매를 유지할 수가 없음

↓

가격 수준의 하락
기업들의 예상 이익부분도 하락할 수밖에 없는 처지에 놓이게 됨

↓

자본의 한계적인 효율성에도 부정적인 영향을 나타내 하락

그리고 미국의 반독점(antitrust) 정책이 이와 같은 공정거래 및 국가 내의 진입과 탈퇴가 자유롭게 이루어지는 완전경쟁시장을 지향하고 있다. 한국의 경우에도 대기업과 중소기업의 동반적인 성장과 협력의 강화를 위한 노력이 이루어지고 있다.

| 그림 3-10 | 자본의 한계적인 효율성과 투자의 관계도

전체적인 국가 경제 단위에서는 개별적인 기업들의
진입과 탈퇴가 모두 합해지는 개념으로 전개

↓

각 개별 회사들의 경우에 있어서 자본의 한계적인 효율성은
투자와는 반대의 관계에 놓이게 됨

| 그림 3-11 | 자본의 한계적인 효율성과 투자, 이자율의 관계도

자본의 한계적인 효율성이 하락할 때
투자지출의 자연스러운 감소와 동반하는 것은 아니라고 주장

↓

대출에 관한 여러 종류가 있는데
각각의 이자율수준이 자본의 한계적인 효율성보다 낮게 된 상황인지
아니면 높은지가 중요하다는 것

| 그림 3-12 | 자본의 한계적인 효율성과 이자율의 관계도

만일 자본의 한계적인 효율성수준보다
이자율수준이 더 낮게 되면 당연히 자본의 한계적인 효율성수준이 감소하여도
언제든지 기업들은 투자할 동기부여가 있게 된다는 것

↓

금리수준을 낮추어 경기부양을 하는
경제적인 이론의 뒷받침을 제공핼 줄 수 있는 것

이는 향후 블록체인(blockchain)과 같이 세계적으로 유망한 투자산업이 활성화되기 이전 단계에서부터 각종 유망한 4차 산업혁명 분야의 성장에 있어서도 공정한 진입과 탈퇴가 자유로운 분위기의 기업문화 조성이 중요할 것으로 판단된다. 이것이 곧 기업들의 경쟁력이고 결국에는 국가의 경쟁력 강화에 도움이 되는 방향이 될 것이기 때문이다.

장기적인 경제적인 관점에서 수요의 중요성 측면이 있는데, <그림 3-13> 투자와 가격의 메커니즘에서 설명되고 있다. 총수요곡선(Aggregate demand curve)과 총공급곡선(Aggregate supply curve)이 만나는 a점과 b점, c점을 총수요곡선이 각각 경제국면에 따라 A와 A′, A″로 되어 있으며, 총공급곡선 S와 S′이 각각 있다고 가정한다. 예를 들어, 총수요곡선 A에서는 총공급곡선 S와 만나는 균형점(equilibrium)인 b점에서 총수요와 총공급 수준이 E점이고 각각의 수량은 e점 상에 놓여 있다.

여기서 케인지안들의 생각과 같이 기업들이 투자증대를 하고 생산량이 늘어나면 종전의 가격 수준에서 판매를 유지할 수가 없게 된다. 따라서 국가 전체적으로 총공급곡선 S가 S′과 같이 이동을 하게 된다. 이와 같이 되면 a점과 b점, c점의 균형이 각각의 총수요곡선을 따라 각각 A와 A′, A″선들에서 각각의 균형점들인 g점과 f점, d점으로 이동하게 된다. 그리고 각각의 경우 결국에는 판매에 따른 가격수준을 종전보다 낮출 수밖에 없게 되는 것이다.

금융비용부담률은 회사의 지급이자를 비롯한 금융비용(financial costs)을 총매출액(gross sales)으로 나누어 구한 값을 의미하고 있는데, 이와 같은 방법으로 계산할 수 있는 값이다. 이에 따라 최근 들어 기업경영분석지표상의 지표들로 살펴볼 때,

| 그림 3-13 | 투자와 가격의 메커니즘

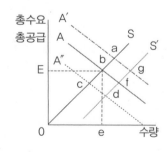

제조업의 기업경영을 둘러싼 금융관련 환경이 나쁘지 않음을 나타내 주고 있다.

국내 경제를 살펴볼 때, 저출산 및 고령화 문제 등을 해결하여야 하는 장기적인 국가적인 과제들이 있다. 이는 2017년 미국의 재무부장관이 한국경제에 대한 코멘트(comment)에서도 당면한 한국경제의 가장 큰 취약점이라고 지적한 바도 있다.

그리고 한국의 경우 저출산 문제로 경제활동인구가 줄어들 가능성도 제기되고 있는 상황이다. 이는 잠재성장률의 하락으로 연결될 수 있어서 출생률이 감소하는 것을 막는 것이 국가적인 과제로 부각되고 있다. 따라서 정부에서도 다둥이를

| 그림 3-14 | 기업경영분석지표(2007~2010) 전산업 금융비용부담률(좌)과 차입금평균이자율(우)의 추이 (각각의 단위: %)

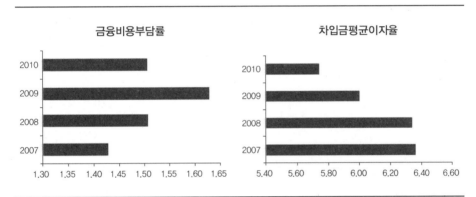

| 표 3-7 | 2007년 이후 시점별 전산업과 제조업 금융비용부담률의 변화 양상 (1)

분류	내용과 특징
2007~2009	전산업 금융비용부담률이 2008년과 2009년 들어 계속 높아졌는데, 이는 미국의 서브프라임 모기지(subprime mortgage) 사태에 따른 미국의 금융위기(financial crisis)가 한국경제 및 금융에 대하여 좋지 않은 영향을 주었음을 나타내고 있는 것이다.
2009~2012	2009년부터 2012년까지의 전산업과 제조업의 금융비용부담률도 비슷한 환경으로 나쁘지 않음을 알 수 있었다.
2013~2016	2013년부터 2016년까지의 전산업 금융비용부담률이 낮아지고 있는 추세를 나타냈는데, 제조업 금융비용부담률의 경우에 있어서도 동일한 추세를 보인 바 있다.

가진 가정에 대한 특별한 배려에 관심을 갖고 있기도 하다.

대외적으로 산업별 경쟁력을 살펴볼 때, 그동안 ICT분야에서 한국이 강점을 지니고 있는데 중국의 LCD산업이 한국을 추월한 것으로 2018년 하반기 지표에서 확인되고 있다. 이와 같은 현상은 미국의 금융위기 시에 한국의 굴지의 LCD들이 투자를 줄인 것에 반하여 중국은 투자를 확대한 것이 2018년 들어 시점을 두고 반영된 것이다.

그리고 중국(China)에서는 블록체인을 비롯한 4차 산업혁명과 관련된 기업들에 대규모의 신규 인력충원이 2018년 하반기 들어서도 이루어지고 있는데, 중국 주요 대학들의 우수한 신규 인재들이 대거에 진출하고 있는 상황이다. 하지만 한국은 신규 인력의 충원규모에서도 중국에 비하여 부족한 실정에 놓여 있다.

한국의 경우에 블록체인산업의 경우 유관 협회가 증권형식의 크라우드펀딩(crowd funding) 회사와 기술력을 갖추고 있는 사업모형(business model)을 가지게 된 블록체인의 스타트업(start-up) 기업들에 대하여 투자유치의 지원업무를 기획하고 있는 것과 같이 기업 차원에서 바람직한 투자모델을 찾아가고 있기도 하다.

이와 같이 국가들 간의 무한경쟁시대에 향후 차세대 동력산업들에 있어서 시급한 과제들이 무엇인지 경제주체들이 잘 판단하여야 한다. 또한 최저임금과 같은 주요 이슈(issue)들을 잘 점검하여 기업들의 체감경기의 개선으로 적극적인 국내투자가 이루어지도록 해야 한다. 이것이야말로 경제가 선순환구조를 가질 수 있는 경기흐름을 만들어 낼 수 있는 것이다.

2018년 하반기 현재 미국과 일본 등은 경기호황국면으로 최저 실업률에 가까이 가 있는 상황을 적극적으로 활용할 필요성이 있다. 이는 한국경제가 수출 지향적이기 때문에 더욱 그러하다. 또한 향후 세계경제가 불황국면에 접어들었을 때를 대비하기 위해서도 중요한 것이다.

한국경제에는 반도체산업 이외에는 차세대 성장 동력 산업이 뚜렷이 보이지 않는 문제점과 미국의 금리인상이 한국의 금융시장으로부터 자금이탈이 가시화될 지의 문제점 등이 2018년 하반기에도 절실한 상황이다. 그리고 미국의 보호무역에 가까운 정책들이 중국과 무역분쟁의 흐름을 계속 가져가는 상황이 연출되고 있으며, 한국에 대한 환율과 관세 등에 있어서도 미국정부의 정책에 대한 세밀한 정책 대응이 필요한 상황이기도 하다.

이는 미국의 금리와 한국의 금리 역전이 지속되게 할 수도 없는 딜레마를 벗어나기 위해서도 중요한 것이지만, 한국은 제조업의 수출 지향적인 국가로서 기업들의 생산을 위한 자금 확보를 위하여 쉽게 금리를 올리기도 어려운 구조를 갖고 있어 난제이기도 하다.

이에 따라 이와 같은 과제들을 해결하지 못하게 되면 기업들의 향후 매출액이나 채산성, 수익성의 악화 및 위험(risk)으로 연결될 수 있기 때문에 대내외적인 환경을 잘 살펴보아야 한다.

따라서 블록체인과 ICO를 비롯한 P2P대출, 인터넷전문은행, 크라우드 펀딩, 육성 등과 같은 4차 산업혁명과 관련된 은산분리의 적용과 같은 의견수렴도 학계를 비롯한 산업계 등이 좋은 방안을 제시하여 나가야 한다. 그리고 새로운 융합산업의 제조업과 관련된 로봇과 자율주행차, 드론, 인공지능, 3D 프린팅(printing) 등과 같은 4차산업 혁명 분야에 대하여도 세밀한 분석과 차세대 동력산업으로서의 가능성이 높을 경우 투자확대가 이루어지도록 하는 산업정책적인 패러다임 변화(shift)도 생각해 보아야 할 시점이다. 또한 이에 맞는 미국과 같은 실질적인 학생들의 주도 학습과 거꾸로 교실과 같은 플립러닝(flipped learning) 방식으로의 전환 등을 검토하는 교육혁신(education innovation)도 이어져야 한다.

또한 블록체인 기술을 활용한 한국의 의료서비스(medical service)의 기술 우위를 바탕으로 하는 의료관광과 U-Health산업의 발전 등도 4차 산업혁명과 연계되어 발전을 해 나가야 할 것이다.

앞에서 언급한 바와 같이 미국의 대학들과 같이 실질적인 플립러닝(flipped learning) 방식으로 이루어져 4차 산업혁명과 관련된 로봇과 자율주행차, 인공지능(artificial intelligent), 드론, U-Health 등과 같이 새로운 패러다임으로 학문 간의 융합이 자연스럽게 연결되도록 하여야 한다. 이는 단순히 강의실에서만 수업이 이루어지는 방식이 아니라 학생들이 예습을 통하여 이미 내용을 파악하고 학교에서는 토론식 수업이 이루어지는 플립러닝, 즉 일명 '거꾸로 하는 학습' 등의 형태가 정착되도록 하는 것이다. 이러한 교육혁신이 향후 한국의 초일류의 반도체 이후의 차세대 먹거리 산업을 만들어낼 수 있다고 이 분야를 연구하는 교수와 학자, 연구원들이 연구를 하고 주장하는 바이다.

한편 미국의 경우 적극적인 국내투자(domestic investment) 유인을 내세우고 있는

| 표 3-8 | 2007년 이후 시점별 전산업과 제조업 차입금평균이자율의 변화 양상 (1)

분류	내용과 특징
2007~2008	전산업 차입금평균이자율이 미국의 서브프라임 모기지(subprime mortgage) 사태에 따른 미국의 금융위기(financial crisis)의 여파로 2007년에서 2008년 들어 소폭 줄어드는 데 그쳤다. 이는 지속적인 금리 하락 추세에서도 미국의 금융위기(financial crisis)가 한국경제 및 금융에 대하여 좋지 않은 영향을 나타내었기 때문으로 판단된다.
2009~2012	2009년부터 2012년까지의 전산업과 제조업의 차입금평균이자율도 지속적으로 하락하는 모습을 나타냈다.
2013~2016	2013년부터 2016년까지의 전산업 차입금평균이자율이 낮아지고 있는 추세와 마찬가지로 제조업의 차입금평균이자율도 2014년 이후 낮아지는 모습을 나타냈다.

데, 이와 같은 정책도 벤치마킹할 필요가 있다. 이는 양질의 일자리 창출과 맞물려 있으며, 스마트공장과 같은 새로운 산업의 발전으로 블록체인을 비롯한 4차 산업혁명이 단순한 일자리를 줄일 수는 있어도 새로운 형태의 창의적이고 새로운 고급 일자리를 만들어낼 수도 있는 것이기 때문이다.

그리고 최저임금과 관련하여 2018년 동안 소상공인과 자영업자들과 다른 이익 집단들과의 견해 차이를 줄여 나가는 것도 국가적인 난제 중에 하나인데, 이와 같은 기업환경의 개선이 이루어질 때 기업들의 체감경기의 개선으로 기업들의 과감한 투자로 이어질 것이다. 이 자료는 경제검색의 시스템[간편 검색, 한국은행]에 따른 것이다.

전산업 차입금평균이자율의 경우 세계적인 저금리 속에 한국의 기준금리도 낮아지고 있는 추세를 보임에 따라 자연스럽게 낮아지고 있을 수 있는데, 이와 같은 차입금평균이자율이 낮아지는 것은 기업경영환경에 있어서 긍정적인 요소가 된다.

하지만 미국을 중심으로 하여 2018년 들어 금리인상이 단행되고 있는 점과 한국과 미국의 금리역전 현상, 미국과 중국 간의 무역전쟁(trade war) 조짐 등은 국제 간에 있어서 자금흐름(cash flow) 등에 대하여 중앙은행이 면밀히 관찰하여야 하는 상황에 놓여 있다.

| 그림 3-15 | 기업경영분석지표(2007~2010) 전산업 인건비대매출액(좌)과 인건비대영업
총비용(우)의 추이 (각각의 단위: %)

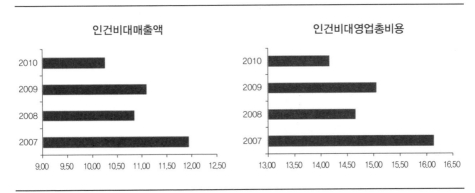

이와 같은 최근의 전산업과 제조업의 인건비대매출액의 상승은 기업들의 채산성에 좋지 않은 영향을 줄 수 있다.

한편 블록체인과 ICO를 비롯한 P2P대출, 인터넷전문은행, 크라우드 펀딩, 육성 등과 같은 4차 산업혁명은 단순한 일자리를 줄일 수 있어도 새롭고 창의적인 형태의 고급 일자리를 만들어낼 수 있을 것으로 학계 및 관련 업체 전문가들은 내다보고 있다. 예를 들어, 세계에서 최대의 가상화폐(virtual currency, 암호화폐)의 거래소가 2018년 최대 1조 1천억원을 상회하는 큰 규모의 순이익(net income)을 기록할 것으로 시장에서 예상되고 있는 바와 같이 다른 국가에서 이루어지고 있는 발전

| 표 3-9 | 2007년 이후 시점별 전산업과 제조업 인건비대매출액의 변화 양상 (1)

분류	내용과 특징
2007~2009	미국의 서브프라임 모기지(subprime mortgage) 사태에 따른 미국의 금융위기(financial crisis)가 2008년까지 한국의 전산업 인건비대매출액에 별다른 영향을 미치지 않았음을 알 수 있다.
2009~2012	전산업과 제조업의 인건비대매출액(employment costs to sales)에 있어서 2009년부터 2012년까지의 경우에는 2011년까지 하락하다가 2012년 들어 상승추세로 반전되었다.
2013~2016	2013년부터 2016년까지의 전산업과 제조업의 인건비대매출액이 상승추세에 놓여 있었다.

| 표 3-10 | 2007년 이후 시점별 전산업과 제조업 인건비대영업총비용의 변화 양상 (1)

분류	내용과 특징
2007~2009	미국의 서브프라임 모기지(subprime mortgage) 사태에 따른 미국의 금융위기(financial crisis)가 2008년까지 한국의 전산업 인건비대영업총비용에 큰 영향을 주지는 않은 것으로 나타났다.
2009~2012	2009년부터 2012년까지 전산업과 제조업의 인건비대영업총비용도 2011년까지 하락하다가 2012년 들어 상승 반전되었다. 이와 같은 요인들은 인건비대매출액과 마찬가지로 기업들에게는 부담요인으로 작용할 수 있는데, 시점으로 볼 경우 2009년부터 2012년까지의 기간 동안이 의미를 가지는 것은 미국의 금융위기 직후인 2009년 1월부터 3월까지가 미국의 경제국면이 가장 침체기를 이 당시 즈음에 나타냈기 때문이다.
2013~2016	2013년부터 2016년까지 전산업의 인건비대영업총비용(employment costs to total operating costs)과 마찬가지로 제조업의 인건비대영업총비용이 2013년 이후 상승추세에 놓여 있었다.

도 예의주시할 필요가 있다. 이 자료는 경제검색의 시스템[간편 검색, 한국은행]에 따른 것이다.

2018년 현재 국면은 미국과 일본 등이 실업률(unemployment)에서 낮은 수준을 유지하고 있지만, 미국과 중국의 G2 간의 관세부과 및 무역전쟁 조짐, 미국의 금리인상의 여파 등과 관련된 문제가 한국경제 및 금융시장에 좋지 않은 영향을 줄 가능성이 있다.

또한 국내적으로도 고용상황을 나타내는 지표의 저하와 최저임금(minimum wage)과 관련된 논란 등으로 국내경제가 불확실성(uncertainty) 하에 놓여있는 것은 경제주체들이 잘 주시해야 할 문제들이다.

| 표 3-11 | 자본의 한계적인 효율성과 투자, 경제

분류	내용과 특징
자본의 한계적인 효율성과 투자, 경제	케인지안의 공헌들 중에 하나는 자본의 한계적인 효율성이 현재 투자로부터 예상되는 기대이익과 불확실성을 의미하는 개념에 기초한다는 것을 증명한 것이다.
	케인지안의 주장의 결론은 결국 투자가 저축과 같아지는 평등적인 개념은 생산량에 있어서 변화가 발생되어 같아지게 된다는 것이다.
	한편 예상 이익과 관련하여 탁월한 연구업적을 나타낸 얼빙 피셔(Irving Fisher)의 경우 기업들의 예상 이익이 노동과 자본의 한계적인 생산력과 관련되고 이러한 노동과 자본의 한계적인 생산력을 통하여 좌우된다고 주장하였다.
	여기서 피셔의 가정은 노동과 자본의 완전고용이 이루어졌을 경우를 상정하고 있다.
	하지만 여기서 고민해야 할 부분은 시장경제체제에서 '보이지 않는 손'인 가격의 메커니즘(mechanism of price)이 완전고용을 언제나 이루게 하지는 못한다는 것이다.

케인지안의 공헌들 중에 하나는 자본의 한계적인 효율성이 현재 투자로부터 예상되는 기대이익과 불확실성을 의미하는 개념에 기초한다는 것을 증명한 것이다. 케인지안의 주장의 결론은 결국 투자가 저축과 같아지는 평등적인 개념은 생산량에 있어서 변화가 발생되어 같아지게 된다는 것이다.

한편 예상 이익과 관련하여 탁월한 연구업적을 나타낸 얼빙 피셔(Irving Fisher)의 경우 기업들의 예상 이익이 노동과 자본의 한계적인 생산력과 관련되고 이러한 노동과 자본의 한계적인 생산력을 통하여 좌우된다고 주장하였다. 여기서 피셔의 가정은 노동과 자본의 완전고용이 이루어졌을 경우를 상정하고 있다. 하지만 여기서 고민해야 할 부분은 시장경제체제에서 '보이지 않는 손'인 가격의 메커니즘(mechanism of price)이 완전고용을 언제나 이루게 하지는 못한다는 것이다.

| 그림 3-16 | 자본의 한계적인 효율성과 투자, 저축의 관계도

케인지안의 공헌들 중에 하나는 자본의 한계적인 효율성이
현재 투자로부터 예상되는 기대이익과 불확실성을 의미하는 개념에
기초한다는 것을 증명

↓

케인지안의 주장의 결론은 결국 투자가 저축과 같아지는 평등적인 개념은
생산량에 있어서 변화가 발생되어 같아지게 된다는 것

| 그림 3-17 | 예상 이익과 노동과 자본의 한계적인 생산력의 관계도

예상 이익과 관련하여 탁월한 연구업적을 나타낸 얼빙 피셔(Irving Fisher)의 경우
기업들의 예상 이익이 노동과 자본의 한계적인 생산력과 관련되고
이러한 노동과 자본의 한계적인 생산력을 통하여 좌우된다고 주장

↑

피셔의 가정은 노동과 자본의 완전고용이 이루어졌을 경우를 상정

| 그림 3-18 | 기업경영분석지표(2007~2010) 전산업 매출액증가율(좌)과 유형자산증가율(우)
　　　　　의 추이　　　　　　　　　　　　　　　　　　　　　　　　　(각각의 단위: %)

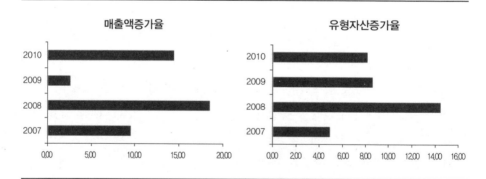

| 표 3-12 | 2007년 이후 시점별 전산업과 제조업 매출액증가율의 변화 양상 (1)

분류	내용과 특징
2007~2009	미국의 서브프라임 모기지(subprime mortgage) 사태에 따른 미국의 금융위기(financial crisis)가 2008년까지 한국의 전산업 매출액증가율에 별다른 영향을 미치지 않았음을 알 수 있다.
2009~2012	2010년부터 2012년까지 전산업과 제조업의 매출액증가율 동향을 살펴보면, 2010년 이후 하락하였으며 특히 2011년에서 2012년에 하락폭이 심화되었음을 알 수 있다.
2013~2016	2013년부터 2016년까지 전산업의 매출액증가율이 2015년까지 하락세를 보이다가 2016년 들어 상승폭이 확대된 것으로 나타난 것과 달리 제조업의 매출액증가율이 2013년 이후 지속적으로 좋지 않은 모습을 나타냈다.

한국의 경우 저출산 문제에서 초저출산의 신생아 숫자가 줄어드는 상황에서 향후 경제활동인구가 줄어들 가능성이 제기되고 있다. 이는 경제에 있어서 잠재성장률의 하락으로 연결될 수 있어서 출생률이 감소하는 것을 막는 것이 국가적인 과제로 대두되고 있다. 이에 따라 정부에서도 다둥이를 가진 가정에 대한 특별한 배려에 관심을 갖고 있다.

이와 같이 경제활동인구가 줄어드는 것과 같은 경제적인 향후 악재를 탈피하기 위한 차세대동력산업으로 11개 정도가 선정되어 로봇(robot)을 비롯한 2차전지 등의 사업들이 2007년 들어 산업정책과 맞물려 활발히 진행된 바 있다. 그리고 한미FTA(free trade agreement)를 비롯하여 경제활성화(economic activity)에 2008년에 들어서도 산업계를 중심으로 많은 노력들이 이어져 왔다.

이와 같은 노력들이 미국의 서브프라임 모기지(subprime mortgage) 사태에 따른 미국의 금융위기(financial crisis)가 2008년까지 한국의 전산업 매출액증가율에 별다른 영향을 미치지 않게 되는 원동력(motive power)이 되었을 것으로 판단된다.

2018년 하반기 현재 대내외적인 경제상황을 살펴보면, 그동안 ICT분야에서 한국이 강점을 지니고 있는데 중국의 LCD산업이 한국을 추월한 것으로 시장에서는 인지되고 있다. 더 나아가 스마트폰(smart phone)시장까지 중국산업(China industry)에 추월 위기(crisis)에 놓여 있는 것이다. 이러한 현상은 미국의 금융위기 시에 한국의 굴지의 LCD기업들이 투자를 줄인 것에 비하여 중국은 투자를 확대한 것이 2018년 들어 시점을 두고 반영된 것이다.

또한 중국(China)에서는 블록체인을 비롯한 4차 산업혁명과 관련된 기업들에 대규모의 신규 인력충원이 2018년 하반기 들어서도 이루어지고 있는데, 중국의 주요 대학들의 우수한 신규 인재들이 대거에 진출하고 있다. 그렇지만 한국은 신규 인력의 충원규모에서도 중국에 비하여 부족한 상황에 놓여 있다.

물론 블록체인(blockchain)의 가상화폐(암호화폐) 시장에서 2018년 1월부터 7월까지 기간 동안의 ICO(initial coin offerings)시장을 통하여 작전에 따른 세력들이 사기의 사고를 친 것으로 알려져 통화당국의 면밀한 시장에 대한 대처가 요구되고 있기도 하다. 즉, 4차 산업혁명에 있어서 부작용에 대하여도 경제주체들의 세밀한 대응책(counter measures)도 함께 요구되는 것이다.

이와 같이 세계국가들 간의 무한경쟁시대에 향후 차세대 동력산업들에 있어서 시급한 과제들이 무엇인지 경제주체들이 잘 판단하여야 할 시점이다. 그리고 최저임금과 같은 주요 이슈들을 잘 점검하여 기업들의 체감경기의 개선으로 적극적인 국내투자가 이루어지도록 환경을 조성해 나가야 한다. 이것이야말로 경제가 선순환의 사이클(cycles)을 가져나갈 수 있기 때문이다.

2018년 하반기 현재 미국과 일본 등은 경기호황국면으로 최저 실업률에 가까이 가 있는 상황을 적극적으로 잘 활용해 나갈 필요성이 있다. 이는 한국경제가 수출에 의존하는 바가 크기 때문이기도 하다. 그리고 향후 세계경제가 불황국면에 접어들었을 때를 대비하기 위해서도 이와 같은 경제주체들의 노력은 중요한 것이다.

한국경제에는 반도체산업 이외에는 차세대 성장 동력 산업이 뚜렷이 보이지 않는 문제점을 지니고 있다. 더 나아가 미국의 금리인상이 2018년에도 이어지고 있는 점 등으로 인하여 한국의 금융시장으로부터 자금이탈이 가시화될 지의 문제점 등이 2018년 하반기에도 절실한 것이 현실적인 상황이다. 또한 미국의 보호무역(protective trade)에 가까운 정책들이 중국과 무역전쟁(trade war)의 조짐 속에 한국에 대한 환율(foreign exchange rate)과 관세(tariff) 등에 있어서도 미국정부의 정책에 대한 면밀한 정책 대응이 필요한 상황이다.

이는 미국의 금리와 한국의 금리 역전이 지속되게 할 수도 없는 딜레마를 벗어나기 위해서도 중요한 것이지만, 한국은 제조업의 수출 지향적인 국가로서 기업들의 생산을 위한 자금 확보를 위하여 쉽게 금리(interest rate)를 올리기도 어려운 구조를 갖고 있어 어려운 문제점이기도 하다.

따라서 이와 같은 과제들을 해결하지 못하게 된다면 기업들의 향후 매출액이나 채산성, 수익성의 악화 및 위험으로 연결될 수 있기 때문에 대내외적인 환경을 잘 살펴보고 대처해 나가야 한다.

이에 따라 블록체인과 ICO를 비롯한 P2P대출, 인터넷전문은행, 크라우드 펀딩, 육성 등과 같은 4차 산업혁명과 관련된 은산분리의 적용과 같은 의견수렴까지도 학계를 비롯한 산업계 등이 좋은 방안을 제시하여 나가야 하는 상황이다.

그리고 새로운 융합산업의 제조업과 관련된 로봇과 2차전지, 자율주행차, 드론, 인공지능, 3D 프린팅, 신재생에너지 등과 같은 4차 산업혁명 분야에 대하여도 세밀한 분석과 차세대 동력산업으로서의 가능성이 높을 경우 투자확대가 이루어지도록 하는 산업정책적인 패러다임 변화도 필요할 수 있다.

또한 이에 맞는 미국과 같은 실질적인 학생들의 주도 학습과 거꾸로 교실과 같은 플립러닝(flipped learning) 방식으로의 전환 등을 검토하는 교육혁신(education innovation)도 이어져야 한다. 이는 진정한 4차 산업혁명 분야의 우수하고 양질의 인력을 배출하여 지속가능한(sustainable) 대한민국 경제를 지탱해 나갈 수 있기 때문이다.

그리고 블록체인 기술을 활용한 한국의 의료서비스(medical service)의 기술 우위를 바탕으로 하는 의료관광(medical tour)과 U−Health산업의 발전 등도 4차 산업혁명과 연계되어 발전을 해 나가야 할 분야이다.

미국의 유수 대학들은 실질적인 플립러닝(flipped learning) 방식으로 이루어져 4차 산업혁명과 관련된 로봇과 자율주행차, 인공지능(artificial intelligent), 드론, U−Health 등과 같이 새로운 패러다임으로 학문 간의 융합이 자연스럽게 연결되도록 하고 있다.

예를 들어, 교육혁신은 단순히 강의실에서만 수업이 이루어지는 방식이 아니라 학생들이 예습을 통하여 이미 내용을 파악하고 학교에서는 토론식 수업이 이루어지는 플립러닝, 즉 일명 '거꾸로 하는 학습' 등의 형태가 정착되도록 하는 것이다.

이와 같은 교육혁신이 향후 한국의 초일류의 반도체 이후의 차세대 먹거리 산

업을 만들어낼 수 있다고 이러한 분야를 연구하는 교수와 학자, 연구원들이 연구
를 하고 주장하는 바이기도 하다.

미국의 경제정책(economic policy)을 살펴보면, 적극적인 국내투자 유인책을 내세
우고 있는데, 이와 같은 정책도 벤치마킹(benchmarking) 할 필요성이 있다. 미국의
실리콘밸리와 같은 벤처투자의 산실의 경우 양질의 일자리 창출과 맞물려 있고,

| 표 3-13 | 2007년 이후 시점별 전산업과 제조업 유형자산증가율의 변화 양상 (1)

분류	내용과 특징
2007~2009	미국의 서브프라임 모기지(subprime mortgage) 사태에 따른 미국의 금융위기(financial crisis)가 2008년까지 한국의 전산업 유형자산증가율에 큰 영향을 주지 않았음을 알 수 있다.
2009~2012	2010년부터 2012년까지 전산업의 유형자산증가율을 살펴보면 2010년부터 2011년까지 소폭 상승한 후 2012년 들어 하락한 것을 알 수 있다. 하지만 2010년부터 2012년까지 제조업의 유형자산증가율을 살펴보면 지속적으로 하락추세를 보였다.
2013~2016	2013년부터 2016년까지 전산업의 유형자산증가율을 살펴보면 2014년까지 지속적으로 하락한 후 2015년 들어 상승한 후 2016년 들어 다시 둔화되었다. 한편 2010년부터 2016년까지의 이와 같은 추세는 제조업의 유형자산증가율에서도 같은 양상을 나타냈다.

| 그림 3-19 | 기업경영분석지표(2007~2010) 전산업 총자산증가율(좌)과 제조업 부채비율(우)의 추이 (각각의 단위: %)

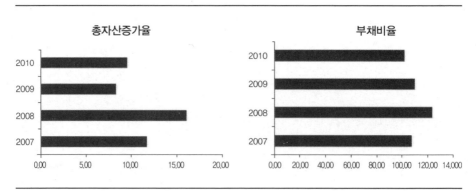

| 표 3-14 | 2007년 이후 시점별 전산업과 제조업 총자산증가율의 변화 양상 (1)

분류	내용과 특징
2007~2009	미국의 서브프라임 모기지(subprime mortgage) 사태에 따른 미국의 금융위기(financial crisis)가 2008년까지 한국의 전산업 총자산증가율에 별다른 영향을 미치지 않았음을 알 수 있다.
2009~2012	2010년부터 2012년까지 전산업 총자산증가율은 2011년까지는 증가세를 보인 후 2012년 들어 하락 반전되었다. 하지만 제조업 총자산증가율은 2010년부터 2012년까지 지속적인 하락추세에 놓여 있었다. 앞에서 살펴본 바와 같이 이후의 흐름은 비교적 나쁘지는 않은 것으로 나타났는데, 유형자산증가율과 총자산증가율이 서로 약간 다른 양상을 보이고 있는 것을 알 수 있다.
2013~2016	2013년부터 2016년 기간 동안 전산업 총자산증가율은 완만하게 상승하고 있는 것으로 나타난 반면에 제조업의 총자산증가율은 2013년 이후 2015년까지 하락추세를 기록한 후 2016년 들어 회복세를 보였다.

스마트공장(smart factory)과 같은 새로운 산업의 발전으로 블록체인을 비롯한 4차 산업혁명(fourth industrial revolution)과 연결되어 있기도 하다. 이와 같은 혁신적인 시스템을 갖출 수 있는 교육과 산업 등의 융합적인 발전이 필요한 것이다.

또한 최저임금과 관련하여 2018년 동안 소상공인과 자영업자들과 다른 이익집단들과의 견해 차이를 줄여 나가는 것도 국가적인 난제 중에 하나인 상황이다. 이러한 기업환경의 개선이 이루어질 경우 기업들의 체감경기의 개선으로 기업들의 과감한 투자(investment)로 이어질 것이다. 이 자료는 경제검색의 시스템[간편 검색, 한국은행]에 따른 것이다.

유형 자산(tangible assets)의 증가율이 높아졌다는 것이 의미하는 것은 토지와 건물, 기계, 공장에 대하여 기업들의 투자가 증가하였음을 나타내는 지표이다.

차세대 성장 동력산업으로서 2018년 하반기 이후 한국은 핀테크 산업의 양호한 향후 발전을 위해 은산분리 완화에 대한 논의가 진행 중에 있는 가운데 4차 산업혁명의 세계적인 흐름에 잘 편승하려는 노력을 진행 중에 있다.

4차 산업혁명의 세계적인 흐름은 기존의 단순한 일자리의 노동력 제공에서 새로운 취·창업의 일자리로 바뀌게 되어 나아가는 변혁기로 산업계와 학계 등을 비

| 표 3-15 | 2007년 이후 시점별 전산업과 제조업 부채비율의 변화 양상 (2)

분류	내용과 특징
2007~2008	2007년부터 2010년 사이의 전산업과 제조업의 부채비율은 2008년 들어 급증한 후 2009년 이후 낮아지는 추세를 보였다. 따라서 미국의 서브프라임 모기지(subprime mortgage) 사태에 따른 금융위기가 한국경제 및 금융에 대한 나쁜 영향을 준 시기로 파악된다.
2009~2012	제조업의 부채비율은 2009년부터 2010년까지 낮아진 다음 2011년 다시 상승 반전되었다. 그리고 제조업의 부채비율은 2012년까지 큰 폭으로 하락하였음을 알 수 있다. 이와 같은 흐름은 2013년 이후 최근까지 이어지고 있는 것이다.
2013~2016	전산업과 제조업에 있어서 부채비율이 지속적으로 낮아지고 있는 것과 같이 미국의 금융위기 직후인 2009년부터 2012년까지의 기간 동안을 대상으로 살펴보았을 때에도 전산업의 부채비율이 계속적으로 낮아졌음을 알 수 있었다.

못한 경제주체의 지혜가 필요한 상황이다. 특히 4차 산업혁명 분야에서 미국과 독일, 일본 등 선진국 대비 기술격차를 줄여나가는 노력도 필요한 상황이다. 이 자료(source)는 경제검색의 시스템[간편 검색, 한국은행]에 따른 것이다.

주로 앞에서 살펴본 바와 같이 실물시장보다는 금융시장(financial market)에서 2007년부터 2010년 사이의 전산업과 제조업의 부채비율을 비롯한 지표들을 살펴보면 영향이 보다 컸음을 알 수 있다. 이는 아무래도 미국의 금융위기(financial crisis)가 보다 빨리 동조성(synchronization)의 현상으로 인하여 전파된 것으로 파악된다.

04
자금과 경기변동

제 1 절 자금과 비용

케인지안은 기업가들은 제품에서 판매 수량의 증대에 관심이 있지는 않다고 주장한다. 이는 비록 제품의 판매량이 줄어들어도 기업들의 기대이익이 증가하게 되면 기업들은 생산량을 증대시킨다는 논리이다. 이는 생산을 증대시키기 위하여 기업들이 지불해야 하는 비용과 관련된 것이며, 기업들이 생산을 위해 지불해야 하는 노동과 자본 고용의 비용은 결국 기업들의 자금에 의하여 충당되기 때문이

| 표 4-1 | 자금과 비용

분류	내용과 특징
자금과 비용	케인지안은 기업가들은 제품에서 판매 수량의 증대에 관심이 있지는 않다고 주장한다.
	이는 비록 제품의 판매량이 줄어들어도 기업들의 기대이익이 증가하게 되면 기업들은 생산량을 증대시킨다는 논리이다.
	이는 생산을 증대시키기 위하여 기업들이 지불해야 하는 비용과 관련된 것이며, 기업들이 생산을 위해 지불해야 하는 노동과 자본 고용의 비용은 결국 기업들의 자금에 의하여 충당되기 때문이라고 판단하고 있다.

라고 판단하고 있다. 노동과 자본에 의한 생산량의 결정과 관련하여서는 수식 (5)와 같다.

$$Quantity = f(Labor + Cl + \overline{Technology}) \cdots\cdots\cdots\cdots\cdots\cdots\cdots\cdots\cdots (5)$$

여기서 $Labor$는 노동이고, Cl은 자본(capital), 그리고 기술(Technology)을 의미하는 항목은 고정되어 있다고 일반적으로 가정하고 분석을 할 수 있다.

| 그림 4-1 | 자금과 비용의 체계도

케이지안은 기업가들은 제품에서 판매 수량의
증대에 관심이 있지는 않다고 주장

↓

비록 제품의 판매량이 줄어들어도 기업들의 기대이익이 증가하게 되면
기업들은 생산량을 증대시킨다는 논리

↓

생산을 증대시키기 위하여 기업들이 지불해야 하는 비용과 관련된 것이며,
기업들이 생산을 위해 지불해야 하는 노동과 자본 고용의 비용은
결국 기업들의 자금에 의하여 충당되기 때문

| 그림 4-2 | 기업경영분석지표(2007~2010) 제조업 자기자본비율(좌)과 차입금의존도(우)의 추이

(각각의 단위: %)

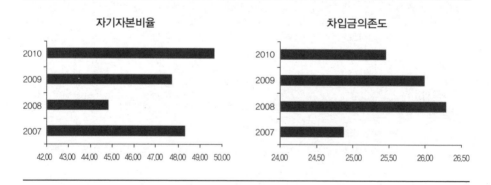

| 표 4-2 | 2007년 이후 시점별 전산업과 제조업 자기자본비율의 변화 양상 (2)

분류	내용과 특징
2007~2008	전산업과 제조업의 자기자본비율이 2008년 들어 낮아졌는데, 이는 미국의 서브프라임 모기지(subprime mortgage) 사태에 따른 금융위기가 한국경제 및 금융에 대하여 나쁜 영향을 미쳤음을 나타내고 있다.
2009~2012	미국의 금융위기 직후인 2009년부터 2012년까지의 기간 동안을 대상으로 살펴보았을 때 전산업의 자기자본비율이 계속적으로 높아졌음을 알 수 있었으며, 제조업의 자기자본비율도 2011년을 제외하고는 지속적으로 상승하였다.
2013~2016	전산업과 제조업의 자기자본비율이 2013년 이후 2016년까지 지속적으로 상승하고 있는 것을 알 수 있었다.

2007년 들어 경제활동인구가 감소하는 것과 같은 경제적인 향후 악재를 탈피하기 위한 차세대동력산업으로 11개 정도가 선정되어 로봇(robot)을 비롯한 2차전지 등의 사업들이 산업정책과 맞물려 활발히 진행되었다. 또한 한미FTA를 비롯하여 지역 간의 경제활성화 및 국내 경제 활성화에 2008년에 들어서도 산업계를 중심으로 많은 노력들이 이어졌다.

실물시장보다는 금융시장에서 2007년부터 2010년 사이 전산업과 제조업의 자기자본비율을 비롯한 지표들을 살펴보면 영향이 보다 컸음을 알 수 있다. 이는 아무래도 미국의 금융위기가 보다 빨리 동조성의 현상으로 인하여 한국에 전파된 것으로 판단된다.

2018년 하반기 현재 대내외적인 경제상황을 살펴보면, 세계시장(world market)에서 그동안 ICT(information and communications technology) 분야에서 한국이 강점을 지니고 있는데 중국의 LCD산업이 한국을 추월한 것으로 시장에서는 인지되고 있다. 더 나아가 스마트폰시장까지 중국 산업에 추월당할 위기 상황인 것으로 파악되고 있다. 이와 같은 현상은 미국의 금융위기(financial crisis) 시에 한국의 굴지의 LCD기업들이 투자(investment)를 줄인 것에 비하여 중국은 투자를 확대한 것이 2018년 들어 시점을 두고 반영된 것으로 시장에서는 관계자들이 판단하고 있다.

그리고 중국(China)에서는 블록체인(blockchain)을 비롯한 4차 산업혁명(fourth industrial revolution)과 관련된 기업들에 대규모의 신규 인력충원이 2018년 하반기 들어서도 이루어지고 있는데, 중국 주요 대학들의 우수한 신규 인재들이 대거에 진출하고 있다. 이에 반하여 한국은 신규 인력의 충원규모에서도 중국에 비하여 부족한 상황에 놓여 있는 것이 현실이다.

한편 한국에서도 2018년 하반기 들어 입법부에서 인터넷(internet) 은행의 은산분리에 대하여 규제를 완화시키는 법안 논의를 적극적으로 하고 있는 것처럼 블록체인을 비롯한 차세대 동력산업에 대하여 활발한 논의를 진행 중에 있다.

세계국가들 간의 무한경쟁시대에 향후 차세대 동력산업들에 있어서 시급한 과제들이 무엇인지 경제주체들이 잘 판단하여야 한다. 또한 최저임금(minimum wage)과 같은 주요 이슈들을 잘 점검하고 기업들의 체감경기의 개선으로 적극적인 국내투자가 이루어지도록 환경을 조성해야 한다. 이것은 경제가 선순환 사이클을 가져갈 수 있는 계기가 되기 때문이다.

2018년 하반기 들어 미국과 일본 등은 경기호황국면으로 최저 실업률에 가까이 가 있는 상황을 적극적으로 활용을 잘 해 나갈 필요성도 있다. 이것은 한국경제(Korea economy)가 수출(export)에 의존하는 바가 크기 때문이다. 또한 추후 세계경제가 불황국면에 접어들었을 때를 대비하기 위해서도 이와 같은 경제주체들의 노력은 중요한 것이다.

한편 한국경제에는 반도체산업 이외에는 차세대 성장 동력 산업이 뚜렷이 보이지 않는 문제점을 갖고 있다. 그리고 미국의 금리인상이 2018년에도 이어지고 있는 점 등으로 인하여 한국의 금융시장으로부터 자금이탈이 가시화될 지의 근심거리 등이 있다.

미국의 보호무역에 가까운 정책들이 중국과 무역전쟁 조짐 속에 한국에 대한 환율과 관세 등에 있어서 미국정부의 정책에 대한 면밀한 정책 대응이 필요한 상황이다.

이것은 미국의 금리(interest rate)와 한국의 금리 역전이 지속되게 할 수도 없는 딜레마(dilemma)를 벗어나기 위해서도 중요한 것이지만, 한국은 제조업의 수출 지향적인 국가로서 기업들의 생산(production)을 위한 자금 확보를 위하여 쉽게 금리를 올리기도 어려운 구조를 갖고 있어 어려운 문제이다.

그래서 이와 같은 과제들을 해결하지 못하게 되면 기업들의 향후 매출액이나 채산성, 수익성(profitability)의 악화 및 위험으로 연결될 수 있기 때문에 대내외적인 환경을 잘 살펴보고 대응책을 찾아 나가야 한다.

따라서 블록체인(blockchain)과 ICO를 비롯한 P2P대출, 인터넷전문은행, 크라우드 펀딩, 육성 등과 같은 4차 산업혁명과 관련된 은산분리의 적용과 같은 의견수렴을 학계를 비롯한 산업계 등이 활발한 토론으로 이어가고 있는 것이다.

또한 새로운 융합산업의 제조업과 관련된 로봇과 2차전지, 자율주행차, 드론(drone), 인공지능(artificial intelligent), 3D 프린팅, 신재생에너지 등과 같은 4차 산업혁명 분야에 대하여도 세밀한 분석과 차세대 동력산업으로서의 가능성이 높을 경우 투자확대가 이루어지도록 하는 산업정책적인 패러다임의 변화가 필요한 것이다.

그리고 이에 맞는 미국과 같은 실질적인 학생들의 주도 학습과 거꾸로 교실과 같은 플립러닝(flipped learning) 방식으로의 전환 등도 검토하는 교육혁신이 이루어져야 한다. 이는 진정한 4차 산업혁명 분야의 우수한 양질의 인력을 배출하여 지속 가능한 대한민국 경제에 버팀목이 될 수 있기 때문이다.

또한 블록체인 기술을 활용한 한국의 의료서비스의 기술 우위(technology advantage)를 바탕으로 하는 의료관광과 원격의료(U-Health)산업의 발전 등도 4차 산업혁명과 연계되어 발전을 해 나가야 할 분야이다.

한편 미국의 유수 대학들은 실질적인 플립러닝(flipped learning) 방식으로 이루어져 4차 산업혁명과 관련된 로봇과 자율주행차, 인공지능, 드론, 원격의료(U-Health) 등과 같이 새로운 패러다임으로 학문 간의 융합이 자연스럽게 연결되도록 하고 있다.

예로써 교육혁신은 단순히 강의실에서만 수업이 이루어지는 방식이 아니라 학생들이 예습을 통하여 이미 내용을 파악하고 학교에서는 토론식 수업이 이루어지는 실질적인 플립러닝, 즉 일명 '거꾸로 하는 학습' 등의 형태에 대하여 관련 학계와 산업계의 연구진들은 필요성을 역설한다. 이는 교육혁신(education innovation)을 통하여 추후 한국의 초일류의 반도체 이후의 차세대 먹거리 산업을 만들어낼 수 있으며, 이에 맞는 우수한 인력을 양성해 낼 수 있다고 보고 있기 때문이다.

한편 미국의 경제정책을 살펴보면, 적극적인 국내투자 유인책을 내세우고 있는데, 이와 같은 정책도 벤치마킹할 필요가 있다. 미국의 실리콘밸리(silicon valley)와 같은 벤처투자(venture investment)의 산실의 경우 양질의 일자리 창출과 맞물려 있고,

스마트공장과 같은 새로운 산업의 발전으로 블록체인을 비롯한 4차 산업혁명과 연결되어 있다. 이러한 혁신적인 시스템(system)을 갖출 수 있는 교육과 산업 등의 융합적인 발전이 필요한 것이다.

그리고 최저임금(minimum wage)과 관련하여 2018년 동안 소상공인과 자영업자들과 다른 이익집단들과의 견해 차이를 줄여 나가는 것도 국가적인 난제 중에 하나이다. 이와 같은 기업환경(company environment)의 개선이 이루어질 경우 기업들의 체감경기의 개선으로 기업들의 과감한 투자가 나타날 것이다. 이 자료는 경제검색의 시스템[간편 검색, 한국은행]에 따른 것이다.

현재 민생경제의 활성화를 위하여 규제혁신과 같은 조치들에 대하여 경제주체들에 있어서 논의가 활발히 전개되고 있다. 한국경제에는 앞에서도 지적한 바와 같이 수출 지향적이고 대외의존도도 높은 편이어서 대내외 경제적 변화가 모두 중요하게 다루어져야 한다.

전산업과 제조업 차입금의존도가 2008년 들어 높아졌는데, 이는 미국의 서브프라임 모기지 사태에 따른 금융위기가 한국경제 및 금융에 대하여 나쁜 영향을 주었음을 시사하고 있는 것으로 판단된다. 이는 실물경제에서보다도 자금 및 금융시장에서 미국의 자금 및 금융시장과의 동조성이 크기 때문에 발생하고 있는 일인 것으로 분석된다.

향후에도 미국의 금리정책과 같은 중요한 정책들의 변화가 있는 경우 한국금융을 비롯한 경제에 어떠한 영향을 나타낼지 예의주시할 필요가 있는 것이다. 이는 계속 살펴보고 있는 바와 같이 기업경영(company management) 및 기업들의 경영계획수립에도 많은 영향을 주고 있기 때문이다. 세계시장이 미국의 금융 및 재정, 무역정책을 중심으로 긴밀하게 대응해 나가고 있으므로 한국에서도 이와 같은 미국의 경제와 관련된 정책변화에 대한 대응책 마련에는 학계를 비롯한 산업계 등을 포함한 모든 경제주체들이 노력을 경주해 나가야 한다.

전산업과 제조업 모두의 유동비율이 2008년 들어 낮아졌는데, 이는 미국의 서브프라임 모기지(subprime mortgage) 사태에 따른 금융위기가 한국경제 및 금융에 대하여 나쁜 영향을 미쳤다는 것으로 판단된다.

2008년 들어 미국의 금융위기 시에 중국은 한국에 비하여 대규모로 IT산업에 투자한 것이 2018년 하반기 들어 한국의 일부 IT산업을 추월한 것으로 시장에서

| 표 4-3 | 2007년 이후 시점별 전산업과 제조업 차입금의존도의 변화 양상 (2)

분류	내용과 특징
2007~2008	전산업과 제조업 차입금의존도가 2008년 들어 높아졌는데, 이는 미국의 서브프라임 모기지(subprime mortgage) 사태에 따른 금융위기가 한국경제 및 금융에 대하여 나쁜 영향을 주었음을 시사하고 있다.
2009~2012	전산업에 있어서 차입금의존도가 2009년부터 2012년까지를 살펴볼 때 2011년 이후 31.92%로 낮아졌다. 반면에 제조업 차입금의존도가 2010년까지 낮아졌다가 다시 2012년까지 상승하는 모습을 보였다.
2013~2016	전산업 및 제조업의 차입금의존도가 2014년 이후 지속적으로 낮아지는 추세를 나타내고 있다.

| 그림 4-3 | 기업경영분석지표(2007~2010) 제조업 유동비율(좌)과 비유동비율(우)의 추이

(각각의 단위: %)

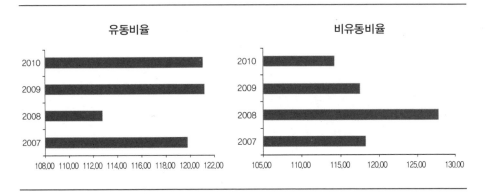

판단하고 있고, 향후 한국의 유일한 세계시장에서 초일류 산업인 반도체산업에까지 어떠한 영향을 주지 않을까 염려하고 있는 실정이다.

한편 현재 논의 중인 블록체인산업의 경우에도 공적 블록체인(public blockchain)산업과 사적 블록체인(private blockchain)산업으로 분류(classification)되고 있다. 블록체인산업의 경우에 블록(block)을 만들어내는 데에 인센티브(incentive)로 가상화폐(암호화폐)를 제공해 주고 있는 것이다. 따라서 이 둘은 동반성장 및 발전해 나갈 수밖에 없는 것이다. 4차 산업혁명(fourth industrial revolution)이 세계적으로 급진전하면서 블록체인을 기반으로 하는 거래량(trading volume)도 상당히 빠른 속도로 늘어나고 가상화폐(암호화폐, cryptocurrency)도 엄청난 속도로 증가해 나갈 것으로 예측(prediction)되고 있다.

IT(information technology)산업에 강국인 한국이 현재 진행 중인 4차 산업혁명 시대의 블록체인산업에서 우위를 점해 나갈 수 있으므로 경제주체들의 관심이 필요한 시점이라고 관계 학계 및 산업계 전문가들이 내다보고 있다. 이 자료(source)는 경제검색의 시스템[간편 검색, 한국은행]에 따른 것이다.

비유동비율은 비유동자산에 대하여 자기자본으로 나눈 백분율의 값을 의미한

| 표 4-4 | 2007년 이후 시점별 전산업과 제조업 유동비율의 변화 양상 (2)

분류	내용과 특징
2007~2008	전산업과 제조업 모두의 유동비율이 2008년 들어 낮아졌는데, 이는 미국의 서브프라임 모기지(subprime mortgage) 사태에 따른 금융위기가 한국경제 및 금융에 대하여 나쁜 영향을 미쳤다는 것으로 판단된다.
2009~2012	2009년부터 2012년까지를 살펴볼 때 전산업과 제조업 각각 2010년과 2009년 이후 개선추세가 뚜렷함을 알 수 있다.
2013~2016	전산업의 경우에 있어서 기업들의 유동비율이 2013년 이후 2016년까지 지속적으로 높아지고 있어서 부채를 진 후 갚을 수 있는 능력이 개선되고 있음을 알 수 있었고, 제조업의 경우에 있어서도 이와 같은 추세가 그대로 진행되었음을 알 수 있었다.

| 표 4-5 | 2007년 이후 시점별 전산업과 제조업 비유동비율의 변화 양상 (2)

분류	내용과 특징
2007~2008	전산업과 제조업 비유동비율이 2008년 들어 높아졌는데, 이는 미국의 서브프라임 모기지(subprime mortgage) 사태에 따른 미국의 금융위기가 한국경제 및 금융에 대하여 나쁜 영향을 주었기 때문으로 판단된다.
2009~2012	2009년부터 2012년까지 전산업의 비유동비율이 2010년까지 낮아진 후 2011년 이후 높아지는 추세를 보였다. 반면에 제조업의 비유동비율이 2009년 이후 감소추세를 지속하였다.
2013~2016	전산업과 제조업의 2013년부터 2016년까지의 비유동비율이 감소추세에 놓여있는 것을 알 수 있었다.

다. 따라서 비유동비율이 높아진다는 것은 기업들에게 있어서 자금상 부담요인이 될 수 있었던 경제적인 국면으로 판단할 수 있다.

4차 산업혁명 시대에 인터넷전문은행을 비롯한 신생기업들의 경우 가장 중요한 것이 자금과 관련된 것이다. 궁극적으로는 이와 같은 인터넷전문은행을 비롯한 4차 산업혁명 시대에 블록체인을 비롯한 각종 차세대 유망산업들이 제자리에서 잘 성장해 나갈 수 있도록 하는 경제주체들의 관심이 필요한 것이다. 한편 블록체인의 경우에 있어서 4차 산업혁명이 발달해 나감에 따라 거래의 효율성(trading efficiency) 차원에서 신뢰(trust)적인 측면 이외에 보안적인 측면의 우수성 등으로 탄생하고 발전을 거듭해 나가고 있는 것이다.

제2절 자본의 한계적인 효율성과 경기변동, 금리

케인지안의 주장은 피셔의 주장과 논점에서 차이점이 있다. 케인지안의 경우 피셔보다는 실증적인 측면에서 분석을 하고 있다. 케인지안의 경우 자본의 한계적인 효율성은 장기적인 관점에서 낮아질 수도 있는 것으로 판단하고 분석을 하였다.

특히 케인지안의 공헌은 1930년대 들어 미국의 대공황이 불어 닥친 시점에서 경제적인 측면의 이슈가 통화문제에서 실업문제로 바뀌면서 영국의 실업문제에 대한 해소 차원에서 경제적인 연구를 집중해 나간 것이다. 따라서 공공적인 투자사업을 통하여 실업을 줄여나가야 한다고 주장을 강하게 설파하였다. 케인지안의 일반적인 이론이 근거가 되었다. 이들은 전통적인 기업들의 이익추구 행태에서 수익성의 하락에 의하여 이 당시 대공황의 경제 불황기가 있게 되었는지에 대하여서도 연구가 이루어져 왔다. 이들은 신고전학파주의의 경제관과 다른 모습으로 경제를 이해하려고 노력한 것이다.

| 그림 4-4 | 케인지안의 자본의 한계적인 효율성 관련 체계도

케인지안의 주장은 피셔의 주장과 논점에서 차이

↓

케인지안의 경우 피셔보다는 실증적인 측면에서 분석

↓

케인지안의 경우 자본의 한계적인 효율성은 장기적인 관점에서
낮아질 수도 있는 것으로 판단하고 분석

| 표 4-6 | 자본의 한계적인 효율성과 투자, 실업대책

분류	내용과 특징
자본의 한계적인 효율성과 투자, 실업대책	케인지안의 주장은 피셔의 주장과 논점에서 차이점이 있다.
	케인지안의 경우 피셔보다는 실증적인 측면에서 분석을 하고 있다.
	케인지안의 경우 자본의 한계적인 효율성은 장기적인 관점에서 낮아질 수도 있는 것으로 판단하고 분석을 하였다.
	특히 케인지안의 공헌은 1930년대 들어 미국의 대공황이 불어 닥친 시점에서 경제적인 측면의 이슈가 통화문제에서 실업문제로 바뀌면서 영국의 실업문제에 대한 해소 차원에서 경제적인 연구를 집중해 나간 것이다.
	따라서 공공적인 투자 사업을 통하여 실업을 줄여나가야 한다고 주장을 강하게 설파하였다. 케인지안의 일반적인 이론이 근거가 되었다.
	이들은 전통적인 기업들의 이익추구 행태에서 수익성의 하락에 의하여 이 당시 대공황의 경제 불황기가 있게 되었는지에 대하여서도 연구가 이루어져 왔다.
	이들은 신고전학파주의의 경제관과 다른 모습으로 경제를 이해하려고 노력한 것이다.

| 그림 4-5 | 케인지안의 일반적인 이론의 체계도

케인지안의 공헌은 1930년대 들어 미국의 대공황이 불어 닥친 시점에서
경제적인 측면의 이슈가 통화문제에서 실업문제로 바뀌면서
영국의 실업문제에 대한 해소 차원에서 경제적인 연구를 집중해 나간 것임

↓

케인지안의 일반적인 이론:
공공적인 투자 사업을 통하여 실업을 줄여나가야 한다고 주장을 강하게 설파

↓

전통적인 기업들의 이익추구 행태에서 수익성의 하락에 의하여
이 당시 대공황의 경제 불황기가 있게 되었는지에 대하여서도
연구가 이루어져 왔음

↓

신고전학파주의의 경제관과 다른 모습으로 경제를 이해하려고
노력한 것임

| 그림 4-6 | 기업경영분석지표(2007~2010) 제조업 매출액영업이익률(좌)과 매출액세전순
이익률(우)의 추이   (각각의 단위: %)

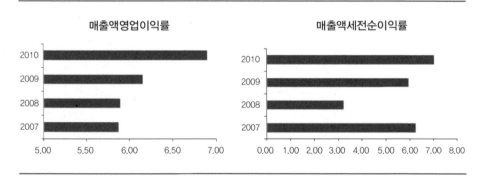

2018년 하반기 현재 대내외적인 경제상황을 살펴보면, 세계시장에서 그동안
ICT분야에서 한국이 강점을 지니고 있는데 중국(China)의 LCD산업의 경우 한국을
추월한 것으로 시장에서는 인지되고 있다. 더 나아가 스마트폰시장까지 중국 산
업에 추월당할 위기 상황인 것으로 파악되고 있는 실정이다. 이와 같은 현상은

미국의 금융위기 시에 한국의 굴지의 LCD기업들이 투자를 줄인 것에 비하여 중국은 대규모의 단위로 투자를 확대한 것이 2018년 들어 시점을 두고 반영된 것으로 시장에서는 관계자들이 판단하고 있다.

또한 중국에서는 블록체인을 비롯한 4차 산업혁명과 관련된 기업들에 대규모의 신규 인력충원이 2018년 하반기 들어서도 이루어지고 있는데, 중국 주요 대학들의 우수한 신규 인재들이 대거에 진출하고 있어 이들 산업에도 긍정적인 영향을 줄 것으로 판단된다. 반면에 한국은 신규 인력의 충원규모에서도 중국에 비해 부족한 상황에 놓여 있는 것이 현실이다.

한국의 반도체신화의 경우에도 낮은 인건비와 우수한 인력들이 대거 이 분야에서 두각을 나타낸 것이 한몫을 하고 있다. 이는 일본의 경우에도 반도체신화를 만들 때 비슷한 양상이었다. 현재 미국을 비롯한 독일, 이스라엘과 같은 기술 강국은 기술혁신(technology innovation)과 사업모델(business model)로 인하여 세계적으로 두각을 나타내고 있는 것이다. 이와 같은 점들도 한국이 참고해 벤치마킹(benchmarking)해야 할 부분이다.

세계국가들 간에 있어서 무한경쟁시대에 향후 차세대 동력산업들에 있어서 시급한 과제들이 무엇인지 경제주체들이 잘 판단하여야 할 시점이다. 또한 최저임금과 같은 주요 이슈들을 잘 점검하여 기업들의 체감경기의 개선으로 적극적인 국내투자(domestic investment)가 이루어지도록 환경을 조성해야 한다. 이러한 것은 경제가 선순환 사이클(cycles)을 가져갈 수 있는 계기가 되기 때문이다.

2018년 하반기 들어 미국과 일본 등이 경기호황국면으로 최저 실업률(unemployment rate)에 다가가 있는 상황을 적극적으로 활용을 잘 해 나갈 필요성도 있다. 이것은 한국경제가 수출을 통하여 의존하는 상황이 크기 때문이다. 그리고 향후 세계경제가 불황국면에 접어들었을 때를 대비하기 위해서도 이와 같은 경제주체들의 노력은 더욱 중요한 것이다.

한국경제(Korea economy)에는 반도체산업(semiconductor industry) 이외에는 차세대 성장 동력 산업이 뚜렷이 보이지 않는 문제점을 갖고 있다. 또한 미국의 금리인상이 2018년에 이어지고 있는 점 등으로 인하여 한국의 금융시장(financial market)으로부터 자금이탈이 가시화될 지에 대한 근심거리 등이 있다.

미국의 경우 보호무역(protective trade)에 가까운 정책들이 중국과 무역전쟁(trade

war) 조짐 속에 한국에 대한 환율과 관세 등에 있어서 미국정부의 정책에 대한 면밀한 정책 대응이 필요한 실정이다.

이것은 미국의 금리와 한국의 금리 역전이 지속되게 할 수도 없는 난국을 벗어나기 위해서도 중요한 것이지만, 한국은 제조업의 수출 지향적인 국가로서 기업들의 생산을 위한 자금 확보를 위하여 쉽게 금리를 올리기도 어려운 구조를 갖고 있어 어려운 문제이기도 하다.

따라서 이와 같은 과제들을 해결하지 못하게 되면 기업들의 향후 매출액이나 채산성, 수익성의 악화 내지 위험으로 연결될 수 있기 때문에 대내외적인 환경을 잘 살펴보고 대응책을 찾아 나가야 한다.

이에 따라 블록체인과 ICO를 비롯한 P2P대출, 인터넷전문은행, 크라우드 펀딩 육성 등과 같은 4차 산업혁명과 관련된 은산분리의 적용 등의 의견수렴을 학계를 비롯한 산업계 등에서 활발한 토론으로 이어가고 있는 것이다.

그리고 새로운 융합산업의 제조업과 관련된 로봇과 2차전지, 자율주행차, 드론, 인공지능, 3D 프린팅, 신재생에너지(new and renewable energy) 등과 같은 4차 산업혁명(fourth industrial revolution) 분야에 대하여도 세밀한 분석과 차세대 동력산업으로서의 가능성이 높을 경우 투자확대가 이루어지도록 하는 산업정책적인 패러다임의 변화가 필요한 상황이다.

또한 이에 맞는 미국과 같은 실질적인 학생들의 주도 학습과 거꾸로 교실과 같은 플립러닝(flipped learning) 방식으로의 전환 등도 검토하는 교육혁신(education innovation)이 이루어져야 한다. 이것은 진정한 4차 산업혁명 분야의 우수하고 양질의 인력을 배출하여 지속가능한 대한민국 경제에 버팀목이 될 수 있기 때문이기도 하다.

그리고 블록체인(blockchain) 기술을 활용한 한국의 의료서비스의 기술 우위를 바탕으로 하는 의료관광과 원격의료(U-Health)산업의 발전 등도 4차 산업혁명과 연계되어 발전을 해 나가야 할 분야이다.

미국의 유수 대학들은 실질적인 플립러닝(flipped learning) 방식으로 이루어져 4차 산업혁명과 관련된 로봇과 자율주행차, 인공지능, 드론, 원격의료(U-Health) 등과 같이 새로운 패러다임으로 학문 간의 융합(consilience)이 자연스럽게 연결되도록 하고 있다.

| 표 4-7 | 2007년 이후 시점별 전산업과 제조업 매출액영업이익률의 변화 양상 (2)

분류	내용과 특징
2007~2008	전산업 매출액영업이익률이 2008년 들어 낮아졌고 제조업 매출액영업이익률도 약간 늘어나는 데에 그친 것을 알 수 있다. 이는 미국의 서브프라임 모기지(subprime mortgage) 사태에 따른 미국의 금융위기가 한국경제 및 금융에 대하여 좋지 않은 영향을 주었음을 나타내고 있는 것이다.
2009~2012	2009년부터 2012년까지 전산업과 제조업의 매출액영업이익률의 경우 2010년 이후 하락 추세(trend)를 보였다
2013~2016	2013년부터 2016년 기간 동안 전산업의 매출액영업이익률이 증가세를 보였고, 제조업의 경우에 있어서도 2014년 이후 증가 추세(trend)를 기록하였다.

예를 들어 교육혁신(education innovation)은 강의실에서만 수업이 이루어지는 방식이 아니라 학생들이 예습을 통하여 이미 내용을 파악하고 학교에서는 토론식 수업이 이루어지는 실질적인 플립러닝, 즉 일명 '거꾸로 하는 학습' 등의 형태에 대하여 관련 학계와 산업계의 연구진들이 필요성을 역설한다. 이러한 교육혁신을 통해 추후 한국의 초일류의 반도체 이후 차세대 먹거리 산업을 만들어낼 수 있으며, 이에 맞는 우수한 인력을 양성해 낼 수 있다고 보고 있기 때문이다.

미국의 경제정책을 살펴보면, 적극적인 국내투자(domestic investment) 유인책을 내세우고 있는데, 이와 같은 정책도 벤치마킹할 필요가 있다. 미국의 실리콘밸리와 같은 벤처투자의 산실의 경우 양질의 일자리 창출과 맞물려 있고, 스마트공장(smart factory)과 같은 새로운 산업의 발전으로 블록체인(blockchain)을 비롯한 4차 산업혁명과 연결되어 있다. 이와 같은 혁신적인 시스템을 갖출 수 있는 교육과 산업 등의 융합적인 발전(development)이 필요한 상황이다.

또한 최저임금 논란과 관련하여 2018년 동안 소상공인과 자영업자들과 다른 이익집단들과의 견해 차이를 줄여 나가는 것도 국가적인 숙제 중에 하나이다. 이러한 기업환경(company environment)의 개선이 이루어질 경우 기업들의 체감경기의 개선으로 기업들의 과감한 투자(investment)가 나타날 것이다. 이 자료는 경제검색의 시스템[간편 검색, 한국은행]에 따른 것이다.

| 표 4-8 | 2007년 이후 시점별 전산업과 제조업 매출액세전순이익률의 변화 양상 (2)

분류	내용과 특징
2007~2008	전산업과 제조업 매출액세전순이익률이 2008년 들어 낮아졌는데, 이는 미국의 서브프라임 모기지(subprime mortgage) 사태에 따른 미국의 금융위기(financial crisis)가 한국경제 및 금융에 대하여 좋지 않은 영향을 미쳤음을 보여주고 있는 것이다.
2009~2012	2009년부터 2012년까지 전산업의 매출액세전순이익률은 2010년까지 상승한 후 2012년까지 하락추세를 나타냈다. 그리고 제조업의 매출액세전순이익률은 2010년까지 6.96%까지 상승한 후 2011년 하락 반전을 나타냈고 2012년 들어 소폭의 증가추세로 5.24%를 나타냈다.
2013~2016	전산업의 매출액세전순이익률이 2013년 이후 2016년까지 지속적으로 상승세를 보였으며, 제조업의 매출액세전순이익률도 2014년 이후 들어 증가추세를 보였다.

현재 민생경제의 활성화를 위하여 규제혁신과 같은 조치들에 대하여 입법부를 포함한 경제주체들에 있어서 논의가 활발히 전개되고 있다. 한국경제에는 앞에서도 지적한 바와 같이 수출 지향적이고 대외의존도도 높은 편이어서 대내외 경제적 변화가 모두 중요하게 다루어져야 한다는 판단이다.

2018년 하반기 들어 중국의 2대 기업들이 세계의 시가총액(market share)에 두 개나 들어가 있다. 이는 국내 최대의 기업은 한 번도 들어가 있지 못한 지점이다. 앞에서도 지적한 바와 같이 장기적인 플랜(plan)을 가지고 차세대 성장동력이 무엇인지 얼마나 투자를 해 나가야 하는지 경제주체들이 꼼꼼히 살펴보아야 하는 것이다. 이와 같은 진정한 세계적인 기업들이 한국에서 나올 때 미국의 금융위기와 같은 파고(wave)가 있어도 쉽게 극복해 내고 매출액세전순이익률과 같은 지표에도 안정적인 흐름을 언제나 지속할 수 있을 것이다. 즉, 대내외 변수(variables)에 대하여 쉽게 기업 및 산업들이 흔들리지 않을 것이다.

이자보상비율 혹은 이자보상배율은 영업이익(operating profit)을 지급이자의 비용(cost)으로 나누면 계산할 수 있다. 이 자료는 경제검색의 시스템[간편 검색, 한국은행]에 따른 것이다.

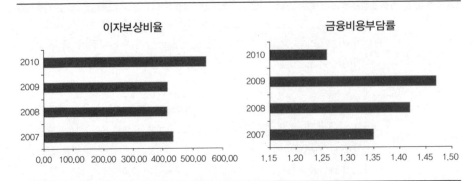

| 그림 4-7 | 기업경영분석지표(2007~2010) 제조업 이자보상비율(좌)과 금융비용부담률(우)의 추이

(각각의 단위: %)

| 표 4-9 | 2007년 이후 시점별 전산업과 제조업 이자보상비율의 변화 양상 (2)

분류	내용과 특징
2007~2008	전산업과 제조업 이자보상비율이 2007년에서 2008년 들어 낮아졌는데, 이는 미국의 서브프라임 모기지(subprime mortgage) 사태에 따른 미국의 금융위기(financial crisis)가 한국경제 및 금융에 대하여 나쁜 영향을 나타냈음을 보여주고 있는 것이다.
2009~2012	2009년에서 2010년에는 전산업과 제조업의 이자보상비율이 높아졌다가 이후 2012년까지는 하락하는 모습을 보였다.
2013~2016	2013년부터 2016년까지 전산업과 제조업의 이자보상비율이 지속적으로 상승 추세(trend)에 있음을 알 수 있었다.

스마트폰시장에서도 중국의 기업이 애플(apple)사를 제치고 세계 최고의 국내 모기업의 스마트폰(smart phone) 회사를 바짝 추격하고 있는 중이다. 특히 미국의 애플사와 세계 최고의 국내 모기업의 경우 2012년과 2013년까지가 최고점이고 이후 하락세를 보이고 있다. 따라서 국내 기업들이 세계시장에서 두각을 나타낼 수 있도록 경제 및 금융정책 등이 뒷받침해 나갈 수 있는 분위기 조성이 필요하다는 것이 학계, 산업계 그리고 더 나아가 언론에서도 지적하고 있는 바이다.

케인지안은 일반적인 이론을 토대로 하여 대공황과 같은 불균형에 있어서 첫 번째, 투자의 확대로 인한 경제적인 위기의 해결 방법을 제시하고 있다. 두 번째,

| 표 4-10 | 자본의 한계적인 효율성과 경기변동, 금리의 관계

분류	내용과 특징
자본의 한계적인 효율성과 경기변동, 금리의 관계	케인지안은 일반적인 이론을 토대로 하여 대공황과 같은 불균형에 있어서 첫 번째, 투자의 확대로 인한 경제적인 위기의 해결 방법을 제시하고 있다.
	두 번째, 자본의 한계적인 효율성이 중요하다는 것이다.
	경기에 있어서 재고가 쌓이는 불황기는 자본의 한계적인 효율성에 대한 미래가치에 있어서 낙관을 못하기 때문에 비롯된다는 것이다.
	즉, 경기변동과 순환이 자본의 한계적인 효율성의 변화에 따라 움직인다고 보고 있는 것이다.
	따라서 케인지안은 대공황과 같은 불황기의 타개책으로는 통화정책만으로 위기를 탈출하지 못할 수도 있다고 주장하는 것이다.
	즉, 자본의 한계적인 효율성에 대한 기업들의 비관하는 예측이 실현되는 경기의 불황기일 때 결국 이 당시의 금리수준에 대하여 자본의 한계적인 효율성보다 높다는 인식을 갖게 된다는 것이다.
	이는 다시 금융기관에 있어서 대출에 대한 부담요인으로 이어질 수 있다는 것이다.
	케인지안은 기업들의 투자는 주관적으로 결정되는 예상 수익과 객관적으로 알 수 있는 장기적인 금리의 차로 결정된다는 것이다.

자본의 한계적인 효율성이 중요하다는 것이다. 경기에 있어서 재고가 쌓이는 불황기는 자본의 한계적인 효율성에 대한 미래가치에 있어서 낙관을 못하기 때문에 비롯된다는 것이다. 즉, 경기변동과 순환이 자본의 한계적인 효율성의 변화에 따라 움직인다고 보고 있는 것이다.

따라서 케인지안은 대공황과 같은 불황기의 타개책으로는 통화정책만으로 위기를 탈출하지 못할 수도 있다고 주장하는 것이다. 즉, 자본의 한계적인 효율성에 대한 기업들의 비관하는 예측이 실현되는 경기의 불황기일 때 결국 이 당시의 금리수준에 대하여 자본의 한계적인 효율성보다 높다는 인식을 갖게 된다는 것이다. 이는 다시 금융기관에 있어서 대출에 대한 부담요인으로 이어질 수 있다는 것이다. 케인지안은 기업들의 투자는 주관적으로 결정되는 예상 수익과 객관적으

| 그림 4-8 | 케인지안의 자본의 한계적인 효율성과 경기불황 관련 체계도

케인지안은 일반적인 이론을 토대로 하여 대공황과 같은
불균형에 있어서 첫 번째, 투자의 확대로 인한 경제적인 위기의
해결 방법을 제시하고 있음

↓

두 번째, 자본의 한계적인 효율성이 중요하다는 것임

↓

경기에 있어서 재고가 쌓이는 불황기는 자본의 한계적인 효율성에 대한
미래가치에 있어서 낙관을 못하기 때문에 비롯된다는 것임

| 그림 4-9 | 케인지안의 자본의 한계적인 효율성과 금리 관련 체계도

경기변동과 순환이 자본의 한계적인 효율성의 변화에 따라
움직인다고 보고 있는 것임

↓

케인지안은 대공황과 같은 불황기의 타개책으로는 통화정책만으로
위기를 탈출하지 못할 수도 있다고 주장하는 것임

↓

자본의 한계적인 효율성에 대한 기업들의 비관하는 예측이 실현되는
경기의 불황기일 때 결국 이 당시의 금리수준에 대하여
자본의 한계적인 효율성보다 높다는 인식을 갖게 된다는 것임

로 알 수 있는 장기적인 금리의 차로 결정된다는 것이다.

중국(China)에서는 블록체인(blockchain)을 비롯한 4차 산업혁명과 관련된 기업들에
대규모의 신규 인력충원이 2018년 하반기 들어서도 이루어지고 있는데, 중국의
주요 대학들의 우수한 신규 인재들이 대거 이 시장에 진출하고 있어 이들 산업에
도 긍정적인 영향을 줄 것으로 보인다. 하지만 한국은 신규 인력의 충원규모에서
도 중국에 비해 부족한 상황에 놓여 있다.

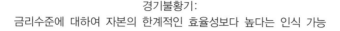

| 그림 4-10 | 케인지안의 투자와 예상 수익 관련 체계도

경기불황기:
금리수준에 대하여 자본의 한계적인 효율성보다 높다는 인식 가능

⬇

금융기관에 있어서 대출에 대한 부담요인으로 이어질 수 있다는 것임

⬇

케인지안은 기업들의 투자는 주관적으로 결정되는 예상 수익과
객관적으로 알 수 있는 장기적인 금리의 차로 결정된다는 것임

| 그림 4-11 | 기업경영분석지표(2007~2010) 제조업 차입금평균이자율(좌)과 인건비대매출
액(우)의 추이 (각각의 단위: %)

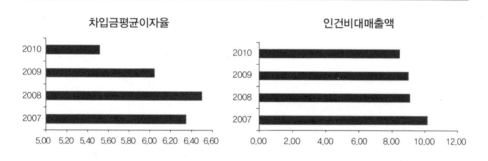

2018년 하반기 들어 블록체인 산업의 경우 한국의 지자체가 관심을 많이 표방하고 있다. 이는 가상화폐(암호화폐, cryptocurrency)에 대한 관심이 커지고 있음을 반영하고 있다. 이는 이 시장에서의 규제(regulation)와 관련하여 담론을 더 넓힐 수 있는 계기가 될 것으로 판단된다.

한편 세계국가들 간에 있어서 무한경쟁시대에 향후 차세대 동력산업들에 있어서 시급한 과제들이 무엇인지 경제주체들이 잘 판단하여야 할 시점에 이르고 있다. 그리고 최저임금(minimum wage)과 같은 주요 이슈들을 잘 점검하여 기업들의 체감경기의 개선으로 적극적인 국내투자가 이루어질 수 있도록 환경을 조성해 나가야 한다. 이러한 것들은 경제(economy)가 선순환 사이클을 가져갈 수 있는 계기가 되기 때문이다.

2018년 하반기 들어 미국과 일본 등은 경기호황국면으로 최저 실업률 수준에 다가가 있는 상황을 적극적으로 잘 활용해 나갈 필요성이 있다. 이것은 한국경제 가 수출을 통하여 의존하는 상황이 크기 때문이기도 하다. 또한 추후 세계경제가 불황국면에 접어들었을 때를 대비하기 위해서도 이와 같은 경제주체들의 노력은 더욱 중요한 것이다.

한국경제에는 반도체산업을 제외하고는 차세대 성장 동력 산업이 뚜렷이 보이 지 않는 문제점을 갖고 있다. 그리고 미국의 금리인상이 2018년에 이어지고 있는 점 등으로 인하여 한국의 금융시장으로부터 자금이탈이 이루어지지 않을까 하는 조바심도 경제주체들이 갖고 있기도 한 상황이다.

미국의 경우 보호무역에 가까운 정책들이 중국과 무역전쟁 조짐 속에 한국에 대한 환율(foreign exchange rate)과 관세(tariff) 등에 있어서 미국정부의 정책에 대한 세 밀한 정책 대응이 필요한 상황이다.

이러한 것들은 미국의 금리와 한국의 금리 역전이 지속되게 할 수도 없는 난국 을 벗어나기 위해서도 중요한 것이지만, 한국은 제조업의 수출 지향적인 국가로 서 기업들의 생산을 위한 자금 확보를 위하여 쉽게 금리를 올리기도 어려운 구조 를 갖고 있어 어려운 문제이기도 하다.

이에 따라 이와 같은 과제들을 해결하지 못하게 되면 기업들의 향후 매출액이 나 채산성, 수익성(profitability)의 악화 내지 위험(risk)으로 연결될 수 있기 때문에 대 내외적인 환경을 잘 살펴보고 대응책들을 찾아 나가야 한다.

따라서 블록체인과 ICO를 비롯한 P2P대출, 인터넷전문은행, 크라우드 펀딩 육 성 등과 같은 4차 산업혁명과 관련된 은산분리의 적용 등의 의견수렴이 학계를 비롯한 산업계 등에서 활발한 토론으로 이어가고 있는 것이다.

또한 새로운 융합산업의 제조업과 관련된 로봇과 2차전지, 자율주행차, 드론, 인공지능, 3D 프린팅(printing), 신재생에너지 등과 같은 4차 산업혁명 분야에 대하 여도 면밀한 분석과 차세대 동력산업으로서의 가능성이 높을 경우 투자확대가 이 루어지도록 하는 산업정책적인 패러다임의 변화가 필요한 실정이다.

그리고 이에 맞는 미국과 같은 실질적인 학생들의 주도 학습과 거꾸로 교실과 같은 플립러닝(flipped learning) 방식으로의 전환 등도 검토하는 교육혁신(education innovation)이 이루어져 나가야 한다. 이것들은 진정한 4차 산업혁명 분야의 우수한 양질의 인력을 배출하여 지속가능한 대한민국 경제에 버팀목이 될 수 있는 근간 이기도 하다.

2018년 하반기 들어 경기변동과 여러 가지 체감 경영지표들을 고려할 때 최저 임금의 상승이 경제에 미치는 영향들에 대하여 기업들이 민감한 상황임을 고려할

| 표 4-11 | 2007년 이후 시점별 전산업과 제조업 차입금평균이자율의 변화 양상 (2)

분류	내용과 특징
2007~2008	전산업 차입금평균이자율이 미국의 서브프라임 모기지(subprime mort gage) 사태에 따른 미국의 금융위기(financial crisis)의 여파로 2007년에서 2008년 들어 소폭 줄어드는 데 그쳤다. 반면에 제조업 차입금평균이자율은 증가세를 보였다. 이는 지속적인 금리 하락 추세에서도 미국의 금융위기(financial crisis)가 한국경제 및 금융에 대하여 나쁜 영향을 주었기 때문으로 판단된다.
2009~2012	2009년부터 2012년까지의 전산업과 제조업의 차입금평균이자율이 지속적으로 하락하는 양상을 보였다.
2013~2016	2013년부터 2016년까지의 전산업 차입금평균이자율이 낮아지고 있는 추세와 마찬가지로 제조업의 차입금평균이자율도 2014년 이후 낮아지는 모습을 보였다.

| 표 4-12 | 2007년 이후 시점별 전산업과 제조업 인건비대매출액의 변화 양상 (2)

분류	내용과 특징
2007~2009	미국의 서브프라임 모기지(subprime mortgage) 사태에 따른 미국의 금융위기(financial crisis)가 2008년까지 한국의 전산업과 제조업 인건비대매출액에 별다른 영향을 미치지 않았음을 알 수 있다.
2009~2012	전산업과 제조업의 인건비대매출액(employment costs to sales)에 있어서 2009년부터 2012년까지의 경우에는 2011년까지 하락하다가 2012년 들어 상승 추세(trend)로 반전되었다.
2013~2016	2013년부터 2016년까지의 전산업과 제조업의 인건비대매출액이 상승 추세(trend)에 놓여 있었다.

때 인건비대매출액(employment costs to sales)과 인건비대영업총비용(employment costs to total operating costs)의 상승이 기업들에게 자금사정상 부담요인이 될 수 있다.

앞서 지적한 바와 같이 4차 산업혁명은 단순한 일자리를 줄이고 새롭고 창의적인 양질의 일자리를 구현할 수 있는 계기를 만들어야 한다. 이는 블록체인과 같

| 그림 4-12 | 기업경영분석지표(2007~2010) 제조업 인건비대영업총비용(좌)과 매출액증가율 (우)의 추이　　　　　　　　　　　　　　　　　　　　(각각의 단위: %)

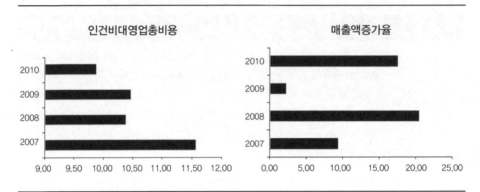

| 표 4-13 | 2007년 이후 시점별 전산업과 제조업 인건비대영업총비용의 변화 양상 (2)

분류	내용과 특징
2007~2009	미국의 서브프라임 모기지(subprime mortgage) 사태에 따른 미국의 금융위기(financial crisis)가 2008년까지 한국의 전산업과 제조업 인건비대영업총비용에 큰 영향을 주지는 않은 것으로 나타났다.
2009~2012	2009년부터 2012년까지 전산업과 제조업의 인건비대영업총비용도 2011년까지 하락하다가 2012년 들어 상승 반전되었다. 이와 같은 요인들은 인건비대매출액과 마찬가지로 기업들에게는 부담요인으로 작용할 수 있는데, 시점으로 볼 경우 2009년부터 2012년까지의 기간 동안이 의미를 가지는 것은 미국의 금융위기 직후인 2009년 1월부터 3월까지가 미국의 경제국면(economic phase)이 가장 침체기를 이 당시 즈음에 나타냈기 때문이다.
2013~2016	2013년부터 2016년까지 전산업의 인건비대영업총비용(employment costs to total operating costs)과 마찬가지로 제조업의 인건비대영업총비용이 2013년 이후 상승 추세(trend)에 놓여 있었다.

| 표 4-14 | 2007년 이후 시점별 전산업과 제조업 매출액증가율의 변화 양상 (2)

분류	내용과 특징
2007~2009	미국의 서브프라임 모기지(subprime mortgage) 사태에 따른 미국의 금융위기(financial crisis)가 2008년까지 한국의 전산업과 제조업 매출액증가율에 별다른 영향을 미치지 않았음을 알 수 있다.
2009~2012	2010년부터 2012년까지 전산업과 제조업의 매출액증가율 동향을 살펴보면, 2010년 이후 하락하였으며 특히 2011년에서 2012년에 하락 정도가 심화되었음을 알 수 있었다.
2013~2016	2013년부터 2016년까지 전산업의 매출액증가율이 2015년까지 하락세를 보이다가 2016년 들어 상승폭이 확대된 것으로 나타난 것과 달리 제조업의 매출액증가율이 2013년 이후 지속적으로 좋지 않은 모습을 보였다.

은 새로운 산업들이 중심에 서 있는데, 싱가포르(Singapore)나 홍콩(Hong Kong) 등은 이러한 산업들에 많은 관심을 갖고 있으며 4차 산업혁명과 관련된 업무들에 있어서 적극적인 투자유치로 국제적인 자유도시까지 발전해 나가고 있다. 이는 종국적으로 현재 고려하고 있는 기업들에 있어서 인건비대매출액과 인건비대영업총비용 등에도 영향을 미치게 될 수 있다.

2018년 하반기 들어 한국은 국가적으로는 현재 인터넷은행과 관련된 은산분리에서 규제를 완화시키는 방향으로 컨센서스가 모아지고 있다. 이와 같은 4차 산업혁명에 있어서 규제가 국가경제에 도움이 되는지 혹은 그렇지 못한지에 대한 담론은 필요할 것으로 보이며, 단지 4차 산업혁명이 세계적인 추세이니만큼 미국과 독일, 일본, 이스라엘 등과 기술격차를 줄여나가는 것이 관건이기도 하다. 이러한 측면에서 이들 기업들에게는 규제완화와 같은 논점은 도움이 될 것으로 시장에서는 받아들이고 있다. 이 자료는 경제검색의 시스템[간편 검색, 한국은행]에 따른 것이다.

전통적인 제조업과 새로운 4차 산업혁명 관련 기업들은 서로에게 크나큰 이익을 가져다 줄 수 있다. 이러한 관점에서 예를 들어, 핀테크(fintech) 산업의 경우 EU를 비롯하여 일본이나 중국까지 혁신적인 기업들이 이끌어가는 인터넷전문은행의 활성화에 초점을 두고 있다. 이는 향후 핀테크(fintech) 산업이 새로운 성장동력

산업이 될 수 있다는 믿음이 있기 때문이다. 한국은 그동안 IT분야에서 다른 국가들에 비하여 경쟁력 우위를 지속하고 있기도 하다. 앞서 언급한 바와 같이 중국의 경우 핀테크(fintech) 산업에서 모바일(mobile) 결제 등으로 다른 국가들을 앞서 나가고 있는 것이 현실이다.

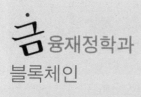

금융재정학과
블록체인

 Finance and Blockchain

03

경기와 재정정책

05

경기와 재정

제 1 절　경기와 세금

　미국의 경우 2000년대 들어 연방의 정부가 경제에 대한 점유율을 높이고 있다. 그와 더불어 재정 적자와 관련된 재정에 대한 의존도도 당연히 커지고 있는 상황이다.

　2000년대 들어 한때 경기가 침체되면서 연방의 정부에 의한 지출규모가 증가하였다. 이는 국내총생산의 10% 이상을 차지하는 연방의 정부에 의한 재정적자로 이어진 바 있다. 이 때의 경제가 침체된 것에 의하여 미국에 있어서 주단위를 포함하여 지방정부까지 많은 영향을 미치게 되었다.

　이와 같이 위축된 경기로 인하여 2008년 및 2009년의 세금에 대한 징수금액이 줄어들게 되어 미국의 주들과 시들은 균형 예산을 맞추기 위해 지출규모를 감축하거나 세금징수를 더 하게 되었다.

　한국의 경우에 있어서도 큰 정부를 지향하는지와 작은 정부를 지향하는지가 경제주체들의 관심사이기도 하다. 실제로 한국에서 고령화사회 및 저출산 문제가 시급한 당면과제이다 보니 건강관련 지출과 복지(welfare)와 관련된 지출이 증대될 수밖에 없는 구조를 가지고 있다.

이에 따라 정부의 예산과 지출도 이와 같은 분야에 증액이 이루어질 수밖에 없는 구조를 가지고 있다. 예전과 달리 이와 같은 분야들에 대한 지출이 증가하면서 세금 증액 논란도 당연히 뒤따르고 있다. 세금의 증액은 민간부문에 대한 위축을 가져올 수 있고 이에 따라 소득이 감소하고 기업들의 활동이 위축될 수도 있는 국면을 맞이할 수 있어서 신중한 접근을 해 나가고 있는 것이다.

| 표 5-1 | 경기와 세금의 관계

분류	내용과 특징
경기와 세금의 관계	미국의 경우 2000년대 들어 연방의 정부가 경제에 대한 점유율을 높이고 있다.
	그와 더불어 재정 적자와 관련된 재정에 대한 의존도도 당연히 커지고 있는 상황이다.
	2000년대 들어 한때 경기가 침체되면서 연방의 정부에 의한 지출규모가 증가하였다.
	이는 국내총생산의 10% 이상을 차지하는 연방의 정부에 의한 재정적자로 이어진 바 있다.
	이 때의 경제가 침체된 것에 의하여 미국에 있어서 주단위를 포함하여 지방정부까지 많은 영향을 미치게 되었다.
	이와 같이 위축된 경기로 인하여 2008년 및 2009년의 세금에 대한 징수금액이 줄어들게 되어 미국의 주들과 시들은 균형 예산을 맞추기 위해 지출규모를 감축하거나 세금징수를 더 하게 되었다.

| 그림 5-1 | 경기와 세금의 관계도

경기와 세금의 관계

↓

미국의 경우 2000년대 들어 연방의 정부가 경제에 대한 점유율을 높이고 있음

↓

재정 적자와 관련된 재정에 대한 의존도도 당연히 커지고 있는 상황임

| 그림 5-2 | 재정과 세금의 관계도

2000년대 들어 한때 경기가 침체되면서
연방의 정부에 의한 지출규모가 증가

↓

국내총생산의 10% 이상을 차지하는 연방의 정부에 의한
재정적자로 이어진 바 있음

↓

경제가 침체된 것에 의하여 미국에 있어서 주단위를 포함하여
지방정부까지 많은 영향을 미치게 되었음

↓

위축된 경기로 인하여 2008년 및 2009년의 세금에 대한
징수금액이 줄어들게 되어 미국의 주들과 시들은 균형 예산을 맞추기 위해
지출규모를 감축하거나 세금징수를 더 하게 되었음

| 그림 5-3 | 기업경영분석지표(2007~2010) 제조업 유형자산증가율(좌)과 총자산증가율(우)
의 추이
(각각의 단위: %)

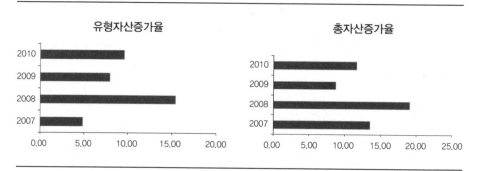

세계국가들 간에 있어서 무한경쟁시대에 추후 차세대 동력산업들에 있어서 시
급한 과제들이 무엇인지와 관련하여 경제주체들이 잘 판단하여야 할 상황에 놓여
있다. 제조업 강국이었던 한국경제는 이미 중국에 조선과 모바일폰, LCD 등의 경
쟁력에서 뒤처지고 있다.

이는 최저임금과 같은 주요 이슈들을 잘 점검하고 이에 따라 기업들의 체감경

기의 개선으로 적극적인 국내투자가 이루어질 수 있도록 환경을 조성해 나가야 하는 것과도 연결된다. 이러한 것들은 경제가 선순환의 구조를 가져갈 수 있는 계기로 조성해 나가야 하기 때문이다.

2018년 하반기 들어 미국과 일본 등은 경기호황국면으로 최저의 실업률 수준에 다가가 있는 상황을 적극적으로 잘 활용해 나가야 한다. 이것은 한국경제가 수출을 통하여 의존하는 상황이 크기 때문이기도 하며, 향후 세계경제가 불황국면에 접어들었을 때를 대비하기 위해서도 이와 같은 경제주체들의 노력은 더욱 중요한 것이다.

한국경제에는 반도체산업을 제외하고 차세대 성장 동력 산업이 뚜렷이 보이지 않는 구조적인 문제점을 갖고 있다. 또한 미국의 금리인상이 2018년에 이어지고 있는 점 등으로 인하여 경제주체들 입장에서 한국의 금융시장으로부터 자금이탈이 현실화되지 않을까 하는 조바심도 갖고 있기도 하다.

미국의 경우 보호무역에 가까운 정책들을 시행하여 중국과 무역전쟁 조짐이 있다. 이에 대하여 한국 정부는 환율과 관세 등에 악영향이 발생할지 예의주시해 나가야 한다.

이와 같은 것들은 미국의 금리와 한국의 금리 역전이 지속되게 할 수도 없는 난국을 벗어나기 위해서도 중요한 것이지만, 한국은 제조업의 수출 지향적인 국가로서 기업들의 생산을 위한 자금 확보를 위하여 쉽게 금리(interest rate)를 올리기도 어려운 구조를 갖고 있어 어려운 문제이기도 하다.

따라서 이러한 과제들을 해결하지 못하게 되면 기업들의 향후 매출액이나 채산성, 수익성의 악화 내지 위험으로 연결될 수 있기 때문에 대내외적인 기업환경을 잘 살펴보고 대응책들을 찾아야 한다.

이에 따라 블록체인(blockchain)과 ICO(initial coin offerings)를 비롯한 P2P대출, 인터넷전문은행, 크라우드 펀딩 육성 등과 같은 4차 산업혁명과 관련된 은산분리의 적용 등의 의견수렴이 학계를 비롯한 산업계 등에서 활발한 토론으로 이어가고 있는 것이 2018년 하반기 현재의 상황이다.

그리고 새로운 융합산업의 제조업과 관련된 로봇과 2차전지(rechargeable battery), 자율주행차, 드론, 인공지능, 3D 프린팅, 신재생에너지 등과 같은 4차 산업혁명 분야에 대해서도 세밀한 분석과 차세대 동력산업으로서의 가능성이 높을 경우 투자확대가 이루어지도록 하는 산업정책적인 패러다임의 변화가 필요한 상황이다.

또한 이에 맞는 미국과 같은 실질적인 학생들의 주도 학습과 거꾸로 교실과 같은 플립러닝(flipped learning) 방식으로의 전환 등도 검토하는 교육혁신이 이루어져야 한다. 이것들은 실제적인 4차 산업혁명 분야의 우수한 양질의 인력을 배출하여 지속가능한 대한민국 경제에 버팀목이 될 수 있는 재산이기 때문이다.

그리고 블록체인 기술(blockchain technology)을 활용한 한국의 의료서비스의 기술 우위를 바탕으로 하는 의료관광(medical tour)과 원격의료(U−Health)산업의 발전 등도 4차 산업혁명과 연계되어 발전을 해 나가야 할 분야이다.

사실상 미국의 유수 대학들은 실질적인 플립러닝(flipped learning) 방식으로 이루어져 4차 산업혁명과 관련된 로봇과 자율주행차, 인공지능, 드론, 원격의료(U−Health) 등과 같이 새로운 패러다임으로 학문 간의 융합이 자연스럽게 연결되도록 하고 있는 현실이다.

예를 들어서 교육혁신(education innovation)은 강의실에서만 수업이 이루어지는 방식이 아니라 학생들이 예습을 통하여 이미 내용을 파악하고 학교에서는 토론식 수업이 이루어지는 실질적인 플립러닝, 즉 일명 '거꾸로 하는 학습' 등의 형태에 대하여 관련 학계와 산업계의 연구진들이 필요성을 역설한다. 이러한 교육혁신을 통하여 향후 한국의 초일류의 반도체 이후 차세대 먹거리 산업을 만들어낼 수 있으며, 이에 맞는 우수한 인력을 양성해 낼 수 있다고 시장에서도 내다보고 있다.

미국의 경제정책을 살펴보면, 적극적인 국내투자 유인책을 내세우고 있는데, 이와 같은 정책도 벤치마킹할 필요성이 있다. 미국의 실리콘밸리(silicon valley)와 같은 벤처투자의 산실의 경우 양질의 일자리 창출과 맞물려 있고, 스마트공장(smart factory)과 같은 새로운 산업의 발전으로 블록체인을 비롯한 4차 산업혁명과 연결되어 있다. 이와 같은 혁신적인 시스템을 잘 갖출 수 있는 교육과 산업 등의 융합적인 발전이 필요한 상황이다. 이 자료는 경제검색의 시스템[간편 검색, 한국은행]에 따른 것이다.

| 표 5-2 | 2007년 이후 시점별 전산업과 제조업 유형자산증가율의 변화 양상 (2)

분류	내용과 특징
2007~2009	미국의 서브프라임 모기지(subprime mortgage) 사태에 따른 미국의 금융위기(financial crisis)가 2008년까지 한국의 전산업과 제조업 유형자산증가율에 큰 영향을 주지 않았음을 알 수 있다.
2009~2012	2010년부터 2012년까지 전산업의 유형자산증가율을 살펴보면 2010년부터 2011년까지 소폭 상승한 후 2012년 들어 하락한 것을 알 수 있다. 하지만 2010년부터 2012년까지 제조업의 유형자산증가율을 살펴보면 지속적으로 하락 추세(trend)를 보였다.
2013~2016	2013년부터 2016년까지 전산업의 유형자산증가율을 살펴보면 2014년까지 지속적으로 하락한 후 2015년 들어 상승한 후 2016년 들어 다시 둔화되었다. 한편 2010년부터 2016년까지의 이와 같은 추세는 제조업의 유형자산증가율에서도 같은 모습을 보였다.

| 표 5-3 | 2007년 이후 시점별 전산업과 제조업 총자산증가율의 변화 양상 (2)

분류	내용과 특징
2007~2009	미국의 서브프라임 모기지(subprime mortgage) 사태에 따른 미국의 금융위기(financial crisis)가 2008년까지 한국의 전산업과 제조업 총자산증가율에 별다른 영향을 미치지 않았음을 알 수 있다.
2009~2012	2010년부터 2012년까지 전산업 총자산증가율은 2011년까지는 증가세를 보인 후 2012년 들어 하락 반전되었다. 그렇지만 제조업 총자산증가율은 2010년부터 2012년까지 지속적인 하락 추세에 놓여 있었다. 앞에서 살펴본 바와 같이 이후의 흐름은 비교적 나쁘지는 않은 것으로 나타났는데, 유형자산증가율과 총자산증가율이 서로 약간 다른 양상을 보이고 있는 것을 알 수 있다.
2013~2016	2013년부터 2016년 기간 동안에 걸쳐 전산업 총자산증가율은 완만하게 상승하고 있는 것으로 나타난 반면에 제조업의 총자산증가율은 2013년 이후 2015년까지 하락 추세를 기록한 후 2016년 들어 회복세를 나타냈다.

미국의 서브프라임 모기지(subprime mortgage) 사태에 따른 미국의 금융위기(financial crisis)가 2008년까지 한국의 전산업과 제조업 총자산증가율에 별다른 영향을 미치지 않았음을 알 수 있다. 이는 한국의 경제가 대외의존도가 높기는 하지만 어느 정도 제자리를 잡고 있다는 반증이기도 하다.

이와 같은 실물경제는 제도적으로나 운영상에 있어서 자금시장에 의존해 나갈 수밖에 없다. 2018년 하반기 들어 이와 같은 자금시장 및 금융시장에 막대한 영

| 그림 5-4 | 기업경영분석지표(2002~2007) 전산업 부채비율(좌)과 자기자본비율(우)의 추이
(각각의 단위: %)

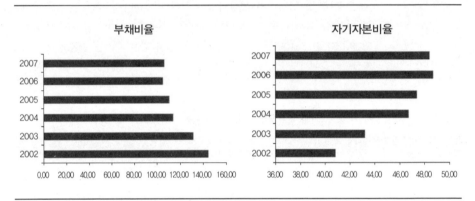

| 표 5-4 | 1960년 이후 시점별 한국경제 및 금융에 대한 영향 요인

분류	내용과 특징
1960~2006	한국의 산업화 시기(1960~1970년대), 한국경제 및 금융부문의 개발도상국으로서의 발전 및 OECD에 대한 가입(1980~1990년대), 인터넷 혁명을 비롯한 산업구조의 고도화 진행(2000년대)
2007~2008	경제활성화를 위한 한미FTA(Free Trade Agreement) 체결(2007), 미국의 서브프라임 모기지(subprime mortgage) 사태에 따른 금융위기의 한국경제 및 금융에 대한 좋지 않은 영향(2008)
2009~2012	미국의 금융위기 직후인 2009년 1월부터 3월까지가 미국의 경제국면이 가장 침체기를 겪은 후 한국경제 및 금융에도 부담요인으로 작용한 시기
2013~2016	최근의 통계지표 발표에 따른 시차(time lag)에 따른 영향

향력을 갖고 있는 국민연금(national pension)이 스튜어드십 코드(stewardship code)를 도입하였다. 이러한 스튜어드십 코드는 수탁자의 책임원칙이라는 것으로 기관투자자(institutional investor)들을 중심으로 적극적으로 의결권(voting rights) 행사를 하도록 유도해 나가는 것을 의미한다.

한국이 IMF사태를 거치면서 기업들의 부채비율을 낮추려는 경영전략적인 노력을 2000년대 들어 지속하였다. 이는 한국경제가 IMF(international monetary fund)로부터 긴급융자를 받게 된 이후 기업들은 이전에는 매출액 증진과 시장점유율 확대에 경영전략적인 측면을 강조했다면, 이후에는 수익성을 중시하는 풍토로 바뀐 것이다.

이에 2018년 하반기 이후 금융시장의 선진화와 기업경영에 대한 책임의식 등이 강조되면서 자금시장 및 금융시장에 막대한 영향력을 갖고 있는 국민연금(national pension)이 스튜어드십 코드(stewardship code)를 도입하게 되었다. 이와 같은

| 표 5-5 | 2002년 이후 시점별 전산업과 제조업 부채비율의 변화 양상 (3)

분류	내용과 특징
2002~2006	2002년 이후 전산업 부채비율이 지속적으로 낮아진 것을 알 수 있다. 한국이 IMF사태를 거치면서 기업들의 부채비율을 낮추려는 경영전략적인 노력도 하나의 계기가 된 것으로 판단된다.
2007~2008	2007년부터 2010년 사이의 전산업과 제조업의 부채비율은 2008년 들어 급증한 후 2009년 이후 낮아지는 추세를 보였다. 따라서 미국의 서브프라임 모기지(subprime mortgage) 사태에 따른 금융위기가 한국경제 및 금융에 대한 나쁜 영향을 준 시기로 파악되는 시기이다.
2009~2012	제조업의 부채비율은 2009년부터 2010년까지 낮아진 다음 2011년 다시 상승 반전되었다. 그리고 제조업의 부채비율은 2012년까지 큰 폭으로 하락하였음을 알 수 있다. 이러한 흐름은 2013년 이후 최근까지 이어지고 있는 것이다.
2013~2016	전산업과 제조업에 있어서 부채비율이 지속적으로 낮아지고 있는 것과 같이 미국의 금융위기 직후인 2009년부터 2012년까지의 기간 동안을 대상으로 살펴보았을 때에도 전산업의 부채비율이 계속적으로 낮아졌음을 알 수 있던 시기였다.

스튜어드십 코드는 수탁자의 책임원칙이라는 것으로 기관투자자들을 중심으로 적극적으로 의결권행사를 하도록 유도해 나가는 것을 의미하고 있다. 이에 연계하여 의결권자문사 체제도 함께 스튜어드십 코드 행사에 대하여 도움을 주고 있다. 이는 상장법인(listed corporation) 주총의 안건에 대하여 분석(analysis)하고 기관투자자들에게 의견에 대하여 제시하게 되는 역할(role)을 갖고 있다.

이와 같이 전통적인 제조업 뿐 아니라 4차 산업혁명 그리고 이에 대한 투자와 관련하여 책임경영을 중시하는 스튜어드십 코드까지 한국경제는 2018년 하반기를 거치면서 많은 변화를 맞고 있어 이에 대한 경제주체들과 학계 등이 머리를 맞대고 준비를 잘 해나가야 할 것으로 판단된다.

2002년 이후 자기자본비율이 지속적으로 높아진 것을 알 수 있다. 이것은 한국이 IMF사태를 거치면서 기업들의 부채비율을 낮추려는 경영전략적인 노력도 하나의 계기가 된 것으로 판단된다.

이는 한국경제가 IMF(international monetary fund)로부터 긴급융자(bail-out)를 받게 된 이후 기업들은 이전에는 매출액 증진과 시장점유율 확대에 경영전략적인 측면을 강조했다면, IMF사태 이후에는 수익성을 중시하는 기업경영계획이 바뀌어 나간

| 표 5-6 | 2002년 이후 시점별 전산업과 제조업 자기자본비율의 변화 양상 (3)

분류	내용과 특징
2002~2006	2002년 이후 전산업 자기자본비율이 지속적으로 높아진 것을 알 수 있다. 이것은 한국이 IMF사태를 거치면서 기업들의 부채비율을 낮추려는 경영전략적인 노력도 하나의 계기가 된 것으로 판단된다.
2007~2008	전산업과 제조업의 자기자본비율이 2008년 들어 낮아졌는데, 이는 미국의 서브프라임 모기지(subprime mortgage) 사태에 따른 금융위기가 한국경제 및 금융에 대하여 나쁜 영향을 미쳤음을 나타내고 있는 것이다.
2009~2012	미국의 금융위기 직후인 2009년부터 2012년까지의 기간 동안을 대상으로 살펴보았을 때 전산업의 자기자본비율이 계속적으로 높아졌음을 알 수 있었으며, 제조업의 자기자본비율도 2011년을 제외하고는 지속적으로 상승한 시기이다.
2013~2016	전산업과 제조업의 자기자본비율이 2013년 이후 2016년까지 지속적으로 상승하였다.

것이다.

2018년 하반기 들어 한국의 세계 최고 수준의 IT기업을 비롯하여 기업들의 고용(employment)과 투자(investment)의 확대가 이루어질 수 있는 여건조성과 관련하여 논의가 활발히 전개되고 있다. 이는 미국과 일본 등의 세계경기의 호황에 맞게 한국의 경기도 좋은 흐름을 가져갈 수 있도록 하는 경제주체들의 노력의 일환이다.

제2절 정부와 재정

| 표 5-7 | 정부와 재정

분류	내용과 특징
정부와 재정	재정학의 경우 정부부문이 증가하는지 아니면 줄어드는지는 경제와 기업들의 투자활성화 등과 연결될 수밖에 없다.
	또한 정부부문 중에서 가장 크게 증가하는 부문이 건강관리와 관련된 부문이다.
	이는 고령화 사회로 인한 의료서비스 수요를 비롯하여 건강 관련 웰빙(well-being)에 대한 사람들의 수요 등과도 연결되어 있다.
	이에 따라 2009년부터 2010년 사이에 미국의 의료서비스관련 개혁과 관련된 문제가 주요 이슈로 등장하기도 하였다.
	이는 연방정부를 비롯하여 주정부에서도 건강관리와 관련된 정부지출규모가 상당히 빠르게 진전되었기 때문이다.
	2009년 들어 미국에서의 담론은 인구 고령화 문제 뿐 아니라 사회보장제도에 대한 것이었다.
	미국의 역사상 가장 오래된 정부지원의 역할에 관한 중요성의 강조점은 교육부문과 관련된 것이었다.
	실제로 미국은 세계에서 교육시스템과 금융시스템 등에서 최강을 유지하고 있다.
	재정학과 관련하여서는 재정적자의 규모를 줄이는 것이 타당한지와 관련하여 논의되고 있는 것이다.
	이는 정부부문이 비대해지면 세금의 증가로 인하여 민간부문이 위축될 수도 있다는 우려가 반영되면서 지속적인 논쟁거리가 되고 있는 것이다.

재정학의 경우 정부부문이 증가하는지 아니면 줄어드는지는 경제와 기업들의 투자활성화 등과 연결될 수밖에 없다. 또한 정부부문 중에서 가장 크게 증가하는 부문이 건강관리와 관련된 부문이다. 이는 고령화 사회로 인한 의료서비스 수요를 비롯하여 건강 관련 웰빙(well-being)에 대한 사람들의 수요 등과도 연결되어 있다. 이에 따라 2009년부터 2010년 사이에 미국의 의료서비스관련 개혁과 관련된 문제가 주요 이슈로 등장하기도 하였다. 이는 연방정부를 비롯하여 주정부에서도 건강관리와 관련된 정부지출규모가 상당히 빠르게 진전되었기 때문이다.

2009년 들어 미국에서의 담론은 인구 고령화 문제 뿐 아니라 사회보장제도에 대한 것이었다. 미국의 역사상 가장 오래된 정부지원의 역할에 관한 중요성의 강조점은 교육부문과 관련된 것이었다. 실제로 미국은 세계에서 교육시스템과 금융시스템 등에서 최강을 유지하고 있다.

재정학과 관련하여서는 재정적자의 규모를 줄이는 것이 타당한지와 관련하여 논의되고 있는 것이다. 이는 정부부문이 비대해지면 세금의 증가로 인하여 민간부문이 위축될 수도 있다는 우려가 반영되면서 지속적인 논쟁거리가 되고 있는 것이다.

실제로 미국의 경우 공화당 정부가 들어서면 법인세 인하와 같은 이슈를 제기하고 민주당 정부가 집권을 하면 저소득계층의 고통완화 측면에서 금리 인하와 같은 이슈들로 크게 대별되고 있다.

| 그림 5-5 | 경제와 기업들의 투자활성화와 재정정책의 관계도

재정학의 경우 정부부문이 증가하는지 아니면 줄어드는지는
경제와 기업들의 투자활성화 등과 연결될 수밖에 없음

↓

정부부문 중에서 가장 크게 증가하는 부문이 건강관리와 관련된 부문임

↓

고령화 사회로 인한 의료서비스 수요를 비롯하여
건강 관련 웰빙(well-being)에 대한
사람들의 수요 등과도 연결

따라서 2018년 하반기의 트럼프 미국대통령의 정책도 법인세 인하와 같은 기업의 경제활동 활성화에 보다 무게를 두고 있는지 살펴볼 필요성이 있는 것이다.

국내적인 경제이슈로서 최저임금(minimum wage)과 같은 주요 현안들을 잘 점검하고 이에 따라 기업들의 체감경기의 개선으로 적극적인 국내투자가 이루어질 수 있도록 환경을 조성해 나가야 한다. 이러한 것들은 경제(economy)가 선순환의 구조를 가져갈 수 있는 계기로 조성해 나가야 하기 때문이기도 한 것이다.

| 그림 5-6 | 정부지출과 재정정책의 관계도

2009년부터 2010년 사이에
미국의 의료서비스관련 개혁과 관련된 문제가 주요 이슈로 등장

↓

연방정부를 비롯하여 주정부에서도 건강관리와 관련된
정부지출 규모가 상당히 빠르게 진전되었기 때문

↓

2009년 들어 미국에서의 담론은 인구 고령화 문제 뿐 아니라
사회보장제도에 대한 것이었음

| 그림 5-7 | 재정적자와 정부지원의 역할의 관계도

미국의 역사상 가장 오래된 정부지원의 역할에 관한 중요성의
강조점은 교육부문과 관련된 것임

↓

미국은 세계에서 교육시스템과 금융시스템 등에서
최강을 유지하고 있음

↓

재정학과 관련하여서는 재정적자의 규모를 줄이는 것이
타당한지와 관련하여 논의되고 있음

| 그림 5-8 | 기업경영분석지표(2002~2007) 전산업 차입금의존도(좌)와 유동비율(우)의 추이

(각각의 단위: %)

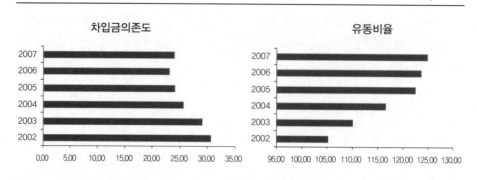

2017년 한국기업들에 있어서 해외투자(overseas investment)가 한국경제에서 처음으로 400억 달러 이상을 나타냈다. 이와 같은 분위기가 2018년 하반기에도 이어지고 있는지 점검해 나갈 필요가 있다. 국내보다 해외에서 투자가 활성화된다는 것은 국내의 양질의 일자리 창출과 같은 고용 안정에 나쁜 영향을 줄 수 있기 때문이다.

2018년 하반기 들어 미국과 일본 등은 경기호황국면으로 최저의 실업률 수준에 다가가 있는 상황을 적극적으로 잘 활용해 나가야 한다. 이는 해외투자를 늘리라는 측면이 아니고 한국의 수출기업들이 해외에서 그만큼 수출할 수 있는 여력이 좋아졌다는 의미이다.

이것은 또한 한국경제가 수출을 통하여 의존하는 상황이 크기 때문이기도 하며, 추후 세계경제가 불황국면에 접어들었을 때를 대비하기 위해서도 이와 같은 경제주체들의 노력은 더욱 중요하다는 것이다.

2002년 이후 전산업 유동비율이 지속적으로 높아진 것을 알 수 있다. 이것은 한국이 IMF사태를 거치면서 기업들의 부채비율을 낮추려는 경영전략적인 노력도 하나의 계기가 된 것으로 보인다.

전통적인 제조업과 연계되어 양질의 새롭고 창의적인 일자리 창출이 기대되는 블록체인을 비롯한 4차 산업혁명이 세계적으로 빠른 속도로 진행되고 있다. 기업들의 경우 부채비율 축소와 유동비율 제고 등의 노력도 중요하지만 이와 같은 세계적인 추세에도 투자의 관점에서 많은 고민을 해 나가야 한다. 예를 들어, 국내

| 표 5-8 | 2002년 이후 시점별 전산업과 제조업 차입금의존도의 변화 양상 (3)

분류	내용과 특징
2002~2006	2002년 이후 전산업 차입금의존도가 지속적으로 낮아진 것을 알 수 있다. 이것은 한국이 IMF사태를 거치면서 기업들의 부채비율을 낮추려는 경영 전략적인 노력도 하나의 계기가 된 것으로 보인다.
2007~2008	전산업과 제조업 차입금의존도가 2008년 들어 높아졌는데, 이는 미국의 서브프라임 모기지(subprime mortgage) 사태에 따른 금융위기가 한국경제 및 금융에 대하여 나쁜 영향을 주었음을 시사하고 있는 것이다.
2009~2012	전산업에 있어서 차입금의존도가 2009년부터 2012년까지를 살펴볼 때 2011년 이후 31.92%로 낮아졌다. 반면에 제조업 차입금의존도가 2010년까지 낮아졌다가 다시 2012년까지 상승하는 국면을 나타냈다.
2013~2016	전산업 및 제조업의 차입금의존도가 2014년 이후 지속적으로 낮아지는 추세(trend)를 나타내고 있다.

지자체 중에서 블록체인 관련 특구 지정에 대한 요청을 하는 등 빠른 행보도 감지되고 있는 상황이다. 이는 기업들 뿐 아니라 지자체와 다른 집단들에서도 4차 산업혁명에 대한 이해도가 넓어지고 있다는 증거이기도 하다. 따라서 이와 관련된 유관기관의 학계와 산업계를 비롯한 관련 자문기관들 모두 4차 산업혁명이 성공적으로 진행될 수 있도록 도와나가야 한다.

물론 4차 산업혁명의 진행에 따른 부작용이 발생되지 않도록 면밀한 관찰과 대응책 등도 동시에 강구해 나가야 한다.

2002년 이후 전산업 매출액영업이익률이 2004년까지 양호한 흐름을 보인 후 2006년까지 낮아지는 양상을 나타냈다. IMF사태가 내재설과 외부설 등이 혼재해 있는 바와 같이 이러한 상황이 국내 경제의 영향인지 또는 해외적인 요인인지 기업들은 잘 살펴보아야 한다. 아니면 국내적인 요인과 해외적인 요인이 복합적으로 작용할 수도 있다.

예를 들어, IMF사태의 경우 국내 기업들의 과도한 부채가 원인이라는 측면과 다른 국가들에 의한 달러부족 사태가 한국에 영향을 미쳤다는 외부설 등이 혼재되어 있다. 기업들도 이와 같은 대내외적인 지표들과 경제환경에 대하여 항상 주시할 필요가 있다.

| 표 5-9 | 2002년 이후 시점별 전산업과 제조업 유동비율의 변화 양상 (3)

분류	내용과 특징
2002~2006	2002년 이후 전산업 유동비율이 지속적으로 높아진 것을 알 수 있다. 이 것은 한국이 IMF사태를 거치면서 기업들의 부채비율을 낮추려는 경영전 략적인 노력도 하나의 계기가 된 것으로 보인다.
2007~2008	전산업과 제조업 모두의 유동비율이 2008년 들어 낮아졌다. 이는 미국의 서브프라임 모기지(subprime mortgage) 사태에 따른 금융위기가 한국경 제 및 금융에 대하여 나쁜 영향을 미쳤다는 것으로 판단된다.
2009~2012	2009년부터 2012년까지를 살펴볼 때 전산업과 제조업 각각 2010년과 2009년 이후 개선 추세(trend)가 뚜렷함을 알 수 있다.
2013~2016	전산업의 경우에 있어서 기업들의 유동비율이 2013년 이후 2016년까지 지속적으로 높아지고 있어서 부채를 진 후 갚을 수 있는 능력이 개선되고 있음을 알 수 있었고, 제조업의 경우에 있어서도 이와 같은 추세(trend)가 그대로 진행되었음을 알 수 있었다.

| 그림 5-9 | 기업경영분석지표(2002~2007) 전산업 매출액영업이익률(좌)와 매출액세전순이 익률(우)의 추이　　　　　　　　　　　　　　　　　　　　　(각각의 단위: %)

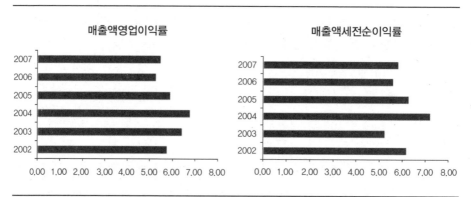

현재 세계적으로 빠른 속도로 진행되고 있는 블록체인(blockchain) 산업의 경우에 도 국내 지자체가 블록체인 산업의 육성을 위하여 네거티브(negative)를 규제(regulation) 하겠다고 나선 것도 앞서 언급한 바와 같이 경제주체들을 포함하여 4차 산업혁명 에 대한 이해도가 증진되고 있다고 보아야 한다. 이 자료는 경제검색의 시스템[간

편 검색, 한국은행]에 따른 것이다.

2002년 이후 전산업 매출액영업이익률이 2004년까지 양호한 흐름을 보인 후 2006년까지 낮아지는 양상을 나타냈다. 전산업 매출액세전순이익률의 경우에도 2003년까지 낮아졌다가 2004년 다시 양호한 모습을 보인 이후 2005년부터 감소하는 모습을 보였다.

2018년 하반기 들어 은산분리의 원칙은 유지되면서도 혁신적인(innovative) IT(information technology) 기업들이 기술투자(technology investment)와 자본(capital)을 넓혀 줄 수 있도록 하는 분위기가 한국경제에서 이루어지고 있다.

4차 산업혁명은 앞서 지적한 바와 같이 새롭고 창의적이면서 혁신적인 측면을 모두 담고 있다. 따라서 이전과 전혀 다른 양질의 고급 일자리 창출이 가능하다. 물론 단순한 일자리가 감소하는 부작용이 따를 수 있기 때문에 교육시스템(education system)을 혁신적으로 바꾸어 나가야 한다.

최근 세계적인 대기업의 CEO들의 전공분야가 다양하게 전개되고 있다. 이는 융합적인 학문흐름으로 모든 학문들이 연결되고 있다는 것의 증거이기도 하다.

| 표 5-10 | 2002년 이후 시점별 전산업과 제조업 매출액영업이익률의 변화 양상 (3)

분류	내용과 특징
2002~2006	2002년 이후 전산업 매출액영업이익률이 2004년까지 양호한 흐름을 보인 후 2006년까지 낮아지는 양상을 나타냈다. IMF사태가 내재설과 외부설 등이 혼재해 있는 바와 같이 이러한 상황이 국내 경제의 영향인지 또는 해외적인 요인인지 기업들은 잘 살펴보아야 한다. 아니면 국내적인 요인과 해외적인 요인이 복합적으로 작용할 수도 있다.
2007~2008	전산업 매출액영업이익률이 2008년 들어 낮아졌고 제조업 매출액영업이익률도 약간 늘어나는 데에 그친 것을 알 수 있다. 이는 미국의 서브프라임 모기지(subprime mortgage) 사태에 따른 미국의 금융위기가 한국경제 및 금융에 대하여 좋지 않은 영향을 주었음을 증거하고 있는 것이다.
2009~2012	2009년부터 2012년까지 전산업과 제조업의 매출액영업이익률의 경우 2010년 이후 하락 추세를 나타냈다.
2013~2016	2013년부터 2016년 기간 동안 전산업의 매출액영업이익률이 증가세를 보였고, 제조업의 경우에 있어서도 2014년 이후 증가 추세를 나타냈다.

따라서 기존의 교육시스템이 아니라 창의적으로 업무를 해 나갈 수 있는 실력들을 배양해 나가야 한다.

한국의 경우에도 전통적인 산업과 4차 산업혁명의 산업이 서로 공존하고 상생 발전해 나갈 수 있는 모델들을 적극 발굴해 나가야 한다. 예를 들어 스마트팩토리(smart factory) 개념으로 VR(virtual reality)과 함께 다른 기술들과 융합하면서 발전해 나가면서 IoT(Internet of Things)에서 IoE(Internet of Everythings)로 이어지는 것이다. 그리고 신재생에너지의 친환경건축(green building)에서 스마트시티(smart city)로 발전해 나가는 것이다.

| 표 5-11 | 2002년 이후 시점별 전산업과 제조업 매출액세전순이익률의 변화 양상 (3)

분류	내용과 특징
2002~2006	2002년 이후 전산업 매출액영업이익률이 2004년까지 양호한 흐름을 보인 후 2006년까지 낮아지는 양상을 나타냈다. 전산업 매출액세전순이익률의 경우에도 2003년까지 낮아졌다가 2004년 다시 양호한 모습을 보인 이후 2005년부터 감소하는 모습을 보였다. 이는 IMF사태가 내재설과 외부설 등이 혼재해 있는 바와 같이 이러한 상황이 국내 경제의 영향인지 또는 해외적인 요인인지 기업들은 잘 살펴보아야 한다. 아니면 국내적인 요인과 해외적인 요인이 복합적으로 작용할 수도 있다.
2007~2008	전산업과 제조업 매출액세전순이익률이 2008년 들어 낮아졌는데, 이는 미국의 서브프라임 모기지(subprime mortgage) 사태에 따른 미국의 금융위기(financial crisis)가 한국경제 및 금융에 대하여 좋지 않은 영향을 미쳤음을 나타내 주고 있는 것이다.
2009~2012	2009년부터 2012년까지 전산업의 매출액세전순이익률은 2010년까지 상승한 후 2012년까지 하락 추세를 나타냈다. 그리고 제조업의 매출액세전순이익률은 2010년까지 6.96%까지 상승한 후 2011년 하락 반전을 나타냈고 2012년 들어 소폭의 증가 추세(trend)로 5.24%를 나타냈다.
2013~2016	전산업의 매출액세전순이익률이 2013년 이후 2016년까지 지속적으로 상승 추세(trend)를 보였으며, 제조업의 매출액세전순이익률도 2014년 이후 들어 증가 추세를 보였다.

06

재정정책과 과세체계

제1절 민간부문과 재정정책

　민간부문을 통한 경제의 성장과 세금의 인상은 서로 반대적인 측면에 놓여 있게 된다. 한편 공적인 재정에 대한 연구에서는 인구의 저출산 문제와 고령화 문제에 대하여 우선적인 초점을 두어야 한다. 재정학은 공공 부문을 다루고 있기 때문에 환경보호적인 측면과 외부비경제성 측면에 대하여 진지한 검토가 필요하다.

　미국에 있어서 보건의료 분야와 국방 분야에 대한 정부의 지출과 국내총생산에서 차지하는 비중의 증대에 대한 대비책을 세우고 있는데, 재정학적인 관점에서 한국의 경우에도 적극적으로 관찰하고 대비책을 세워 나가야 한다.

　부의 양극화가 더 벌어지지 않고 줄어들 수 있는 정책이 있는지도 재정학의 연구분야이다. 따라서 연금과 사회보장에 관한 이슈, 건강한 삶에 대한 관리적인 측면과 건강보험 등 폭넓은 분야에서 재정정책이 필요하다.

　최근의 재정정책에 대한 연구는 인간 수명의 연장에 따른 퇴직자들에 대한 사회보장과 연금의 개선, 공적 재정의 노령인구 부양에 대한 비용 증가 추세에 대한 연구들이 주로 이루어지고 있다. 한편 한국의 경우에는 초저출산 국가로서 인구고령화보다도 경제활동인구를 늘려나가는 획기적인 초저출산 국가로부터의 탈피가 우선 국가과제 중에 하나이다.

이와 같은 한국의 초저출산의 문제는 2017년 미국정부가 한국에 대한 국가적인 과제로서 최우선시하여 국가정책과제로 삼을 것을 조언한 데에서도 알 수 있다. 이는 경제활동인구를 통하여 경제의 잠재성장률의 흐름과 연결된다.

| 표 6-1 | 민간부문과 재정정책

분류	내용과 특징
민간부문과 재정정책	민간부문을 통한 경제의 성장과 세금의 인상은 서로 반대적인 측면에 놓여 있게 된다.
	한편 공적인 재정에 대한 연구에서는 인구의 저출산 문제와 고령화 문제에 대하여 우선적인 초점을 두어야 한다.
	재정학은 공공 부문을 다루고 있기 때문에 환경보호적인 측면과 외부비경제성 측면에 대하여 진지한 검토가 필요하다.
	미국에 있어서 보건의료 분야와 국방 분야에 대한 정부의 지출과 국내총생산에서 차지하는 비중의 증대에 대한 대비책을 세우고 있는데, 재정학적인 관점에서 한국의 경우에도 적극적으로 관찰하고 대비책을 세워 나가야 한다.
	부의 양극화가 더 벌어지지 않고 줄어들 수 있는 정책이 있는지도 재정학의 연구분야이다.
	따라서 연금과 사회보장에 관한 이슈, 건강한 삶에 대한 관리적인 측면과 건강보험 등 폭넓은 분야에서 재정정책이 필요하다.
	최근의 재정정책에 대한 연구는 인간 수명의 연장에 따른 퇴직자들에 대한 사회보장과 연금의 개선과 공적 재정의 노령인구 부양에 대한 비용 증가 추세에 대한 연구들이 주로 이루어지고 있다.
	한편 한국의 경우에는 초저출산 국가로서 인구고령화보다도 경제활동인구를 늘려나가는 획기적인 초저출산 국가로부터의 탈피가 우선 국가과제 중에 하나이다.

| 그림 6-1 | 민간부문과 공공부문 간의 관계도

민간부문을 통한 경제의 성장과 세금의 인상은
서로 반대적인 측면에 놓여 있게 됨

↓

공적인 재정에 대한 연구에서는 인구의
저출산 문제와 고령화 문제에 대하여 우선적인 초점을 두어야 함

↓

재정학은 공공 부문을 다루고 있기 때문에 환경보호적인 측면과
외부비경제성 측면에 대하여 진지한 검토가 필요함

| 그림 6-2 | 부의 양극화와 재정정책의 체계도

미국에 있어서 보건의료 분야와 국방 분야에 대한 정부의 지출과
국내총생산에서 차지하는 비중의 증대에 대한 대비책을 세우고 있는데,
재정학적인 관점에서 한국의 경우에도 적극적으로 관찰하고
대비책을 세워 나가야 함

↓

부의 양극화가 더 벌어지지 않고 줄어들 수 있는 정책이 있는지도
재정학의 연구분야임

↓

연금과 사회보장에 관한 이슈, 건강한 삶에 대한 관리적인 측면과
건강보험 등 폭넓은 분야에서 재정정책이 필요함

| 그림 6-3 | 재정정책과 비용에 대한 체계도

재정정책에 대한 연구는 인간 수명의 연장에 따른 퇴직자들에 대한
사회보장과 연금의 개선과 공적 재정의 노령인구 부양에 대한
비용 증가추세에 대한 연구들이 주로 이루어지고 있음

↓

한국의 경우에는 초저출산 국가로서 인구고령화보다도
경제활동인구를 늘려가는 획기적인 초저출산 국가로부터의 탈피가
우선 국가과제 중에 하나임

| 그림 6-4 | 기업경영분석지표(2002~2007) 전산업 이자보상비율(좌)과 금융비용부담률(우) 의 추이   (각각의 단위: %)

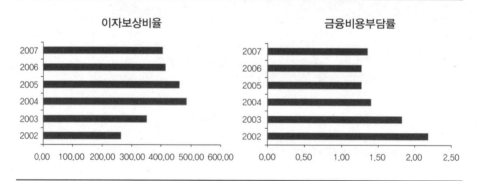

이자보상비율 혹은 이자보상배율은 영업이익(operating profit)을 지급이자의 비용(cost)으로 나누면 계산할 수 있다. 이 자료는 경제검색의 시스템[간편 검색, 한국은행]에 따른 것이다.

2018년 하반기 들어 미국과 일본 등은 경기호황국면으로 최저의 실업률 수준에 다가가 있는 상황을 적극적으로 잘 활용해 나갈 필요성이 있다. 이는 해외투자(overseas investment)를 확대하라는 측면이 아니고 한국의 수출기업(exporting firm)들이 해외에서 그만큼 수출할 수 있는 여력이 좋아졌다는 의미이다.

이는 한국경제가 수출을 통하여 의존하는 상황이 크기 때문이기도 하며, 향후세계경제(world economy)가 불황국면에 접어들었을 때를 대비하기 위해서도 이와

| 표 6-2 | 2002년 이후 시점별 전산업과 제조업 이자보상비율의 변화 양상 (3)

분류	내용과 특징
2002~2006	2002년 이후 전산업 이자보상비율이 2004년까지 양호한 흐름을 보인 후 2006년까지 낮아지는 양상을 나타냈다. 이는 IMF사태가 내재설과 외부설 등이 혼재해 있는 바와 같이 이러한 상황이 국내 경제의 영향인지 또는 해외적인 요인인지 기업들은 잘 살펴보아야 한다. 아니면 국내적인 요인 과 해외적인 요인이 복합적으로 작용할 수도 있다.
2007~2008	전산업과 제조업 이자보상비율이 2007년에서 2008년 들어 낮아졌는데, 이는 미국의 서브프라임 모기지(subprime mortgage) 사태에 따른 미국 의 금융위기(financial crisis)가 한국경제 및 금융에 대하여 나쁜 영향을 나타냈음을 보여주고 있다.
2009~2012	2009년에서 2010년에는 전산업과 제조업의 이자보상비율이 높아졌다가 이후 2012년까지는 하락하는 양상을 나타냈다.
2013~2016	2013년부터 2016년까지 전산업과 제조업의 이자보상비율이 지속적으로 상승 추세를 나타냈음을 알 수 있었다.

같은 경제주체들의 노력은 더 중요하다는 것이다.

아마존(Amazon)의 제프 베조스(Jeffrey Preston Bezos) 회장의 경우 기업공개(IPO: initial public offering)를 한 1997년 이후 매년에 걸쳐 4월이면 주주들을 모아 놓고 회사의 목표(aim) 및 경영성과(business results)를 넣은 내용을 편지에 넣어 주주들에게 보내 주고 있다. 이를 벤치마킹하여 한국의 가상화폐(암호화폐, cryptocurrency)와 블록체인 (blockchain) 대표들이 소통을 강화하면서 각 회사들이 수시 비전(vision)과 경영현황 (present condition of management)을 공개하고 이들 회사들이 커뮤니티(community)를 형성하는 계기를 만들어나가고 있다. 이와 같은 4차 산업혁명의 기업들의 노력도 투명한 경영성과의 공개와 주주와의 신뢰성 구축으로 이어질 것이므로 시장에서 는 긍정적으로 평가하고 있다.

한국경제에는 반도체산업을 제외하고는 차세대 성장 동력 산업이 뚜렷이 보이지 않는 구조적인 문제점을 지니고 있다. 또한 미국의 금리인상이 2018년에 이어지고 있는 점 등으로 인하여 한국의 금융시장으로부터 자금이탈이 현실화되지 않을까 하는 우려도 경제주체들이 갖고 있기도 하다. 즉, 대외경제 여건에 한국경제가 취약할 수도 있다는 우려를 시장에서는 여전히 하고 있는 것이다.

미국의 경우 보호무역(protective trade)에 가까운 정책들이 중국과 무역전쟁(trade war) 조짐 속에 한국에 대한 환율과 관세(tariff) 등에 있어서 미국정부의 정책에 대한 면밀한 정책 대응이 필요한 것이다.

이러한 측면들은 미국의 금리와 한국의 금리 역전이 지속되게 할 수도 없는 난국을 벗어나기 위해서도 중요한 것이지만, 한국은 제조업의 수출지향적인 국가로서 기업들의 생산을 위한 자금 확보를 위하여 쉽게 금리를 올리기도 어려운 구조를 갖고 있어 어려운 문제이기도 하다.

따라서 이와 같은 과제들을 해결하지 못하게 되면 기업들의 향후 매출액이나 채산성, 수익성(profitability)의 악화 내지 위험으로 연결될 수 있기 때문에 대내외적인 기업환경을 잘 살펴보고 대응책들을 찾아야 한다.

따라서 블록체인(blockchain)과 ICO를 비롯한 P2P대출, 인터넷전문은행, 크라우드 펀딩(funding) 육성 등과 같은 4차 산업혁명과 관련된 은산분리의 적용 등의 의견수렴이 학계를 비롯한 산업계 등에서 활발한 토론으로 이어가고 있는 것이 2018년 하반기의 현실이다.

그리고 새로운 융합산업의 제조업과 관련된 로봇과 2차전지, 자율주행차, 드론, 인공지능, 3D 프린팅(printing), 신재생에너지 등과 같은 4차 산업혁명 분야에 대해서도 세밀한 분석과 차세대 동력산업으로서의 가능성이 높을 경우 투자확대가 이루어지도록 하는 산업정책적인 패러다임의 변화가 필요한 실정이다.

또한 이에 맞는 미국과 같은 실질적인 학생들의 주도 학습과 거꾸로 교실과 같은 플립러닝(flipped learning) 방식으로의 전환 등도 검토하는 교육혁신이 이루어져야 한다고 시장에서는 미래의 한국경제를 위해 내다보고 있다. 이것들은 실제적인 4차 산업혁명 분야의 우수한 양질의 인력을 배출하여 지속가능한 대한민국 경제에 근간이 되기 때문이다.

그리고 블록체인 기술을 잘 활용한 한국 의료서비스의 기술 우위를 바탕으로 하는 의료관광과 원격의료(U-Health)산업 체계의 발전 등도 4차 산업혁명과 연계되어 발전을 해 나가야 할 분야로 손꼽히고 있다.

사실 미국의 유수 대학들은 실질적인 플립러닝(flipped learning) 방식으로 이루어져 4차 산업혁명과 관련된 로봇과 자율주행차, 인공지능, 드론, 원격의료(U-Health)

등과 같이 새로운 패러다임(paradigm)으로 학문 간의 융합이 자연스럽게 연결되도록 하고 있는 것이 현실이다.

예로써 교육혁신은 단순히 강의실에서만 수업이 이루어지는 방식이 아니라 학생들이 예습을 통하여 이미 내용을 파악하고 학교에서는 토론식 수업이 이루어지는 실질적인 플립러닝, 즉 일명 '거꾸로 하는 학습' 등의 형태에 대하여 관련 학계와 산업계의 연구진들은 필요성을 역설하고 있다.

이와 같은 교육혁신(education innovation)을 통해 향후 한국의 초일류의 반도체 이후 차세대 먹거리 산업을 만들어낼 수 있으며, 이에 맞는 우수한 인력을 양성해낼 수 있을 것으로 시장에서는 내다보고 있는 것이다.

한국경제에 가장 큰 영향을 주고 있는 미국의 경제정책을 살펴보면, 적극적인 국내투자 유인책(motivation)을 내세우고 있는데, 이와 같은 정책도 벤치마킹할 필요성이 있다. 미국의 실리콘밸리(silicon valley)와 같은 벤처투자의 산실의 경우 양질의 일자리 창출과 맞물려 있고, 스마트공장(smart factory)과 같은 새로운 산업(new industry)의 발전(development)으로 블록체인(blockchain)을 비롯한 4차 산업혁명(fourth industrial revolution)과 연결되어 있다. 이와 같은 혁신적인 시스템을 잘 갖출 수 있는 교육과 산업 등의 융합적인 발전이 필요한 현실이다.

| 표 6-3 | 2002년 이후 시점별 전산업과 제조업 금융비용부담률의 변화 양상 (3)

분류	내용과 특징
2002~2006	2002년 이후 전산업 금융비용부담률이 지속적으로 낮은 양상을 보였다.
2007~2009	전산업과 제조업 금융비용부담률이 2008년과 2009년 들어 계속 높아졌는데, 이는 미국의 서브프라임 모기지(subprime mortgage) 사태에 따른 미국의 금융위기(financial crisis)가 한국경제 및 금융에 대하여 좋지 않은 영향을 주었음을 나타냈다.
2009~2012	2009년부터 2012년까지의 전산업과 제조업의 금융비용부담률도 비슷한 환경(environment)으로 나쁘지 않음을 알 수 있었다.
2013~2016	2013년부터 2016년까지의 전산업 금융비용부담률이 낮아지고 있는 추세(trend)를 나타냈는데, 제조업 금융비용부담률의 경우에 있어서도 동일한 추세를 보인 바 있다.

2002년 이후 전산업 금융비용부담률이 지속적으로 낮은 양상을 보였다. 2018년 들어 경기침체에 대한 우려가 지속되고 있는 가운데, 저금리 양상도 이어지고 있다. 이와 함께 앞에서도 언급한 바와 같이 블록체인을 비롯한 4차 산업혁명이 세계적인 추세에서 가속화되고 있다. 이들 블록체인 관련 기업들은 경영혁신적인 마인드(mind)로 비트코인(bitcoin)의 경우를 예를 들어 큰 무리의 사람들이 비트코인의 효용성(utility)의 가치를 믿으며 비트코인 커뮤니티(community)에 한 구성원이 되면 비트코인 네트워크(network)의 전체적인 가치의 상승을 보게 될 것이라고 주장하고 있다.

이와 같이 블록체인 기술을 활용한 가상화폐(암호화폐) 시장에서의 활동이 경제주체들에게 널리 확산되고 공유할수록 가치가 상승할 것으로 시장에서는 내다보고 있는 것이다. 블록체인 기술의 확산은 가상화폐(암호화폐) 시장 뿐 아니라 의료서비스 등 광범위한 분야에서 급속도로 전파되고 있다. 따라서 4차 산업혁명에 따른 인간들의 실생활에서도 많은 변화가 일어날 것으로 예측(prediction)되고 있다. 이러한 변화는 인간들의 삶에 있어서 만족도를 높이는 역할로 전개될 것으로 시장은 예상하고 있다.

| 그림 6-5 | 기업경영분석지표(2002~2007) 전산업 차입금평균이자율(좌)과 인건비대매출액(우)의 추이 (각각의 단위: %)

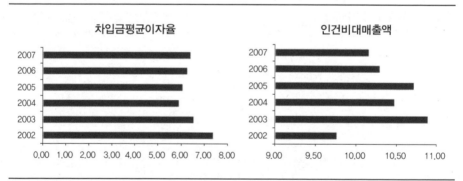

| 표 6-4 | 2002년 이후 시점별 전산업과 제조업 차입금평균이자율의 변화 양상 (3)

분류	내용과 특징
2002~2006	2002년 이후 전산업 차입금평균이자율이 2004년까지 하락하는 양상을 보인 후 2006년까지 상승하는 모습을 나타냈다. 따라서 IMF사태가 내재설과 외부설 등이 혼재해 있는 바와 같이 이러한 상황이 보일 때 국내 경제의 영향인지 또는 해외적인 요인인지 기업들은 잘 살펴보아야 한다. 이러한 요인이 아닌 경우 국내적인 요인과 해외적인 요인이 복합적으로 작용할 수도 있다.
2007~2008	전산업 차입금평균이자율이 미국의 서브프라임 모기지(subprime mortgage)사태에 따른 미국의 금융위기(financial crisis)의 여파로 2007년에서 2008년 들어 소폭 줄어드는 데 그쳤다. 반면에 제조업 차입금평균이자율은 증가세를 보였다. 이는 지속적인 금리 하락 추세에서도 미국의 금융위기(financial crisis)가 한국경제 및 금융에 대하여 나쁜 영향을 주었기 때문으로 보인다.
2009~2012	2009년부터 2012년까지의 전산업과 제조업의 차입금평균이자율이 지속적으로 하락하는 모습을 보였다.
2013~2016	2013년부터 2016년까지의 전산업 차입금평균이자율이 낮아지고 있는 추세와 마찬가지로 제조업의 차입금평균이자율도 2014년 이후 낮아지는 추세를 나타냈다.

2002년 이후 전산업 차입금평균이자율이 2004년까지 하락하는 양상을 보인 후 2006년까지 상승하는 모습을 나타냈다. 따라서 IMF사태가 내재설과 외부설 등이 혼재해 있는 바와 같이 이러한 상황이 보일 때 국내 경제의 영향인지 또는 해외적인 요인인지 기업들은 잘 살펴보아야 한다. 이러한 요인이 아닌 경우 국내적인 요인과 해외적인 요인이 복합적으로 작용할 수도 있다. 이 자료(source)는 경제검색의 시스템[간편 검색, 한국은행]에 따른 것이다.

한국의 전통산업이 IT분야의 강점을 살려 4차 산업혁명을 통하여 더욱 발전해 나갈 수 있는 시스템을 구축하여야 한다. 최근 통신사와 은행이 블록체인(bockchain) 기반 기술을 활용하여 새로운 사업에 대한 공동의 업무 협약식을 가진 것은 이와 같이 다른 산업 간의 시너지(synergy) 효과를 나타낼 것으로 시장에서는 판단하고 있다.

이러한 노력들이 지속될 때 보다 편리하고 신속한 결제가 가능한 핀테크산업도 더욱 활성화될 것으로 보이며, 한국에서 다양한 분야를 통하여 4차 산업혁명이 가속화될 것으로 판단된다.

2000년대 초에 인터넷혁명이 일어날 때 수익성과 관련하여 많은 우려를 하는 세계적인 기관투자자들도 있었다. 하지만 여전히 인터넷을 기반으로 하는 전자상거래를 비롯한 각종 IT관련 산업들이 성장해 온 것도 사실이다.

향후 한국의 우수한 IT기술의 기업들이 블록체인 분야에서 세계적인 업적을 쌓아 나갈 수도 있다. 이를 위하여 경제주체들을 비롯한 학계 및 언론 등 다양한 분야에서 관심을 지속적으로 갖고 문제점은 제거해 나가고 잘 성장해 나갈 수 있도록 협력해 나가야 한다. 이는 한국의 차세대 동력산업과도 연결되기 때문이다.

| 표 6-5 | 2002년 이후 시점별 전산업과 제조업 인건비대매출액의 변화 양상 (3)

분류	내용과 특징
2002~2006	2002년 이후 전산업 인건비대매출액이 2003년 들어 상승하고 2004년 하락한 후 2005년 들어 다시 상승하고 2006년 들어 하락하는 모습을 보였다. 이는 IMF사태가 내재설과 외부설 등이 혼재해 있는 바와 같이 이러한 상황이 나타날 때 국내 경제의 영향인지 또는 해외적인 요인인지 기업들은 잘 살펴보아야 한다. 이와 같은 요인이 한꺼번에 국내적인 요인과 해외적인 요인으로 복합적인 측면에서 일어날 수도 있다.
2007~2009	미국의 서브프라임 모기지(subprime mortgage) 사태에 따른 미국의 금융위기(financial crisis)가 2008년까지 한국의 전산업과 제조업 인건비대매출액에 별다른 영향을 주지 않았음을 알 수 있었다.
2009~2012	전산업과 제조업의 인건비대매출액(employment costs to sales)에 있어서 2009년부터 2012년까지의 경우에는 2011년까지 하락하다가 2012년 들어 상승세로 반전되었다.
2013~2016	2013년부터 2016년까지의 전산업과 제조업의 인건비대매출액이 상승세에 놓여 있었다.

2002년 이후 전산업 인건비대매출액이 2003년 들어 상승하고 2004년 하락한 후 2005년 들어 다시 상승하고 2006년 들어 하락하는 모습을 보였다. 앞에서도 살펴본 바와 같이 현재는 전통산업을 비롯하여 블록체인을 비롯한 많은 4차 산업혁명의 기업들이 활발한 경영활동을 하고 있다.

블록체인의 경우 2018년 하반기 들어 통신사와 은행이 손을 잡고 지역경제(local economy)의 활성화(activity)를 위하여 지자체별로 도입 중인 지역별 상품권에 이러한 블록체인(blockchain) 기술(technology)을 활용해 사업(business)을 우선시해 나가기로 하고 있다. 이와 같은 4차 산업혁명은 단순한 일자리를 줄일 수는 있어도 새로운 고급의 창의적인 양질의 일자리를 창출해 나가는 데 손색이 없는 것으로 세계시장에서는 내다보고 있다.

국가적인 재정정책과 관련된 과제는 세금의 부담과 세율에 대한 분배를 어떻게 할 것인지와 이를 통한 경기에 대한 부양과 이를 위한 세법 개정 등이다. 최근 미국의 경우에도 보험에 대한 적용의 범위 확대가 이루어졌고 이를 위하여 공적 재정의 수단으로서 확대정책이 이루어졌다.

이러한 미국의 재정정책의 범위는 미국의 연방정부에 있어서 외국인들이 소유하는 재산에 대한 부채와 관련된 이슈로까지 이어지고 있다. 이에 따라 미국에 있어서 2009년까지 소득세에 대한 한계세율과 평균적인 세율에 대한 계산, 국민들의 세금부담 분포 등에 대한 연구 등이 연방정부의 차원에서 이루어졌다.

미국의 경우에 있어서 기업관련 세제를 비롯하여 소득세와 판매세 및 재산세와 연방정부와 지방정부 간의 재정적인 지원 등이 집중적으로 공평과세와 공정한 재정집행과 관련하여 연구되어 왔다.

한국에 있어서도 2018년 들어 기업관련 세제를 비롯하여 양도소득세 등에 대한 활발한 논의가 있다. 하지만 기업경기의 활성화와 재정건전성 등 참고해야 할 지표들이 많다는 것도 재정정책을 집행할 경우 신중히 하여야 한다는 측면에서 유념해야 할 사항들이다. 특히 한국의 경우 수출지향적이고 대외경제 및 경제이외에 지정학적인 요인 등도 고려사항인 측면 등을 고려할 때 재정집행과정에 있어서 면밀한 대내외적인 상황판단이 중요한 것이다.

| 표 6-6 | 재정정책과 세제

분류	내용과 특징
재정정책과 세제	국가적인 재정정책과 관련된 과제는 세금의 부담과 세율에 대한 분배를 어떻게 할 것인지와 이를 통한 경기에 대한 부양과 이를 위한 세법 개정 등이다.
	최근 미국의 경우에도 보험에 대한 적용의 범위 확대가 이루어졌고 이를 위하여 공적 재정의 수단으로서 확대정책이 이루어졌다.
	이러한 미국의 재정정책의 범위는 미국의 연방정부에 있어서 외국인들이 소유하는 재산에 대한 부채와 관련된 이슈로까지 이어지고 있다.
	이에 따라 미국에 있어서 2009년까지 소득세에 대한 한계세율과 평균적인 세율에 대한 계산, 국민들의 세금부담 분포 등에 대한 연구 등이 연방정부의 차원에서 이루어졌다.
	미국의 경우에 있어서 기업관련 세제를 비롯하여 소득세와 판매세 및 재산세와 연방정부와 지방정부 간의 재정적인 지원 등이 집중적으로 공평과세와 공정한 재정집행과 관련하여 연구되어 왔다.
	한국에 있어서도 2018년 들어 기업관련 세제를 비롯하여 양도소득세 등에 대한 활발한 논의가 있다.
	하지만 기업경기의 활성화와 재정건전성 등 참고해야 할 지표들이 많다는 것도 재정정책을 집행할 경우 신중히 하여야 한다는 측면에서 유념해야 할 사항들이다.

| 그림 6-6 | 재정정책과 세금과의 관계도

국가적인 재정정책과 관련된 과제는
세금의 부담과 세율에 대한 분배를 어떻게 할 것인지와
이를 통한 경기에 대한 부양과 이를 위한 세법 개정 등임

↓

최근 미국의 경우에도 보험에 대한 적용의 범위 확대가 이루어졌고
이를 위하여 공적 재정의 수단으로서 확대정책이 이루어졌음

↓

미국의 재정정책의 범위는 미국의 연방정부에 있어서 외국인들이
소유하는 재산에 대한 부채와 관련된 이슈로까지 이어지고 있음

| 그림 6-7 | 세제와 공평과세, 재정집행과의 관계도

미국에 있어서 2009년까지 소득세에 대한 한계세율과
평균적인 세율에 대한 계산, 국민들의 세금부담에 대한 분포 등에 대한 연구 등이
연방정부의 차원에서 이루어졌음

↓

미국의 경우에 있어서 기업관련 세제를 비롯하여 소득세와 판매세 및
재산세와 연방정부와 지방정부 간의 재정적인 지원 등이
집중적으로 공평과세와 공정한 재정집행과 관련하여 연구되어 왔음

↓

한국에 있어서도 2018년 들어 기업관련 세제를 비롯하여
양도소득세 등에 대한 활발한 논의가 있음

↓

기업경기의 활성화와 재정건전성 등 참고해야 할 지표들이 많다는 것도
재정정책을 집행할 경우 신중히 하여야 한다는 측면에서 유념해야 할 사항들임

| 그림 6-8 | 기업경영분석지표(2002~2007) 전산업 인건비대영업총비용(좌)과 매출액증가율(우)의 추이   (각각의 단위: %)

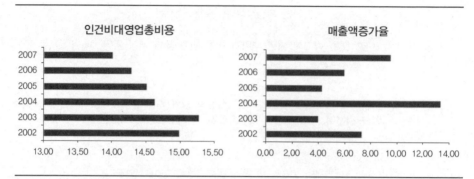

이 자료(source)는 경제검색의 시스템[간편 검색, 한국은행]에 따른 것이다. 한국경제 (Korea economy)에는 반도체산업을 제외하고는 차세대 성장 동력 산업이 뚜렷이 보이지 않는 구조적인 문제점을 갖고 있다. 또한 미국의 금리인상이 2018년에 이어지고 있는 점 등으로 인하여 한국의 금융시장(financial market)으로부터 자금이탈이 현실화되지 않을까 하는 우려도 경제주체들이 갖고 있기도 하다. 즉, 대외경제 (external economy) 여건에 한국경제가 취약할 수도 있다는 우려를 시장(market)에서는 여전히 하고 있는 것이다.

이와 같은 차세대 동력산업의 하나로써 블록체인 시스템(blockchain system)이 활발히 논의되고 있고 발전 중에 있다. 이는 4차 산업혁명의 핵심이지만 단점 등은 보완해 나가야 한다. 예를 들어 해커(hacker)들은 이와 같은 블록체인 시스템(blockchain system)이 탈중앙화되어(decentralized) 있다는 주장에 동의를 하고 있지 않다. 이들은 블록체인(blockchain)으로 플랫폼(platform)만 변경되었을 뿐이며, 취약점에 대한 해킹의 방법이 그대로 적용된다는 것이다. 즉, 확장의 측면과 보안성 및 탈중앙화된(decentralized) 시스템 중 한 가지라도 약해진다면 세 가지 모두에서의 영향으로 보안이 이루어지지 않는다고 주장하고 있다. 따라서 이와 같은 기술적인 취약점이 없는지 면밀히 살펴보아야 하는 것이다.

미국의 경우에 있어서 보호무역에 가까운 정책들이 중국과 무역전쟁 조짐 속에 한국에 대한 환율과 관세 등에 있어서 미국정부의 정책에 대한 세밀한 정책 대응이 필요한 것이다. 이러한 무역과 관련된 분쟁은 미국과 EU 간에 자동차에서 벌어지기도 한 바 있다.

이와 같은 측면은 미국의 금리와 한국의 금리 역전이 지속되게 할 수도 없는 난국을 벗어나기 위해서도 중요한 것이지만, 한국은 제조업의 수출지향적인 국가로서 기업들의 생산을 위한 자금 확보를 위하여 손쉽게 금리를 올리기도 어려운 구조를 갖고 있어 어려운 문제이다.

이에 따라 이와 같은 과제들을 해결하지 못하게 되면 기업들의 향후 매출액이나 채산성, 수익성의 악화 내지 위험으로 연결될 가능성이 크기 때문에 대내외적인 기업환경을 잘 살펴보고 대응책들을 찾아야 한다.

한편 블록체인(blockchain)과 ICO를 비롯한 P2P대출, 인터넷전문은행, 크라우드펀딩 육성 등과 같은 4차 산업혁명과 관련된 은산분리의 적용 등의 의견수렴이 학계를 비롯한 산업계 등에서 활발한 토론으로 이어가고 있는 것이 2018년 하반기의 현실이다.

또한 새로운 융합산업의 제조업과 관련된 로봇(robot)과 2차전지, 자율주행차, 드론, 인공지능, 3D 프린팅, 신재생에너지 등과 같은 4차 산업혁명 분야에 대해서도 세밀한 분석과 차세대 동력산업으로서의 가능성이 높을 경우 투자확대가 이루어지도록 하는 산업정책적인 패러다임(paradigm)의 변화가 필요하다.

그리고 이러한 상황에 맞는 미국과 같은 실질적인 학생들의 주도 학습과 거꾸로 교실과 같은 플립러닝(flipped learning) 방식으로의 전환 등도 검토하는 교육혁신(education innovation)이 이루어져야 한다고 시장(market)에서는 미래의 한국경제(Korea economy)를 위해 내다보고 있다. 이것은 실제적인 4차 산업혁명(fourth industrial revolution) 분야의 우수한 양질의 인력을 배출하여 지속가능한 대한민국 경제에 버팀목이 되기 때문이다.

또한 블록체인 기술(blockchain technology)을 잘 활용한 한국 의료서비스의 기술우위를 바탕으로 하는 의료관광과 U-Health산업 체계의 발전 등도 4차 산업혁명과 연계되어 발전을 해 나가야 할 분야로 손꼽히고 있다.

실제의 예로써 미국의 유수 대학들은 실질적인 플립러닝(flipped learning) 방식으로 이루어져 4차 산업혁명과 관련된 로봇과 자율주행차, 인공지능, 드론, U-Health 등과 같이 새로운 패러다임(paradigm)으로 학문 간의 융합이 자연스럽게 연결되도록 하고 있는 것이 현실이다.

예를 들어 교육혁신(education innovation)은 강의실에서만 수업이 이루어지는 방식이 아니라 학생들이 예습을 통하여 이미 내용을 파악하고 학교에서는 토론식 수업이 이루어지는 실질적인 플립러닝, 즉 일명 '거꾸로 하는 학습' 등의 형태에 대하여 관련 학계와 산업계의 연구진들이 필요성을 역설한다.

이러한 교육혁신을 통해 향후 한국의 초일류의 반도체 이후 차세대 먹거리 산업을 만들어낼 수 있으며, 이에 맞는 우수한 인력을 양성해 낼 수 있을 것으로 시장에서는 예측하고 있다.

한국경제(Korea economy)에 가장 큰 영향을 주고 있는 미국의 경제정책을 살펴보면, 적극적인 국내투자 유인책을 내세우고 있는데, 이와 같은 정책도 벤치마킹(benchmarking)할 필요성이 있다. 미국의 실리콘밸리와 같은 벤처투자(venture investment)의 산실의 경우 양질의 일자리 창출과 맞물려 있고, 스마트공장과 같은 새로운 산업의 발전으로 블록체인(blockchain)을 비롯한 4차 산업혁명(fourth industrial revolution)과 연결되어 있다. 이러한 혁신적인 시스템(innovative system)을 잘 갖출 수 있는

| 표 6-7 | 2002년 이후 시점별 전산업과 제조업 인건비대영업총비용의 변화 양상 (3)

분류	내용과 특징
2002~2006	2002년 이후 전산업 인건비대영업총비용이 2003년 들어 상승하고 2004년 이후 하락 추세를 나타냈다.
2007~2009	미국의 서브프라임 모기지(subprime mortgage) 사태에 따른 미국의 금융위기(financial crisis)가 2008년까지 한국의 전산업과 제조업 인건비대영업총비용에 큰 영향을 미치지 않은 것으로 나타났다.
2009~2012	2009년부터 2012년까지 전산업과 제조업의 인건비대영업총비용도 2011년까지 하락하다가 2012년 들어 상승 반전되었다. 이러한 요인들은 인건비대매출액과 마찬가지로 기업들에게는 부담요인으로 작용할 수 있는데, 시점으로 볼 경우 2009년부터 2012년까지의 기간 동안이 의미를 가지는 것은 미국의 금융위기 직후인 2009년 1월부터 3월까지가 미국의 경제국면(economic phase)이 가장 침체기를 이 당시 즈음에 나타냈기 때문이다.
2013~2016	2013년부터 2016년까지 전산업의 인건비대영업총비용(employment costs to total operating costs)과 마찬가지로 제조업의 인건비대영업총비용이 2013년 이후 상승세를 나타냈다.

교육과 산업 등의 융합(consilience)적인 발전이 필요한 상황이다.

2002년 이후 전산업 매출액증가율이 2003년 들어 하락하고 2004년 들어 상승한 후 2005년 들어 다시 하락하고 2006년 들어 다시 상승하는 모습을 나타냈다. 한국경제가 대외의존도가 높아 해외에 수출이 잘되어야 하는 측면도 있고 아울러 국내적으로도 경기가 좋은 흐름을 보여야 일자리 창출과 고용 증가에 도움이 될 것이다.

반도체를 비롯하여 그동안 한국경제의 버팀목이 되었던 전통적인 산업과 함께 최근 블록체인을 비롯한 4차 산업혁명에 대한 관심과 투자가 이루어지고 있다. 이와 같은 블록체인을 비롯한 4차 산업혁명 분야에 있어서 단점은 잘 보완하여야 한다.

| 표 6-8 | 2002년 이후 시점별 전산업과 제조업 매출액증가율의 변화 양상 (3)

분류	내용과 특징
2002~2006	2002년 이후 전산업 매출액증가율이 2003년 들어 하락하고 2004년 들어 상승한 후 2005년 들어 다시 하락하고 2006년 들어 다시 상승하는 모습을 나타냈다. 이는 IMF사태가 내재설과 외부설 등이 혼재해 있는 바와 같이 이러한 상황이 나타날 때 국내 경제의 영향인지 또는 해외적인 요인인지 기업들은 면밀히 살펴보아야 한다. 한편 이러한 요인들이 한꺼번에 국내적인 요인과 해외적인 요인으로 복합적인 측면에서 일어날 수도 있다.
2007~2009	미국의 서브프라임 모기지(subprime mortgage) 사태에 따른 미국의 금융위기(financial crisis)가 2008년까지 한국의 전산업과 제조업 매출액증가율에 별다른 영향을 주지 않았음을 알 수 있다.
2009~2012	2010년부터 2012년까지 전산업과 제조업의 매출액증가율 동향을 살펴볼 때, 2010년 이후 하락하였으며 특히 2011년에서 2012년에 하락 정도가 심화되었음을 알 수 있었다.
2013~2016	2013년부터 2016년까지 전산업의 매출액증가율이 2015년까지 하락세를 보이다가 2016년 들어 상승폭이 확대된 것으로 나타난 것과 달리 제조업의 매출액증가율이 2013년 이후 지속적으로 좋지 않은 모습을 나타냈다.

| 그림 6-9 | 기업경영분석지표(2002~2007) 전산업 유형자산증가율(좌)과 총자산증가율(우)
의 추이   (각각의 단위: %)

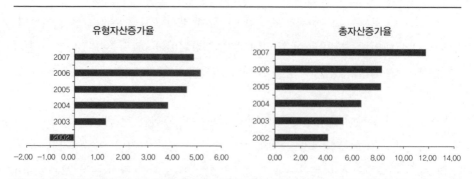

앞에서도 살펴본 바와 같이 해커(hacker)들은 이와 같은 블록체인 시스템(blockchain system)이 탈중앙화되어(decentralized) 있다는 주장에 동의를 하고 있지 않으며, 이들은 블록체인(blockchain)으로 플랫폼(platform)만 변경되었을 뿐이라고 한다. 그리고 취약점에 대한 해킹의 방법이 그대로 적용된다는 것이다. 즉, 확장의 측면과 보안성 및 탈중앙화된(decentralized) 시스템 중 한 가지라도 약해진다면 세 가지 모두에서의 영향으로 보안이 이루어지지 않는다고 주장하고 있는 것이다. 이는 4차 산업혁명의 IoT분야도 마찬가지라는 주장이 있으며, 보안성에 특별히 주의를 기울여야 플랫폼(platform)이 잘 유지될 수 있다고 주장하고 있다. 따라서 4차 산업혁명의 기술과 관련된 분야의 산업 육성도 중요하지만 취약점에 대한 보완도 병행해서 이루어져야 할 것이다.

2002년 전산업 유형자산증가율이 음(−)을 기록한 이후 2006년까지 꾸준히 상승했음을 알 수 있다. 이 자료는 경제검색의 시스템[간편 검색, 한국은행]에 따른 것이다.

전통적인 산업 이외에 블록체인을 비롯한 4차 산업혁명의 기업들에 대한 투자자들의 관심이 꾸준히 증가하고 있다. 블록체인 기술을 기반으로 하는 가상화폐(암호화폐)가 처음 도입될 당시에는 단순히 이익을 챙기려는 투자자들만의 관심이 주로 대종을 이루었지만 사람들의 관심이 늘어나면서 가치투자와 같은 개념이 투자자들 사이에서 증가하고 있다. 이와 같이 경제 주체들이 이와 같은 건전한 투자 문화를 포함한 생태계를 형성해 나가고자 노력해 나가야 한다.

| 표 6-9 | 2002년 이후 시점별 전산업과 제조업 유형자산증가율의 변화 양상 (3)

분류	내용과 특징
2002~2006	2002년 전산업 유형자산증가율이 음(−)을 기록한 이후 2006년까지 꾸준히 상승했음을 알 수 있다.
2007~2009	미국의 서브프라임 모기지(subprime mortgage) 사태에 따른 미국의 금융위기(financial crisis)가 2008년까지 한국의 전산업과 제조업 유형자산증가율에 큰 영향을 미치지 않았음을 알 수 있다.
2009~2012	2010년부터 2012년까지 전산업의 유형자산증가율을 살펴보면 2010년부터 2011년까지 소폭 상승한 후 2012년 들어 하락한 것을 알 수 있다. 하지만 2010년부터 2012년까지 제조업의 유형자산증가율을 살펴보면 지속적으로 하락 추세(trend)를 나타냈다.
2013~2016	2013년부터 2016년까지 전산업의 유형자산증가율을 살펴보면 2014년까지 지속적으로 하락한 후 2015년 들어 상승한 후 2016년 들어 다시 둔화되었다. 한편 2010년부터 2016년까지의 이와 같은 추세는 제조업의 유형자산증가율에서도 같은 모습을 나타냈다.

2002년 이후 전산업 총자산증가율이 2006년까지 꾸준히 상승하였음을 알 수 있다. 이와 같은 기업들의 투자가 꾸준히 이루어지기 위해서는 불확실성의 제거가 가장 중요한 것으로 시장에서는 판단하고 있다.

전통적인 산업 이외에 블록체인과 같은 4차 산업혁명의 분야가 투자자들의 관심을 계속 받고 있다. 특히 세계적으로 유명한 경제학자(economist)들이 가상화폐(암호화폐)에 대한 미래 전망에 있어서 낙관과 비관으로 양분되어 평가함으로써 투자자들의 관심이 증폭된 것도 사실이다. 한편 현재 가상화폐(암호화폐)는 법적으로 완비가 되어가는 단계로 투자에 대한 보호측면에서 투자자들은 주의를 해야 하며, 단순히 이익만을 챙기기 위해서 투자하는 것은 바람직하지 못하다는 것이 시장에서의 지적이다.

| 표 6-10 | 2002년 이후 시점별 전산업과 제조업 총자산증가율의 변화 양상 (3)

분류	내용과 특징
2002~2006	2002년 이후 전산업 총자산증가율이 2006년까지 꾸준히 상승하였음을 알 수 있다.
2007~2009	미국의 서브프라임 모기지(subprime mortgage) 사태에 따른 미국의 금융위기(financial crisis)가 2008년까지 한국의 전산업과 제조업 총자산증가율에 별다른 영향을 주지 않았음을 알 수 있다.
2009~2012	2010년부터 2012년까지 전산업 총자산증가율은 2011년까지는 증가세를 보인 후 2012년 들어 하락 반전되었다. 그렇지만 제조업 총자산증가율은 2010년부터 2012년까지 지속적인 하락추세에 놓여 있었다. 앞에서 살펴본 바와 같이 이후의 흐름은 비교적 나쁘지는 않은 것으로 나타났는데, 유형자산증가율과 총자산증가율이 서로 약간 다른 모습을 보이고 있는 것을 알 수 있다.
2013~2016	2013년부터 2016년 기간 동안에 걸쳐 전산업 총자산증가율은 완만하게 상승하고 있는 것으로 나타난 반면에 제조업의 총자산증가율은 2013년 이후 2015년까지 하락추세를 기록한 후 2016년 들어 회복세를 보였다.

금융재정학과
블록체인

PART

04

정부지출과
예산제약

07

정부지출과 공공재

제1절 경기와 정부지출

　미국의 경우 2007년부터 경기침체의 국면이 가속화되어 금융의 시스템적인 안정을 위하여 정부지출에 대한 요구사항들이 증가하였다. 이에 따라 미국의 경우 2008년 및 2009년 들어 균형적인 예산을 편성하기 위해 세금인상을 단행할 수밖에 없었다. 이에 따라 연방의 정부에서도 예산에 있어서의 적자 뿐 아니라 부채가 상당폭 증가하게 된 것이다.

　이러한 연방정부의 지출 증가세와 정부의 차용증가 추세는 미국의 금융위기국면과 동시에 진행된 경기의 침체국면에 따른 것이었다.

　이 때 미국 정부의 최우선 과제는 보건 및 의료부문에 자금을 조달하는 정부역할의 확대측면이었다. 이는 인구 고령화에 따른 의료비의 급증하는 지출 추세와 닿아 있다. 따라서 연방정부 뿐 아니라 주정부에서도 보건 및 의료관련 비용지출이 큰 폭의 증가세를 나타낸 것이다.

　재정학적인 측면으로 정부지출이 증가한다는 것은 결국 미래세대에 대한 세율증가 또는 전이현상으로 나타날 수 있다. 그리고 연방정부의 예산에 있어서 적자의 증가 추세가 지속되면 민간부문에 있어서 물가상승을 부채질 할 수 있는 부작용도 나타날 수 있다.

즉, 정부부문의 적자는 재정지출의 확대로 인하여 인플레이션을 초래할 수 있다는 것이다. 따라서 정부부문의 지출 확대정책도 이에 따른 경제적인 효과까지 고려하여 신중하게 이루어져야 하는 것이다.

| 표 7-1 | 경기와 정부지출

분류	내용과 특징
경기와 정부지출	미국의 경우 2007년부터 경기침체의 국면이 가속화되어 금융의 시스템적인 안정을 위하여 정부지출에 대한 요구사항들이 증가하였다.
	이에 따라 미국의 경우 2008년 및 2009년 들어 균형적인 예산을 편성하기 위해 세금인상을 단행할 수밖에 없었다.
	이에 따라 연방의 정부에서도 예산에 있어서의 적자 뿐 아니라 부채가 상당 폭 증가하게 된 것이다.
	이러한 연방정부의 지출 증가세와 정부의 차용증가 추세는 미국의 금융위기 국면과 동시에 진행된 경기의 침체국면에 따른 것이었다.
	이 때 미국 정부의 최우선 과제는 보건 및 의료부문에 자금을 조달하는 정부 역할의 확대측면이었다.
	이는 인구 고령화에 따른 의료비의 급증하는 지출 추세와 닿아 있다.
	따라서 연방정부 뿐 아니라 주정부에서도 보건 및 의료관련 비용지출이 큰 폭의 증가세를 나타낸 것이다.
	재정학적인 측면으로 정부지출이 증가한다는 것은 결국 미래세대에 대한 세율증가 또는 전이현상으로 나타날 수 있다는 것이다.
	그리고 연방정부의 예산에 있어서 적자의 증가 추세가 지속되면 민간부문에 있어서 물가상승을 부채질 할 수 있는 부작용도 나타날 수 있다.

| 그림 7-1 | 세금과 예산 적자의 관계도

미국의 경우 2007년부터 경기침체의 국면이 가속화되어
금융의 시스템적인 안정을 위하여 정부지출에 대한 요구사항들이
증가하였음

↓

미국의 경우 2008년 및 2009년 들어 균형적인 예산을 편성하기 위해
세금인상을 단행할 수밖에 없었음

↓

연방의 정부에서도 예산에 있어서의 적자 뿐 아니라
부채가 상당폭 증가하게 된 것임

| 그림 7-2 | 정부 지출과 비용의 관계도

연방정부의 지출 증가세와 정부의 차용증가 추세는
미국의 금융위기국면과 동시에 진행된 경기의 침체국면에 따른 것임

↓

미국 정부의 최우선 과제는 보건 및 의료부문에 자금을 조달하는
정부 역할의 확대측면이었음

↓

인구 고령화에 따른 의료비의 급증하는 지출 추세와 닿아 있음

기업경영분석지표(2002~2006) 전산업 매출액경상이익률(좌)의 추이(단위: %)를 살펴보면, 2002년 이후 2004년까지 증가한 이후 2005년과 2006년에는 지속적으로 감소한 것으로 나타났다. 이 자료(source)는 경제검색의 시스템[간편 검색, 한국은행]에 따른 것이다.

한국경제의 경우 전통적인 산업 이외에 블록체인을 비롯한 4차 산업혁명에 대한 꾸준한 관심이 이어지고 있다. 미국의 경우 비트코인(bitcoin) 거래에 있어 과거에는 불법행위에 대한 수단으로 활용된 적이 있지만 현재에는 투자목적의 거래

| 그림 7-3 | 민간부문과 정부 지출의 관계도

연방정부 뿐 아니라 주정부에서도 보건 및 의료관련 비용지출이
큰 폭의 증가세를 나타낸 것임

↓

재정학적인 측면으로 정부지출이 증가한다는 것은
결국 미래세대에 대한 세율증가 또는 전이현상으로 나타날 수 있다는 것임

↓

연방정부의 예산에 있어서 적자의 증가 추세가 지속되면
민간부문에 있어서 물가상승을 부채질 할 수 있는 부작용도 나타날 수 있음

| 그림 7-4 | 기업경영분석지표(2002~2006) 전산업 매출액경상이익률(좌)과 고정비율(우)의
추이   (각각의 단위: %)

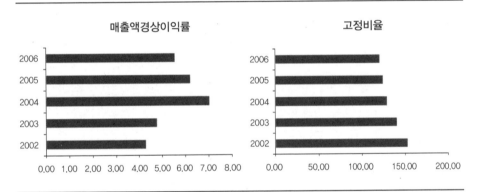

(trading)가 대부분으로 밝혀지고 있다.

기업경영분석지표(2002~2006) 전산업 고정비율(우)의 추이(단위: %)를 살펴보면,
2002년 이후 줄곧 하락추세를 나타냈다. 고정비율(fixed assets to net worth ratio)은 고
정자산(fixed assets)에 대한 자기자본(owner's capital)의 비율이며, 100%에 대하여 표준
숫자로 한다.

앞서 지적한 바와 같이 현재 진행 중인 가상화폐(암호화폐) 중 블록체인(blockchain)
의 기술(technology)을 통하여 거래내역에 대한 추적측면에서 우수한 수단이 될 수

| 그림 7-5 | 기업경영분석지표(1960~2006) 제조업 부채비율(좌)과 자기자본비율(우)의 추이

(각각의 단위: %)

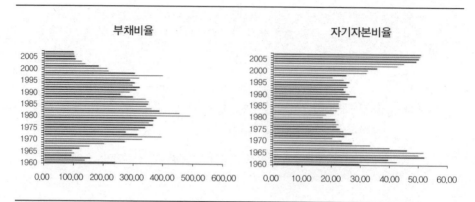

도 있다. 따라서 블록체인 기반의 산업이 발전가능성이 높다고 판단되고 있다. 따라서 투자자들도 전통산업 이외에 이러한 전통산업과 상생 발전하고 있는 4차 산업혁명 분야에 대한 관심을 증대시켜야 하는 시점이다.

2018년 하반기 들어 미국의 경우에 있어서 보호무역에 가까운 정책들이 중국과 무역전쟁 조짐 속에 한국에 대한 환율과 관세 등에 있어서, 미국정부의 정책에 대한 세밀한 정책 대응이 필요할 것으로 판단된다. 이와 같은 무역과 관련된 분쟁은 미국과 EU 간에 자동차에서 벌어지기도 하였다.

이러한 측면은 미국의 금리와 한국의 금리 역전이 지속되게 할 수도 없는 난국을 벗어나기 위해서도 중요한 것이지만, 한국은 제조업의 수출지향적인 국가로서 기업들의 생산을 위한 자금 확보를 위하여 쉽게 금리를 올리기도 어려운 구조를 갖고 있어 어려운 문제이다.

따라서 이와 같은 과제들을 해결하지 못하게 되면 기업들의 향후 매출액이나 채산성, 수익성의 악화 내지 위험으로 연결될 가능성이 크기 때문에 대내외적인 기업환경을 잘 살펴보고 대응책(counter measures)들을 찾아야 한다.

블록체인과 ICO를 비롯한 P2P대출, 인터넷전문은행, 크라우드 펀딩 육성 등과 같은 4차 산업혁명(fourth industrial revolution)과 관련된 은산분리의 적용 등의 의견수렴이 학계를 비롯한 산업계 등에서 활발한 토론으로 이어가고 있는 것이 2018년 하반기의 상황이다.

| 표 7 – 2 | 1960년 이후 시점별 전산업과 제조업 부채비율의 변화 양상 (4)

분류	내용과 특징
1960~2007	10960년부터 2007년까지의 제조업의 부채비율의 변화 양상을 보면 한국의 경제가 무역의 확대 등으로 커진 1980년대와 1997년의 IMF 긴급융자를 받을 당시에 높아졌고, 2000년대 이후 급격히 낮아지는 추세를 알 수 있다. 한편 2002년 이후 전산업 부채비율이 지속적으로 낮아진 것을 알 수 있었다. 이는 한국이 IMF사태를 거치면서 기업들의 부채비율을 낮추려는 경영전략적인 노력도 하나의 계기가 된 것으로 판단되고 있다.
2007~2008	2007년부터 2010년 사이의 전산업과 제조업의 부채비율은 2008년 들어 급증한 후 2009년 이후 낮아지는 추세를 나타냈다. 이에 따라 미국의 서브프라임 모기지(subprime mortgage) 사태에 따른 금융위기가 한국경제 및 금융에 대한 나쁜 영향을 준 시기로 파악되는 시기이다.
2009~2012	제조업의 부채비율은 2009년부터 2010년까지 낮아진 다음 2011년 다시 상승 반전되었다. 또한 제조업의 부채비율은 2012년까지 큰 폭으로 하락하였음을 알 수 있다. 이러한 흐름은 2013년 이후 최근까지 이어지고 있는 것이다.
2013~2016	전산업과 제조업에 있어서 부채비율이 지속적으로 낮아지고 있는 것과 같이 미국의 금융위기(financial crisis) 직후인 2009년부터 2012년까지의 기간 동안을 대상으로 살펴보았을 때에도 전산업의 부채비율이 계속적으로 낮아졌음을 알 수 있던 시기였다.

이와 같은 블록체인을 기반으로 하는 가상화폐(암호화폐) 시장의 경우 미국을 중심으로 하는 선진국 이외에도 태국의 경우 중앙은행이 자국의 은행들이 가상화폐(암호화폐)를 거래하는 자회사(subsidary company)를 세울 수 있게 하겠다고 2018년 하반기 들어 천명하고 있다.

그리고 새로운 융합산업의 제조업과 관련된 로봇과 2차전지, 자율주행차, 드론, 인공지능(artificial intelligent), 3D 프린팅, 신재생에너지 등과 같은 4차 산업혁명 분야에 대해서도 세밀한 분석과 차세대 동력산업으로서의 가능성이 높을 경우 투자확대가 이루어지도록 하는 산업정책적인 패러다임의 전환이 필요한 상황이다.

또한 이와 같은 상황에 맞는 미국과 같은 실질적인 학생들의 주도 학습과 거꾸로 교실과 같은 플립러닝(flipped learning) 방식으로의 전환 등도 검토하는 교육혁신이 이루어져야 한다고 시장에서는 미래의 한국경제를 위하여 내다보고 있다. 이는 실제적인 4차 산업혁명 분야의 우수한 양질의 인력을 배출하여 지속가능한 대한민국 경제에 근간이 되기 때문이다.

그리고 블록체인 기술을 잘 활용한 한국의 의료서비스의 기술 우위를 바탕으로 하는 의료관광과 원격의료(U-Health)산업 체계의 발전 등도 4차 산업혁명과 연계되어 발전을 해 나가야 할 분야로 손꼽히고 있다.

예를 들어 미국의 유수 대학들은 실질적인 플립러닝(flipped learning) 방식으로 이루어져 4차 산업혁명과 관련된 로봇과 자율주행차, 인공지능, 드론, U-Health 등과 같이 새로운 패러다임에 의한 학문 간의 융합이 자연스럽게 연결되도록 하고 있는 것이 현실이다.

따라서 교육혁신은 강의실에서만 수업이 이루어지는 방식이 아니라 학생들이 예습을 통하여 이미 내용을 파악하고 학교에서는 토론식 수업이 이루어지는 실질적인 플립러닝, 즉 일명 '거꾸로 하는 학습' 등의 형태에 대하여 관련 학계와 산업계의 연구진들이 필요성을 역설한다.

이와 같은 교육혁신(education innovation)을 통하여 향후 한국의 초일류의 반도체 이후 차세대 먹거리 산업을 만들어낼 수 있으며, 이에 맞는 우수한 인력을 양성해 낼 수 있을 것으로 시장에서는 예측하고 있다.

한국경제에 가장 큰 영향을 주고 있는 미국의 경제정책을 살펴보면, 적극적인 국내투자 유인책을 내세우고 있는데, 이와 같은 정책도 벤치마킹할 필요성이 있다. 그리고 미국의 실리콘밸리(silicon vallry)와 같은 벤처투자의 산실의 경우 양질의 일자리 창출과 맞물려 있고, 스마트공장(smart factory)과 같은 새로운 산업의 발전으로 블록체인을 비롯한 4차 산업혁명과 연결되어 있다. 이와 같은 혁신적인 시스템을 잘 갖출 수 있는 교육과 산업 등의 융합적인 발전이 필요한 현실이다. 이 자료는 경제검색의 시스템[간편 검색, 한국은행]에 따른 것이다.

1960년부터 2007년까지의 제조업의 자기자본비율의 변화 양상을 살펴보면 한국의 경제가 무역의 확대 등으로 커진 1980년대와 1997년의 IMF 긴급융자를 받을 당시에 낮아졌고, 2000년대 이후 급격히 높아지는 추세를 보이고 있다.

전통적인 산업 이외에 세계적으로 블록체인을 비롯한 4차 산업혁명과 유관한 기업들에 대한 관심도 증가하고 있는 가운데, 앞서 지적한 바와 같이 2018년 하반기 들어 태국의 경우 중앙은행이 자국의 은행들이 가상화폐(암호화폐)를 거래하는

| 표 7-3 | 1960년 이후 시점별 전산업과 제조업 자기자본비율의 변화 양상 (4)

분류	내용과 특징
1960~2007	1960년부터 2007년까지의 제조업의 자기자본비율의 변화 양상을 살펴보면 한국의 경제가 무역의 확대 등으로 커진 1980년대와 1997년의 IMF 긴급융자를 받을 당시에 낮아졌고, 2000년대 이후 급격히 높아지는 추세를 보이고 있다.
2002~2006	2002년 이후 전산업 자기자본비율이 지속적으로 높아진 것을 알 수 있다. 이것은 한국이 IMF사태를 거치면서 기업들의 부채비율을 낮추려는 경영 전략적인 노력도 하나의 계기가 된 것으로 판단되고 있다.
2007~2008	전산업과 제조업의 자기자본비율이 2008년 들어 낮아졌는데, 이는 미국의 서브프라임 모기지(subprime mortgage) 사태에 따른 금융위기가 한국경제 및 금융에 대하여 나쁜 영향을 주었음을 나타내고 있는 것이다.
2009~2012	미국의 금융위기 직후인 2009년부터 2012년까지의 기간 동안을 대상으로 살펴보았을 때 전산업의 자기자본비율이 계속적으로 높아졌음을 알 수 있었으며, 제조업의 자기자본비율도 2011년을 제외하고는 계속적으로 상승한 시기이다.
2013~2016	전산업과 제조업의 자기자본비율이 2013년 이후 2016년까지 계속적으로 상승하였다.

자회사(subsidary company)를 세울 수 있게 하겠다고 발표하였다. 단지 은행들 전체와 타 금융회사들이 가상화폐(암호화폐)를 직접적인 방법으로 거래할 수 없으며, 또한 일반인과의 거래도 할 수 없도록 명시되어 있다. 태국의 증권거래위원회의 승인을 받는 기업들만 거래가 가능한 것으로 알려지고 있다.

이와 같이 블록체인 기반의 가상화폐(암호화폐)의 경우 미국과 같은 선진국 이외의 국가에 있어서도 제도적인 정비를 해나가고 있으므로 기업들의 경영환경적인 측면에서 고려해 보아야 할 것이다.

한국의 경우 핀테크 산업의 육성과 관련하여 인터넷전문은행의 은산분리에 대한 규제완화와 관련하여 긍정적인 검토가 2018년 하반기 들어 진행 중에 있는 상황이다. 이와 같이 한국도 핀테크 산업의 중요성을 인식하고 있으며, 이에 대한 경제주체들의 관심도도 증가하고 있는 상황이다.

　　<그림 7-6>에는 생산가능곡선과 공공재 및 사적재의 생산 관계에서와 같이 공공재(public goods)를 얼마나 생산하고, 사적재(private goods)를 어느 정도 생산하는 것이 적정한가와 관련하여 그동안 재정학(public economics)에서는 많은 연구가 있어 왔다.

　　미국의 2008년 금융위기 기간 동안의 비유에서와 같이 특수한 경우에 있어서는 어쩔 수 없이 공공재의 투자규모를 확대하는 것이 불가피하다. 이는 케인지안의 경제정책에 대한 일반적인 이론의 정리에서도 지적된 바 있다.

　　하지만 그렇다고 정부지출을 무한정 늘릴 수도 없는 것이다. 이는 사적재, 즉 민간재에 대한 위축을 가져오기 때문이다. 세금의 증액은 결국 민간부문에 대한 생산 위축을 초래하게 된다. <그림 7-6>에서와 같이 생산가능곡선상에 C점에서 B점으로 이동한다고 하자. 이는 민간 부문에 있어서 X축의 d점에서 c점으로의 이동을 의미하여 민간부문의 위축이 불가피한 것이다. 반면에 Y축을 살펴볼 때, b점에서 a점으로 이동하게 되어 결국 공공재의 생산량은 증대될 수 있는 것이다. 이와 같은 생산에는 자본과 노동의 두 가지 생산요소만이 있다고 가정하고

|그림 7-6| 생산가능곡선과 공공재 및 사적재의 생산 관계[2]

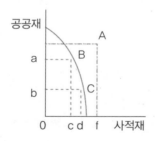

---

2 Dasgupta, D. and J.-I. Itaya(1992), "Comparative statics for the private provision of public goods in a conjectural variations model with heterogeneous agents", *Public Finance*, 47.

분석한 것이다.

만일 A점과 같이 생산가능곡선 밖에 놓여 있을 경우에는 어떠할까? 이는 명백히 생산이 불가능할 수밖에 없는 것이다. 현재의 자본과 노동을 가지고 도달할 수 없는 영역이기 때문이다. 만일 기술혁신이 일어나서 생산가능곡선이 0점에서 더 멀리 이동해서 A점을 지나가게 된다면 이 점에서 공공재와 사적재를 생산해 낼 수 있다.

<그림 7-7>에는 무차별적인 곡선과 공공재 및 사적재의 관계가 나와 있다. 어떤 특정 사람이 구매를 할 때, 공공재화를 Y축에서는 b만큼 구매하고 X축에서 사적재를 d만큼 구매(무차별적인 곡선상 B점)한다고 하자. 그런데 이 특정 사람은 공공재화를 Y축에서 c만큼 구매하고 사적재를 X축에서 f만큼 구매할 때 먼저와 동일한 만족감을 얻는다고 가정(무차별적인 곡선상 C점)하자. 이럴 경우 B점과 C점을 지나가는 동일한 무차별적인 곡선에 같이 있게 되어 동일한 만족감을 갖고 있다고 표현할 수 있다.

그런데 A점을 지나는 것과 B점과 C점을 지나가는 무차별적인 곡선을 비교하면 어떨까? A점의 경우 B점의 경우보다 수직선과 수평선을 그었을 때 공공재와 사적재 모두 더 많이 구매할 수 있다. 경제학은 다다익선이라는 '많으면 많을수록 좋다'는 것을 가정하고 있으므로 B점과 C점이 지나가는 무차별적인 곡선보다 한

| 그림 7-7 | 무차별적인 곡선과 공공재 및 사적재의 관계[3]

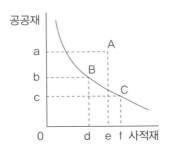

3 Davies, J.B. and P. Kuhn(1992), "Social security, longevity, and moral hazard", *Journal of Public Economics,* 49.

| 그림 7-8 | 기업경영분석지표(1960~2006) 제조업 차입금의존도(좌)와 유동비율(우)의 추이

(각각의 단위: %)

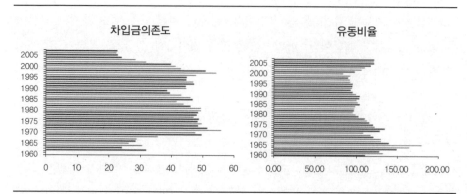

차원 높은 수준에 있게 된다. 즉, 무차별적인 곡선이 0점에서 멀어질수록 더 만족감은 커질 수 있고, 그러한 점을 지나가는 곡선은 더 높은 만족감을 가져다 주는 더 높은 수준의 무차별적인 곡선의 형태로 이동하게 되는 것이다.

미국의 금리와 한국의 금리 역전이 지속되게 할 수도 없는 난국을 벗어나기 위해서도 중요한 것이지만, 한국은 제조업의 수출지향적인(exporting oriented) 국가로서 기업들의 생산을 위한 자금(finance) 확보를 위하여 쉽게 금리를 올리기도 어려운 구조를 갖고 있어 어려운 문제이다.

이에 따라 이와 같은 과제들을 해결하지 못하게 되면 기업들의 향후 매출액이나 채산성, 수익성의 악화 내지 위험으로 연결될 가능성이 크기 때문에 대내외적인(external and internal) 기업환경을 잘 살펴보고 대응책을 강구해 나가야 한다.

블록체인(blockchain)과 ICO를 비롯한 P2P대출, 인터넷전문은행, 크라우드 펀딩 육성, 가상화폐(암호화폐, cryptocurrency) 등과 같은 4차 산업혁명과 관련된 은산분리의 적용 등의 의견수렴이 학계를 비롯한 산업계 등에서 활발한 토론으로 이어가고 있는 것이 2018년 하반기의 현실적인 상황이다.

2018년 하반기 들어 블록체인을 기반으로 하는 크립토(crypto) 게임하기를 통하여 가상화폐(암호화폐, cryptocurrency)의 분야를 통하여 상당한 금액의 이더리움(ethereum)과 암호화폐(cryptocurrency)를 벌어들이기도 한다. 이와 같은 게임의 형태도 블록체인 기술을 기반으로 하는 가상화폐(암호화폐)의 관심으로 늘리는 데 도움이 될 것으로 보인다.

또한 새로운 융합산업의 제조업과 관련된 로봇과 2차전지, 자율주행차, 드론, 인공지능, 3D 프린팅(printing), 신재생에너지 등과 같은 4차 산업혁명 분야에 대해서도 면밀한 분석과 차세대 동력산업으로서의 가능성이 높을 경우 투자확대가 이루어지도록 하는 산업정책적인 패러다임의 전환이 필요한 실정이다.

그리고 이와 같은 상황에 맞는 미국과 같이 실질적인 학생들의 주도 학습과 거꾸로 교실과 같은 플립러닝(flipped learning) 방식으로의 전환 등도 검토하는 교육혁신이 이루어져야 한다고 이 분야와 관련된 시장에서는 미래의 한국경제를 위하여 내다보고 있다. 이것은 실제적인 4차 산업혁명 분야의 우수한 양질의 인력을 배출하여 지속가능한 대한민국 경제(economy)에 근간이 되기 때문이다.

또한 블록체인 기술(blockchain technology)을 잘 활용한 한국 의료서비스의 기술우위를 바탕으로 하는 의료관광과 U-Health산업 체계의 발전 등도 4차 산업혁명과 연계되어 발전을 해 나가야 할 분야로 꼽히고 있다.

예로써 미국의 유수 대학들은 실질적인 플립러닝(flipped learning) 방식으로 이루어져 4차 산업혁명과 관련된 로봇과 자율주행차, 인공지능, 드론, U-Health 등과 같이 새로운 패러다임에 의한 학문 간의 융합이 자연스럽게 연결되도록 하고 있는 것이 현실이다.

그래서 교육혁신(eucation innovation)은 강의실에서만 단순히 수업이 이루어지는 방식이 아니라 학생들이 예습을 통하여 이미 내용을 파악하고 학교에서는 토론식 수업이 이루어지는 실질적인 플립러닝, 즉 일명 '거꾸로 하는 학습' 등의 형태에 대하여 관련 학계와 산업계의 연구진들이 필요성을 역설한다.

이러한 교육혁신을 통해 향후 한국의 초일류의 반도체 이후 차세대 먹거리 산업을 만들어낼 수 있으며, 이에 맞는 우수한 인력을 양성해 낼 수 있을 것으로 시장에서는 예측(prediction)하고 있다.

한국경제(Korea economy)에 가장 큰 영향을 주고 있는 미국의 경제정책을 살펴보면, 적극적인 국내투자 유인책을 내세우고 있는데, 이와 같은 정책도 벤치마킹(benchmarking)할 필요성이 있다. 또한 미국의 실리콘밸리와 같은 벤처투자(venture investment)의 산실의 경우 양질의 일자리 창출과 맞물려 있고, 스마트공장과 같은 새로운 산업의 발전으로 블록체인을 비롯한 4차 산업혁명(fourth industrial revolution)과

| 표 7-4 | 1962년 이후 시점별 전산업과 제조업 차입금의존도의 변화 양상 (4)

분류	내용과 특징
1962~2006	2002년 이후 전산업 차입금의존도가 지속적으로 낮아진 것을 알 수 있었다. 1962년 이후 제조업 차입금의존도도 1970년대 이후 낮아지는 추세를 보이다가 1997년 IMF사태를 거치면서 2000년대 이후 상당히 낮아지는 것을 알 수 있다. 이것은 한국이 IMF사태를 거치면서 기업들의 부채비율을 낮추려는 경영전략적인 노력도 하나의 계기가 된 것으로 판단된다.
2007~2008	전산업과 제조업 차입금의존도가 2008년 들어 높아졌는데, 이는 미국의 서브프라임 모기지(subprime mortgage) 사태에 따른 금융위기가 한국경제 및 금융에 대하여 나쁜 영향을 미쳤음을 시사하고 있는 것이다.
2009~2012	전산업에 있어서 차입금의존도가 2009년부터 2012년까지를 살펴볼 때 2011년 이후 31.92%로 낮아졌다. 반면에 제조업 차입금의존도가 2010년까지 낮아졌다가 다시 2012년까지 상승하는 국면을 보였다.
2013~2016	전산업 및 제조업의 차입금의존도가 2014년 이후 지속적으로 낮아지는 추세를 보였다.

연결되어 있다. 이러한 혁신적인 시스템(innovative system)을 잘 갖출 수 있는 교육(education)과 산업(industry) 등의 융합적인 발전이 필요하다는 측면이 현실적으로 중요해지고 있다. 이 자료(source)는 경제검색의 시스템[간편 검색, 한국은행]에 따른 것이다.

2002년 이후 전산업 유동비율이 지속적으로 높아진 것을 알 수 있다. 제조업 유동비율이 1970년대 이후 지속적으로 하향추세를 보인 후 IMF사태를 거친 2000년대 이후 가파르게 높아졌음을 알 수 있다.

2018년 하반기 들어 한국의 경우 가상화폐(암호화폐, cryptocurrency) 분야에 대한 양질의 일자리가 계속적으로 증가하고 있다. 이는 전통적인 산업과 병행하여 블록체인 기술을 기반으로 하는 가상화폐(암호화폐) 그리고 기타 4차 산업혁명 분야의 일자리가 양질의 일자리를 새롭고 창의적으로 창출해 내고 있다는 취업시장에 반가운 소식으로 판단된다.

| 표 7-5 | 1960년 이후 시점별 전산업과 제조업 유동비율의 변화 양상 (4)

분류	내용과 특징
1960~2006	2002년 이후 전산업 유동비율이 지속적으로 높아진 것을 알 수 있다. 제조업 유동비율이 1970년대 이후 지속적으로 하향추세를 보인 후 IMF사태를 거친 2000년대 이후 가파르게 높아졌음을 알 수 있다. 이것은 한국이 IMF사태를 거치면서 기업들의 부채비율을 낮추려는 경영전략적인 노력도 하나의 계기가 된 것으로 판단된다.
2007~2008	전산업과 제조업 모두의 유동비율이 2008년 들어 낮아졌다. 이는 미국의 서브프라임 모기지(subprime mortgage) 사태에 따른 금융위기가 한국경제 및 금융에 대하여 나쁜 영향을 주었다는 것으로 판단된다.
2009~2012	2009년부터 2012년까지를 살펴볼 때 전산업과 제조업 각각 2010년과 2009년 이후 개선 추세가 뚜렷하게 진행되었음을 알 수 있다.
2013~2016	전산업의 경우에 있어서 기업들의 유동비율이 2013년 이후 2016년까지 지속적으로 높아지고 있어서 부채를 진 후 갚을 수 있는 능력이 개선되고 있음을 알 수 있었고, 제조업의 경우에 있어서도 이러한 추세가 그대로 진행되었음을 알 수 있었다.

| 그림 7-9 | 기업경영분석지표(1960~2006) 제조업 매출액영업이익률(좌)과 매출액세전순이익률(우)의 추이   (각각의 단위: %)

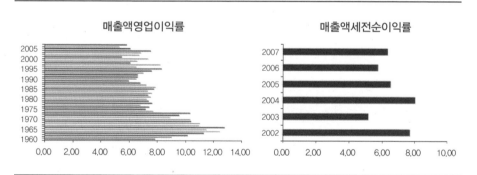

| 표 7-6 | 1960년 이후 시점별 전산업과 제조업 매출액영업이익률의 변화 양상 (4)

분류	내용과 특징
1960~2006	2002년 이후 전산업 매출액영업이익률이 2004년까지 양호한 흐름을 보인 후 2006년까지 낮아지는 양상을 나타냈다. 이것은 IMF사태가 내재설과 외부설 등이 혼재해 있는 바와 같이, 기업들은 이러한 상황이 국내 경제의 영향인지 또는 해외적인 요인인지 잘 살펴보아야 한다. 이것이 아니면 국내적인 요인과 해외적인 요인이 복합적으로 작용할 수도 있다. 한편 1970년대 이후 제조업 매출액영업이익률이 추세적으로는 낮아지는 모습을 나타냈다.
2007~2008	전산업 매출액영업이익률이 2008년 들어 낮아졌고 제조업 매출액영업이익률도 약간 늘어나는 데에 그친 것을 알 수 있다. 이는 미국의 서브프라임 모기지(subprime mortgage) 사태에 따른 미국의 금융위기가 한국경제 및 금융에 대하여 나쁜 영향을 미쳤음을 나타내고 있는 것이다.
2009~2012	2009년부터 2012년까지 전산업과 제조업의 매출액영업이익률의 경우 2010년 이후 하락 추세(trend)를 나타냈다.
2013~2016	2013년부터 2016년 기간 동안 전산업의 매출액영업이익률이 증가세를 보였고, 제조업의 경우에 있어서도 2014년 이후 증가 추세(trend)를 나타냈다.

이 자료는 경제검색의 시스템[간편 검색, 한국은행]에 따른 것이다. 전통적인 산업 이외에 2018년 하반기 들어 블록체인을 비롯한 4차 산업혁명 분야에 고급의 일자리들이 창출되고 수요가 부족한 상황을 나타내고 있다. 이는 4차 산업혁명 분야들이 향후 한국경제의 근간이 될 수도 있는 청신호로 받아들일 수 있겠다. 하지만 금융당국은 블록체인 기술을 기반으로 하는 가상화폐(암호화폐, cryptocurrency) 거래소에 대하여 지능적인 공격이 정황상 이루어지고 있어 주의가 필요한 것으로 판단된다.

2002년 이후 전산업 매출액영업이익률이 2004년까지 양호한 흐름을 보인 후 2006년까지 낮아지는 양상을 나타냈다. 전산업과 제조업 매출액세전순이익률의 경우에도 2003년까지 낮아졌다가 2004년 다시 양호한 모습을 보인 이후 2005년부터 감소하는 모습을 보였다.

앞에서 언급한 바와 같이 2018년 하반기 들어 전통적인 산업 이외에 블록체인

| 표 7-7 | 2002년 이후 시점별 전산업과 제조업 매출액세전순이익률의 변화 양상 (4)

분류	내용과 특징
2002~2006	2002년 이후 전산업 매출액영업이익률이 2004년까지 양호한 흐름을 보인 후 2006년까지 낮아지는 양상을 나타냈다. 전산업과 제조업 매출액세전순이익률의 경우에도 2003년까지 낮아졌다가 2004년 다시 양호한 모습을 보인 이후 2005년부터 감소하는 모습을 보였다. 이와 같은 현상은 IMF사태가 내재설과 외부설 등이 혼재해 있는 바와 같이 이러한 상황이 국내경제의 영향인지 또는 해외적인 요인인지 기업들은 잘 살펴보아야 한다. 이것이 아니면 국내적인 요인과 해외적인 요인이 복합적으로 작용할 수도 있는 것이다.
2007~2008	전산업과 제조업 매출액세전순이익률이 2008년 들어 낮아졌는데, 이는 미국의 서브프라임 모기지(subprime mortgage) 사태에 따른 미국의 금융위기(financial crisis)가 한국경제 및 금융에 대하여 좋지 않은 영향을 주었음을 나타내 주고 있는 것이다.
2009~2012	2009년부터 2012년까지 전산업의 매출액세전순이익률은 2010년까지 상승한 후 2012년까지 하락 추세를 나타냈다. 그리고 제조업의 매출액세전순이익률은 2010년까지 6.96%까지 상승한 후 2011년 하락 반전을 나타냈고 2012년 들어 소폭의 증가 추세로 5.24%를 나타낸 바 있다.
2013~2016	전산업의 매출액세전순이익률이 2013년 이후 2016년까지 지속적으로 상승 추세를 나타냈으며, 제조업의 매출액세전순이익률도 2014년 이후 들어 증가 추세를 보였다.

을 비롯한 4차 산업혁명 분야에 고급의 일자리들이 창출되고 수요가 부족한 상황이 나타나고 있다. 이것은 4차 산업혁명 분야들이 향후 한국경제의 근간이 될 수도 있는 청신호로 받아들일 수 있다. 하지만 금융당국은 블록체인 기술을 기반으로 하는 가상화폐(암호화폐, cryptocurrency) 거래소에 대하여 지능적인 공격이 정황상 이루어지고 있어 주의가 필요한 것으로 보고 있다. 이에 따라 체계적으로(systematically) 위협적인 정보(information)를 분석하는 시스템을 공유해 나갈 계획을 가지고 있다.

예산의 제약과 소득, 노동

제1절 예산의 제약과 소비자의 균형

| 그림 8-1 | 예산의 제약[4]

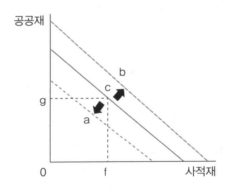

<그림 8-1>에는 예산의 제약이 나타나 있다. 여기서는 c점을 지나는 예산
선(budget constraint line)을 가정해 볼 수 있다. 이 경우 이에 해당하는 예산을 가지고

---

4 Carmichael, J.(1982), "On Barro's theorem of debt neutrality: the irrelevance of net wealth", *American Economic Review*, 72.

공공재에 대하여 g단위만큼 구매하고 사적재에 대하여 f단위만큼 구매하는 한 국가의 경제를 가정해 볼 수 있다.

만일 경기침체국면으로 세수가 적게 징수되고 긴축재정을 한다고 가정하면 c점에서 예산은 a점으로 원점에 가깝게 이동하게 된다. 그리고 반대로 경기가 호황이고 세금이 더 많이 징수되게 되고 예산이 늘어나게 되면 c점에서 b점으로 증가해 나가게 된다.

이제는 <그림 8-2>에서 예산선(budget constraint line)에 무차별적인 곡선(indifferent curve)을 도입하여 소비자의 균형점에 대한 분석을 하기로 한다. 한 국가에서 공공재는 r단위만큼 구매하고 사적재는 s단위만큼 구매한다고 가정하자. 이 때 x점에서는 예산선(budget constraint line)과 무차별적인 곡선(indifferent curve)이 만나 소비자의 균형(consumer's equilibrium)이 달성되고 있다.

한편 <그림 8-1>에서도 지적한 바와 같이 경기가 호황이어서 예산선이 원점에서 더 멀어지면 m점에서 예산선(budget constraint line)과 무차별적인 곡선(indifferent curve)이 만나 소비자의 균형(consumer's equilibrium)이 달성되고 있다고 해 가정해 볼 수 있다.

|그림 8-2| 소비자의 균형점에 대한 분석[5]

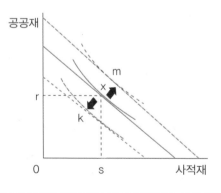

---

[5] Christiansen, V.(1988), "Choice of occupation, tax incidence and piecemeal tax revision", *Scandinavian Journal of Economics*, 90.

| 그림 8-3 | 기업경영분석지표(1960~2006) 제조업 이자보상비율(좌)과 금융비용부담률(우)의
추이 (각각의 단위: %)

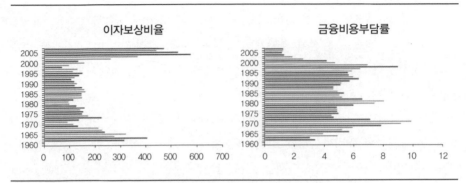

반면에 경기가 불황이어서 예산선이 원점에 더 가까워지면 k점에서 예산선(budget constraint line)과 무차별적인 곡선(indifferent curve)이 만나 소비자의 균형(consumer's equilibrium)이 달성될 수 있다. 이와 같이 한 국가 내의 공공재와 사적재를 얼마나 구매할 수 있는가는 경제사정에 따라 호황과 불황국면에 있어서 예산이 어느 정도인가에 따라 달라질 수 있다.

앞에서도 언급한 바와 같이 이자보상비율 혹은 이자보상배율은 영업이익(operating profit)을 지급이자의 비용(cost)으로 나누면 계산할 수 있다. 이 자료(source)는 경제검색의 시스템[간편 검색, 한국은행]에 따른 것이다.

블록체인과 ICO를 비롯한 P2P대출, 인터넷전문은행, 크라우드 펀딩 육성, 가상화폐(암호화폐, cryptocurrency) 등과 같은 4차 산업혁명(fourth industrial revolution)과 관련된 은산분리의 적용 등의 의견수렴이 학계를 비롯한 산업계 등에서 활발한 토론으로 이어가고 있는 것이 2018년 하반기의 현실이다.

블록체인을 비롯한 4차 산업혁명의 분야에서 인력수요가 증가하고 있으며, 특히 고급의 일자리들이 생성되고 있다. 이는 향후 한국경제에 이들 분야가 견인차의 역할을 해 나갈 수 있을 것으로 전망되고 있다. 특히 앞에서도 언급한 바와 같이 2018년 하반기 들어 급진전적으로 전개되고 있는 인터넷전문은행의 은산분리의 규제가 완화된다면 더욱 많은 양질의 일자리가 생성될 것으로 시장의 관계자들은 예상하고 있는 상황이다.

그리고 새로운 융합산업의 제조업과 관련된 로봇(robot)과 2차전지, 자율주행차, 드론, 인공지능, 3D 프린팅, 신재생에너지(new and renewable energy) 등과 같은 4차 산업혁명 분야에 대해서도 면밀한 분석과 차세대 동력산업으로서의 가능성이 높을 경우 투자확대가 이루어지도록 하는 산업정책적인 패러다임의 전환이 필요한 상황이다.

또한 미국과 같이 이와 같은 상황에 맞는 실질적인 학생들의 주도 학습과 거꾸로 교실과 같은 플립러닝(flipped learning) 방식으로의 전환 등도 검토하는 교육혁신(education innovation)이 이루어져야 한다고 이 분야와 관련된 시장(market)에서는 미래의 한국경제(Korea economy)를 위하여 내다보고 있다. 이는 실제적인 4차 산업혁명 분야의 우수한 양질의 인력을 배출해 지속가능한 대한민국 경제에 버팀목이 될 것으로 예상하고 있기 때문이다.

| 표 8-1 | 1962년 이후 시점별 전산업과 제조업 이자보상비율의 변화 양상 (4)

분류	내용과 특징
1962~2006	2002년 이후 전산업 이자보상비율이 2004년까지 양호한 흐름을 보인 후 2006년까지 낮아지는 양상을 나타냈다. 이는 IMF사태가 내재설과 외부설 등이 혼재해 있는 바와 같이 이와 같은 상황이 국내 경제의 영향인지 또는 해외적인 요인인지 기업들은 잘 살펴보아야 한다. 이것이 아니면 국내적인 요인과 해외적인 요인이 복합적으로 작용할 수도 있다. 1960년 이후 제조업 이자보상비율은 1970년대 이후 지속적인 하향 추세를 나타내다가 1997년 IMF사태를 겪은 이후 2000년대 이후 급격하게 증가 추세를 나타냄을 알 수 있다.
2007~2008	전산업과 제조업 이자보상비율이 2007년에서 2008년 들어 낮아졌는데, 이는 미국의 서브프라임 모기지(subprime mortgage) 사태에 따른 미국의 금융위기(financial crisis)가 한국경제 및 금융에 대하여 좋지 않은 영향을 나타냈음을 보여주고 있다.
2009~2012	2009년에서 2010년에는 전산업과 제조업의 이자보상비율이 높아졌다가 이후 2012년까지는 하락하는 추세(trend)를 나타냈다.
2013~2016	2013년부터 2016년까지 전산업과 제조업의 이자보상비율이 지속적으로 상승 추세(trend)를 나타냈음을 알 수 있다.

그리고 블록체인 기술을 활용한 한국의 의료서비스(medical service)의 기술 우위를 바탕으로 하는 의료관광과 U-Health산업 체계의 발전 등도 4차 산업혁명과 연계되어 발전을 해 나가야 할 분야로 손꼽히고 있다.

예를 들어 미국의 유수 대학들은 실질적인 플립러닝(flipped learning) 방식으로 이루어져 4차 산업혁명과 관련된 로봇과 자율주행차, 인공지능(artificial intelligent), 드론, U-Health 등과 같이 새로운 패러다임에 의한 학문 간의 융합(consilience)이 자연스럽게 연결되도록 하고 있는 것이 현실적인 상황이다.

따라서 교육혁신은 강의실에 의해서만 단순히 수업이 이루어지는 방식이 아니라 학생들이 예습을 통하여 이미 내용을 파악하고 학교에서는 토론식 수업이 이루어지는 실질적인 플립러닝, 즉 일명 '거꾸로 하는 학습' 등의 형태에 대하여 관련 학계와 산업계의 연구진들은 필요하다고 판단하고 있다는 것이다.

이와 같은 교육혁신(education innovation)을 통해 추후 한국의 초일류의 반도체 이후의 차세대 먹거리 산업을 만들어낼 수 있으며, 이에 맞는 우수한 인력을 양성해낼 수 있을 것으로 시장에서는 내다보고 있다.

| 표 8-2 | 1962년 이후 시점별 전산업과 제조업 금융비용부담률의 변화 양상 (4)

분류	내용과 특징
1962~2006	2002년 이후 전산업 금융비용부담률이 지속적으로 낮은 양상을 보였다. 한편 제조업 금융비용부담률은 1970년대 이후 지속적으로 낮아지다가 1997년 IMF사태 때 증가하고 2000년대 들어 급락하고 있는 것을 알 수 있다.
2007~2009	전산업과 제조업 금융비용부담률이 2008년과 2009년 들어 계속 높아졌는데, 이는 미국의 서브프라임 모기지(subprime mortgage) 사태에 따른 미국의 금융위기(financial crisis)가 한국경제 및 금융에 대하여 나쁜 영향을 주었음을 나타냈다.
2009~2012	2009년부터 2012년까지의 전산업과 제조업의 금융비용부담률도 비슷한 환경(environment)으로 나쁘지 않음을 알 수 있다.
2013~2016	2013년부터 2016년까지의 전산업 금융비용부담률이 낮아지고 있는 추세(trend)를 나타냈는데, 제조업 금융비용부담률의 경우에 있어서도 동일한 추세(trend)를 보인 바 있다.

한편 한국경제에 가장 큰 영향을 주고 있는 미국의 경제정책을 살펴보면, 적극적인 국내투자(domestic investment)의 유인책을 내세우고 있는데, 이와 같은 정책도 벤치마킹할 필요가 있다. 그리고 미국의 실리콘밸리(silicon valley)와 같은 벤처투자의 산실의 경우 양질의 일자리 창출과 맞물려 있고, 스마트공장(smart factory)과 같은 새로운 산업의 발전으로 블록체인을 비롯한 4차 산업혁명과 연결되어 있다. 이와 같은 혁신적인 시스템을 잘 갖출 수 있는 교육 뿐 아니라 산업 등의 융합적인 발전(development)이 필요하다는 측면이 중요해지고 있다.

2002년 이후 전산업 금융비용부담률이 지속적으로 낮은 양상을 보였다. 한편 제조업 금융비용부담률은 1970년대 이후 지속적으로 낮아지다가 1997년 IMF사태 때 증가하고 2000년대 들어 급락하고 있는 것을 알 수 있다. 이는 세계적인 저금리 속에서 금융비용부담률도 지속적으로 낮아진 것으로 판단된다.

전통적인 산업에 이어 블록체인 기술을 기반으로 하여 가상화폐(암호화폐) 시장과 같은 4차 산업혁명의 분야들이 양질의 일자리를 생성해 내고 있다. 2018년 하반기 들어 스위스의 마어키바우만(Maerki Baumann)이라는 은행이 두 번째 가상화폐(암호화폐)의 자산 수용을 시사하고 있다. 이와 같이 각국들은 가상화폐(암호화폐)의 미래를 내다보고 많은 관심들을 지속해 나가고 있다.

2002년 이후 전산업 차입금평균이자율이 2004년까지 하락하는 양상을 보인 후 2006년까지 상승하는 모습을 나타냈다. 한편 1971년 이후 제조업 차입금평균이

| 그림 8-4 | 기업경영분석지표(1960~2006) 제조업 차입금평균이자율(좌)과 인건비대매출액(우)의 추이 (각각의 단위: %)

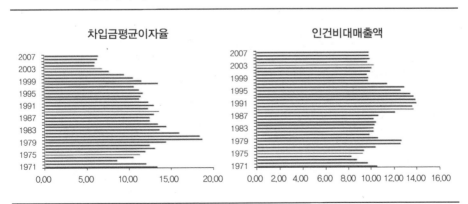

| 표 8-3 | 1971년 이후 시점별 전산업과 제조업 차입금평균이자율의 변화 양상 (4)

분류	내용과 특징
1971~2006	2002년 이후 전산업 차입금평균이자율이 2004년까지 하락하는 양상을 보인 후 2006년까지 상승하는 모습을 나타냈다. 따라서 IMF사태가 내재설과 외부설 등이 혼재해 있는 바와 같이 이러한 상황이 보일 때 국내 경제의 영향인지 또는 해외적인 요인인지 기업들은 잘 살펴보아야 한다. 이러한 요인이 아닌 경우 국내적인 요인과 해외적인 요인이 복합적으로 작용할 수도 있다. 1971년 이후 제조업 차입금평균이자율의 동향을 살펴보면, 1980년대 들어서면서 경제활성화에 따른 증가로 인하여 상승세를 보인이후 지속적으로 하락하다가 1997년 IMF사태를 겪으면서 일시적으로 다시 상승하고 난 이후 2000년대 들어 급감하고 있다.
2007~2008	전산업 차입금평균이자율이 미국의 서브프라임 모기지(subprime mortgage) 사태에 따른 미국의 금융위기(financial crisis)의 여파로 2007년에서 2008년 들어 소폭 줄어드는 데 그쳤다. 반면에 제조업 차입금평균이자율은 증가세를 보였다. 이는 지속적인 금리 하락 추세에서도 미국의 금융위기(financial crisis)가 한국경제 및 금융에 대하여 나쁜 영향을 주었기 때문으로 판단된다.
2009~2012	2009년부터 2012년까지의 전산업과 제조업의 차입금평균이자율이 지속적으로 하락하는 추세(trend)를 보였다.
2013~2016	2013년부터 2016년까지의 전산업 차입금평균이자율이 낮아지고 있는 추세와 마찬가지로 제조업의 차입금평균이자율도 2014년 이후 낮아지는 추세(trend)를 나타냈다.

자율의 동향을 살펴보면, 1980년대 들어서면서 경제활성화에 따른 증가로 인하여 상승세를 보인 이후 지속적으로 하락하다가 1997년 IMF사태를 겪으면서 일시적으로 다시 상승하고 난 이후 2000년대 들어 급감하고 있다. 이 자료는 경제검색의 시스템[간편 검색, 한국은행]에 따른 것이다.

앞서 살펴본 바와 같이 2018년 하반기 들어 스위스의 마어키바우만(Maerki Baumann)이라는 은행이 두 번째 가상화폐(암호화폐)의 자산 수용을 시사하고 있다. 이 은행의 가상화폐(암호화폐)에 대한 견해는 장기투자(long-term investment)에는 적당하지 않는 불확실성(uncertainty)의 상태를 갖고 있다는 것이다. 따라서 이 은행은 대규모 투

| 표 8-4 | 1971년 이후 시점별 전산업과 제조업 인건비대매출액의 변화 양상 (4)

분류	내용과 특징
1971~2006	2002년 이후 전산업 인건비대매출액이 2003년 들어 상승하고 2004년 하락한 후 2005년 들어 다시 상승하고 2006년 들어 하락하는 모습을 보였다. 이는 IMF사태가 내재설과 외부설 등이 혼재해 있는 바와 같이 이와 같은 상황이 나타날 때 국내 경제의 영향인지 또는 해외적인 요인인지 기업들은 잘 살펴보아야 한다. 이러한 요인이 한꺼번에 국내적인 요인과 해외적인 요인으로 복합적인 측면에서 일어날 수도 있다. 한편 1971년 이후 제조업 인건비대매출액은 대내외 경제 활성화로 1980년대 이후 1990년까지 상승 추세에 놓여 있다가 하락 추세를 보인 후 2006년까지 큰 움직임을 나타내지 않은 것을 알 수 있다.
2007~2009	미국의 서브프라임 모기지(subprime mortgage) 사태에 따른 미국의 금융위기(financial crisis)가 2008년까지 한국의 전산업과 제조업 인건비대매출액에 별다른 영향을 나타내지 않았음을 알 수 있었다.
2009~2012	전산업과 제조업의 인건비대매출액(employment costs to sales)에 있어서 2009년부터 2012년까지의 경우에는 2011년까지 하락하다가 2012년 들어 상승 추세(trend)로 반전되었다.
2013~2016	2013년부터 2016년까지의 전산업과 제조업의 인건비대매출액이 상승 추세(trend)에 놓여 있었다.

자로는 아직 적합하지 않다는 견해를 갖고 있다.

따라서 태동기의 가상화폐(암호화폐) 시장에서 단점이 무엇인지 한국도 나름대로 연구를 해 나가면서 단점을 극복하고 미래의 성장동력산업으로 발전가능성이 있다고 여겨질 때 더 많은 관심과 이 분야로의 우수한 신규인력의 진출도 과감하게 이루어질 것으로 판단된다.

2002년 이후 전산업 인건비대매출액이 2003년 들어 상승하고 2004년 하락한 후 2005년 들어 다시 상승하고 2006년 들어 하락하는 모습을 보였다. 한편 1971년 이후 제조업 인건비대매출액은 대내외 경제활성화로 1980년대 이후 1990년까지 상승 추세에 놓여 있다가 2006년까지 큰 움직임은 나타내지 않은 것을 알 수 있다.

한국의 경제는 전통적인 산업에서 강한 면모를 지속하고 이에 따라 인력에 대한 일자리제공을 해오면서 대한민국의 발전에 일익을 담당하였다. 이제 세계적으로 블록체인 기반의 기술과 4차 산업혁명에 대한 발전이 함께 잘 이루어지고 있다. 이에 따라 정부에서도 블록체인 기술을 기반으로 하는 콘텐츠(contents) 서비스의 프로젝트(project)를 모집하는 등 관심을 제고해 나가고 있다.

이와 같은 블록체인 기술 기반의 가상화폐(암호화폐)를 비롯한 각종 4차 산업혁명에 관련된 산업들의 발달이 향후 양질의 일자리를 창출해 낼 것으로 보인다. 2018년 하반기 현재에도 이와 같이 블록체인 기술 기반의 양질의 일자리창출이 이루어지고 있는 상황이다.

하지만 4차 산업혁명에 있어서 미국과 독일, 일본, 이스라엘 등과의 기술격차가 아직 좁혀들지 않고 있다. 이는 향후 4차 산업혁명 내에서도 한국경제의 든든한 버팀목이 될 분야에는 과감한 투자가 필요하다는 것을 시사하고 있다.

제2절　소득과 여가, 노동

| 그림 8-5 | 소득과 여가시간의 관계[6]

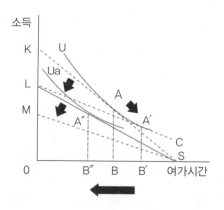

6 Ahmad, E. and N.H. Stern(1984), "The theory of reform and Indian indirect taxes", *Journal of Public Economics*, 25.

<그림 8-5>에는 소득과 여가시간의 관계가 나타나 있다. 일반적으로 여가의 사용이 증가하면 노동시간이 줄어들고, 역으로 노동시간이 늘어나면 여가의 사용이 줄어든다는 것을 기본 가정으로 한다.

그리고 무차별적인 곡선 U이고, 이 곡선상에 있으면 동일한 만족감을 갖게 된다고 앞에서 언급한 바 있다. 그리고 동일한 만족감은 효용(utility)이 같다고 표현하기도 한다. 따라서 어느 특정인이 현재 S점에서 B점까지 노동을 하고 0에서 B점까지 여가를 사용하고 있다고 가정하자.

이 때 노동의 대가인 소득에 대한 세금이 부여된다고 가정하면, 소득세로 종가세(ad valorem tax) 개념이 된다. 이 경우 대체효과는 노동 대신에 여가를 늘리는 것이다. 따라서 S점에서 B점까지 노동을 하고 0에서 B점까지 여가를 사용하는 것에서 변화가 발생하게 된다.

즉, 무차별적인 곡선상의 A점에서 A′으로 이동하게 되는 것이다. 따라서 여가의 사용은 0B에서 0B′으로 증가하게 되고, 대신에 노동시간은 SB의 거리에서 SB′으로 줄어들게 되는 것이다.

그런데 세제 따라 임금이 줄어들었으므로 사실 소득효과가 더 크게 나타나는 것이 일반적이다. 이는 경제학에서 기본적으로 가정하는 바와 같이 소비는 일정하게 일생을 주기로 완만하게 상승하지, 소득이 줄었다고 소비도 그에 맞게 감소시키기는 어렵다는 측면과도 일치한다.

따라서 최초의 무차별곡선의 A점에서 A″점으로 이동을 하게 되고, 여가는 0B에서 0B″으로 줄어들게 되고 노동은 최초 SB 시간에서 SB″으로 늘어나게 된다는 것이다. 결론적으로 세제에 의하여 임금의 감소가 이루어지면 대체효과에 따라 일시적으로 여가 사용이 늘어나고 노동시간이 줄어들 수는 있어도 종국에 가서는 소득효과에 의하여 여가 사용이 세금부과 이전보다 줄어들고 노동시간의 사용이 더 늘어나게 된다.

<그림 8-6>에는 임금과 노동시간의 관계가 나타나 있다. 노동시간에 따른 근로소득에 대하여 세금을 부과하게 되면 노동에 대한 Demand라고 표기되어 있는 수요곡선이 원점 방향으로 이동하게 된다.

| 그림 8-6| 임금과 노동시간의 관계[7]

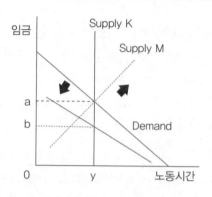

이 경우 노동의 공급곡선이 Supply K와 같이 X축에 대하여 수직인 경우 근로소득에 대한 세금을 모두 근로자가 부담하게 된다. 사실 이것이 현실경제에서 맞는 경우가 더 많은데, 노동에 대한 사용자인 고용주는 근로소득에 대한 세금 부과 전에 a라는 수준에서 임금을 지급하였다. 그리고 근로자는 a만큼의 임금을 받았다.

하지만 근로소득에 대한 세금 부과 후에는 고용주는 근로소득에 대한 세금 부과 전과 동일하게 a만큼의 임금을 근로자에게 지급해 주지만, 근로자는 근로소득에 대한 세금 부과 분만큼 모두 부담하고 b만큼의 임금을 받게 된다. 따라서 근로소득에 대한 세금 부담으로 인하여 실질적으로는 임금이 줄어든 것과 같다.

여기서 노동의 공급곡선이 Supply M과 같이 우상향할 때에는 동일한 결론이 나타나지 않는다. 이 Supply M의 노동의 공급곡선은 노동시간의 증가와 동시에 임금이 상승하는 정비례 형태를 보이고 있다.

이와 같이 노동의 공급에 대한 탄력성(elasticity)이 달라질 경우 세금부과에 따라 동일한 결과가 나타나지는 않는 것이다. 따라서 현재의 경제상황이 어떠한 국면인지에 따라 세금부과에 대한 효과도 달라짐은 물론이다.

따라서 세금에 대한 정책을 집행하게 될 때 현재의 경기상황에 대하여 예의

---

7 Bergstrom, T.C. and R.C. Cornes(1983), "Independence of allocative efficiency from distribution in the theory of public goods", *Econometrica*, 51.

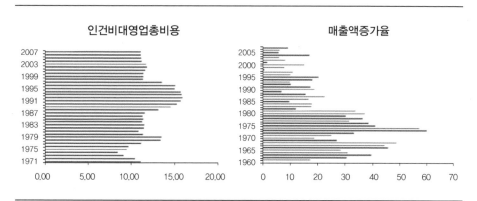

주시할 필요가 있다. 그래야 정부가 당초에 예상하였던 세제정책의 효과가 제대로 발휘될 수 있으며 그렇지 못하면 엉뚱한 결과를 초래할 수 있는 것이다.

블록체인(blockchain)을 비롯한 4차 산업혁명(fourth industrial revolution)의 분야에서 인력수요가 증가하고 있고, 특히 고급의 일자리들이 생성되고 있다. 이는 향후 한국경제에 이들 분야가 견인차의 역할을 해 나갈 수 있을 것으로 전망되고 있다.

특히 앞에서도 언급한 바와 같이 2018년 하반기 들어 급진전적으로 전개되고 있는 인터넷전문은행의 은산분리의 규제가 완화된다면 더 많은 양질의 일자리가 생성될 것으로 시장의 관계자들은 예상하고 있다.

2018년 하반기 들어 정부는 블록체인(blockchain)에 대한 전문적인 인력의 양성이 필요하다고 보고 지원 프로그램을 운영하고 있다. 물론 취업과 창업에 따른 지원책도 마련하고 있다. 이와 같이 4차 산업혁명에 대한 긍정적인 인식이 확산되고 있다.

또한 새로운 융합산업의 제조업과 관련된 로봇과 2차전지, 자율주행차, 드론, 인공지능, 3D 프린팅, 신재생에너지 등과 같은 4차 산업혁명(fourth industrial revolution) 분야에 대해서도 세밀한 분석과 차세대 동력산업으로서의 가능성이 높을 경우 투자확대가 이루어지도록 하는 산업정책적인 패러다임(paradigm)의 전환이 필요하다.

그리고 이와 같은 상황에 맞는 미국과 같은 실질적인 학생들의 주도 학습과 거

| 표 8-5 | 1971년 이후 시점별 전산업과 제조업 인건비대영업총비용의 변화 양상 (4)

분류	내용과 특징
1971~2006	2002년 이후 전산업 인건비대영업총비용이 2003년 들어 상승하고 2004년 이후 하락 추세를 나타냈다. 한편 1971년 이후 제조업 인건비대영업총비용은 대내외 경제 활성화로 1980년대 이후 1990년까지 상승 추세에 놓여 있다가 하락 추세를 보인 후 2006년까지 큰 움직임을 나타내지 않은 것을 알 수 있다.
2007~2009	미국의 서브프라임 모기지(subprime mortgage) 사태에 따른 미국의 금융위기(financial crisis)가 2008년까지 한국의 전산업과 제조업 인건비대영업총비용에 큰 영향을 주지 않은 것으로 나타났다.
2009~2012	2009년부터 2012년까지 전산업과 제조업의 인건비대영업총비용도 2011년까지 하락하다가 2012년 들어 상승 반전되었다. 이러한 요인들은 인건비대매출액과 마찬가지로 기업들에게는 부담요인으로 작용할 수 있는데, 시점으로 볼 경우 2009년부터 2012년까지의 기간 동안이 의미를 가지는 것은 미국의 금융위기 직후인 2009년 1월부터 3월까지가 미국의 경제국면(economic phase)이 가장 침체기를 이 당시 즈음에 기록하였기 때문이다.
2013~2016	2013년부터 2016년까지 전산업의 인건비대영업총비용(employment costs to total operating costs)과 마찬가지로 제조업의 인건비대영업총비용이 2013년 이후 상승 추세(trend)를 나타냈다.

꾸로 교실과 같은 플립러닝(flipped learning) 방식으로의 전환 등도 검토하는 교육혁신 시스템이 이루어져야 한다고 이 분야와 관련된 시장에서는 전문가들이 미래의 한국경제를 내다보고 있다. 이것은 실제적인 4차 산업혁명(fourth industrial revolution) 분야의 우수한 양질의 인력을 배출해 지속가능한 대한민국 경제에 버팀목이 될 것으로 예상되고 있기 때문이다.

또한 블록체인 기술(blockchain technology)을 활용한 한국의 의료서비스의 기술 우위를 바탕으로 하는 의료관광(medical tour)과 U-Health산업 체계의 발전 등도 4차 산업혁명과 연계되어 발전을 해 나가야 할 분야로 꼽히고 있다.

예로써 미국의 유수 대학들은 실질적인 플립러닝(flipped learning) 방식으로 이루어져 4차 산업혁명과 관련된 로봇과 자율주행차, 인공지능, 드론(drone), U-Health 등과 같이 새로운 패러다임에 의한 학문 간의 융합(consilience)이 자연스럽게 연결되도록 하고 있는 것이 현실적인 상황이다.

이에 따라 교육혁신(education innovation)은 강의실에 의해서만 수업이 이루어지는 방식이 아니라 학생들이 예습을 통하여 이미 내용을 파악하고 학교에서는 토론식 수업이 이루어지는 실질적인 플립러닝, 즉 일명 '거꾸로 하는 학습' 등의 형태에 대하여 관련 학계와 산업계의 연구진들이 필요성을 역설한다.

이러한 교육혁신을 통하여 향후 한국의 초일류의 반도체 이후 차세대 먹거리 산업을 만들어낼 수 있으며, 이에 맞는 우수한 인력을 양성해 낼 수 있을 것으로 시장에서는 내다보고 있다.

한국경제(Korea economy)에 가장 큰 영향을 주고 있는 미국의 경제정책을 살펴보면, 적극적인 국내투자의 유인책을 내세우고 있는데, 이와 같은 정책도 벤치마킹 (benchmarking)할 필요성이 있다. 또한 미국의 실리콘밸리와 같은 벤처투자(venture investment)의 산실의 경우 양질의 일자리 창출과 맞물려 있고, 스마트공장과 같은 새로운 산업의 발전으로 블록체인을 비롯한 4차 산업혁명과 연결되어 있다. 이러한 혁신적인 시스템(innovative system)을 잘 갖출 수 있는 교육(education) 뿐 아니라 산업(industry) 등의 융합적인 발전이 필요하다. 이 자료(source)는 경제검색의 시스템 [간편 검색, 한국은행]에 따른 것이다.

2002년 이후 전산업 매출액증가율이 2003년 들어 하락하고 2004년 들어 상승한 후 2005년 들어 다시 하락하고 2006년 들어 다시 상승하는 모습을 기록하였다. 한편 제조업 매출액증가율은 1970년대 이후 2006년까지 지속적인 하락 추세에 놓여 있음을 알 수 있다.

한국은 전통산업과 이와 상생할 수 있는 블록체인 기술을 기반으로 하는 가상화폐(암호화폐, cryptocurrency)를 비롯한 4차 산업혁명으로 동반성장의 기틀이 만들어지고 있다. 한국은 대외의존도도 높고 동북아시아의 지정학적인 변화요인도 상존하고 있으므로 기술적인 부분 뿐 아니라 종합적인 대내외경제의 환경도 예의주시할 필요가 있다. 이와 같은 노력들이 결실을 거두어야 기업들의 투자환경이 개선되어 나갈 것으로 시장에서는 전문가들이 판단하고 있다.

| 표 8-6 | 1961년 이후 시점별 전산업과 제조업 매출액증가율의 변화 양상 (4)

분류	내용과 특징
1961~2006	2002년 이후 전산업 매출액증가율이 2003년 들어 하락하고 2004년 들어 상승한 후 2005년 들어 다시 하락하고 2006년 들어 다시 상승하는 모습을 기록하였다. 이것은 IMF사태가 내재설과 외부설 등이 혼재해 있는 바와 같이 이러한 상황이 나타날 때 국내 경제의 영향인지 또는 해외적인 요인인지 기업들은 면밀히 살펴보아야 한다. 또한 이러한 요인들이 한꺼번에 국내적인 요인과 해외적인 요인으로 복합적인 측면에서 일어날 수도 있다. 한편 제조업 매출액증가율은 1970년대 이후 2006년까지 지속적인 하락추세에 놓여 있음을 알 수 있다.
2007~2009	미국의 서브프라임 모기지(subprime mortgage) 사태에 따른 미국의 금융위기(financial crisis)가 2008년까지 한국의 전산업과 제조업 매출액증가율에 별다른 영향을 미치지 않았음을 알 수 있다.
2009~2012	2010년부터 2012년까지 전산업과 제조업의 매출액증가율 동향을 살펴볼 때, 2010년 이후 하락하였으며 특히 2011년에서 2012년에 하락 정도가 심화되었음을 알 수 있다.
2013~2016	2013년부터 2016년까지 전산업의 매출액증가율이 2015년까지 하락세를 보이다가 2016년 들어 상승폭이 확대된 것으로 나타난 것과 달리 제조업의 매출액증가율이 2013년 이후 지속적으로 좋지 않은 모습을 기록하였다.

| 그림 8-8 | 기업경영분석지표(1960~2006) 제조업 유형자산증가율(좌)과 총자산증가율(우)의 추이 (각각의 단위: %)

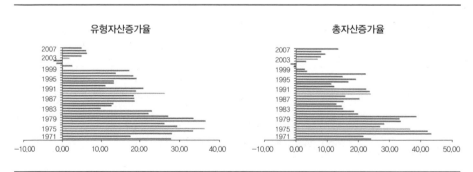

2002년 전산업 유형자산증가율이 음(−)을 기록한 이후 2006년까지 꾸준히 상승했음을 알 수 있다. 한편 제조업 유형자산증가율은 2006년까지 꾸준히 하락하는 추세를 보였다. 1997년 IMF사태로 인하여 그즈음에는 유형자산증가율이 급감하였던 것을 알 수 있다.

4차 산업혁명(fourth industrial revolution)은 인간의 생활에 편리성(comfort)을 제공해 주는 방향으로 전개되어야 하는데 토큰이나 코인(coin)이 실제 생활에 사용되도록 전개되어야 한다. 이 자료는 경제검색의 시스템[간편 검색, 한국은행]에 따른 것이다. 2002년 이후 전산업 총자산증가율이 2006년까지 꾸준히 상승하였음을 알 수 있다. 한편 제조업 총자산증가율이 2006년까지 꾸준히 하락하는 추세를 보였다. 또한 1997년 IMF사태로 인하여 그즈음에는 유형자산증가율이 급감하였던 것을 알 수 있다.

| 표 8-7 | 1971년 이후 시점별 전산업과 제조업 유형자산증가율의 변화 양상 (4)

분류	내용과 특징
1971~2006	2002년 전산업 유형자산증가율이 음(−)을 기록한 이후 2006년까지 꾸준히 상승했음을 알 수 있다. 한편 제조업 유형자산증가율은 2006년까지 꾸준히 하락하는 추세를 보였다. 1997년 IMF사태로 인하여 그 즈음에는 유형자산증가율이 급감하였던 것을 알 수 있다.
2007~2009	미국의 서브프라임 모기지(subprime mortgage) 사태에 따른 미국의 금융위기(financial crisis)가 2008년까지 한국의 전산업과 제조업 유형자산증가율에 큰 영향을 주지 않았음을 알 수 있다.
2009~2012	2010년부터 2012년까지 전산업의 유형자산증가율을 살펴보면 2010년부터 2011년까지 소폭 상승한 후 2012년 들어 하락한 것을 알 수 있다. 하지만 2010년부터 2012년까지 제조업의 유형자산증가율을 살펴보면 지속적으로 하락 추세를 보였다.
2013~2016	2013년부터 2016년까지 전산업의 유형자산증가율을 살펴보면 2014년까지 지속적으로 하락한 후 2015년 들어 상승한 후 2016년 들어 다시 둔화되었다. 한편 2010년부터 2016년까지의 이와 같은 추세(trend)는 제조업의 유형자산증가율에서도 같은 모습을 나타냈다.

전반적으로 4차 산업혁명(fourth industrial revolution)의 모든 분야가 그렇듯이 블록체인 기술을 기반으로 하는 가상화폐(암호화폐, cryptocurrency)의 분야에도 건강하고 편리한 생태계(ecology)를 만들어야 한다.

이는 전통적인 기반의 굴뚝산업과 상생발전도 중요하고 블록체인을 기반으로 하는 산업의 전체 분야에서도 소통과 협력의 관계가 구축되어야 하는 것이다. 이와 같은 건전한 생태계가 형성될 때 양질의 일자리 창출이 효과적으로 이루어지는 시스템이 갖추어져 나갈 것이다.

한국의 경우에는 대외의존도가 높고 국내적으로도 최저임금의 이슈가 지속되는 등 고용의 안정적인 움직임과 경기체감지수(business sentiment index)의 개선에 대하여 많은 담론이 제기되고 있는 상황이다.

이와 같이 전통적인 기반의 굴뚝산업과 4차 산업혁명의 기업들 그리고 대기업

| 표 8-8 | 1971년 이후 시점별 전산업과 제조업 총자산증가율의 변화 양상 (4)

분류	내용과 특징
1971~2006	2002년 이후 전산업 총자산증가율이 2006년까지 꾸준히 상승하였음을 알 수 있다. 한편 제조업 총자산증가율이 1970년대 이후 2006년까지 꾸준히 하락하는 추세를 보였다.
2007~2009	미국의 서브프라임 모기지(subprime mortgage) 사태에 따른 미국의 금융위기(financial crisis)가 2008년까지 한국의 전산업과 제조업 총자산증가율에 별다른 영향을 미치지 않았음을 알 수 있다.
2009~2012	2010년부터 2012년까지 전산업 총자산증가율은 2011년까지는 증가세를 보인 후 2012년 들어 하락 반전되었다. 그렇지만 제조업 총자산증가율은 2010년부터 2012년까지 지속적인 하락 추세에 놓여 있었다. 앞에서 살펴본 바와 같이 이후의 흐름은 비교적 나쁘지는 않은 것으로 나타났는데, 유형자산증가율과 총자산증가율이 서로 약간 다른 모습을 보이고 있는 것을 알 수 있다.
2013~2016	2013년부터 2016년 기간 동안에 걸쳐 전산업 총자산증가율은 완만하게 상승하고 있는 것으로 나타난 반면에 제조업의 총자산증가율은 2013년 이후 2015년까지 하락 추세(trend)를 기록한 후 2016년 들어 회복세를 보였다.

과 중소기업의 협력 관계 등이 유기적으로 유지될 때 한국경제가 탄탄한 성장세를 지속해 나갈 것이다.

고용이 안정되어야 소득증가가 이루어지고 또한 경제의 생태계가 잘 유지되어 기업들의 투자활성화가 도모될 것이다. 또한 미국의 금리인상과 한국에 대한 환율에 있어서 외환시장의 개입에 대한 내역의 공개 요구 등 대외적인 여건들도 잘 대처해 나가야 한다.

2002년 이후 전산업 총자산증가율이 2006년까지 꾸준히 상승하였음을 알 수 있다. 한편 제조업 총자산증가율이 1970년대 이후 2006년까지 꾸준히 하락하는 추세를 보였다. 2018년 하반기 들어 정부는 규제에 대한 개혁에 관심을 갖고 민생경제의 활성화에 방점을 두고 있다.

또한 국내 최대의 대기업을 비롯한 중소기업들과 소통을 강화하여 양질의 일자리 창출과 경제 활성화에 더욱 주력해 나가고 있다. 이는 전통산업과 블록체인을 비롯한 4차 산업혁명의 발전에도 기여할 것으로 전문가들이 기대하고 있는 바이기도 하다.

금융재정학과
블록체인

05

블록체인과 정부정책

Chapter

09

블록체인과 투자수익

제1절 투자수익과 세제

<그림 9−1>에는 세제와 투자, 투자수익의 관계가 나타나 있다. 여기서 만일 투자에 대한 공급곡선 Supply A와 이 기업에 대한 투자에 의한 수익상품의 수요 곡선이 Da라고 우선 가정하자. 그리고 기업들이 투자를 X축에서 b만큼 할 때 기업에 투자한 투자자들이 얻는 수익은 m만큼 가져갈 수 있다고 가정하자.

여기서 정부가 기업들에게 투자수익에 대한 세금을 부과한다고 정책을 취하여 X축의 a점에서 수직축으로 볼 경우 df만큼 투자자들의 투자수익에 대하여 세금을 부과한다고 가정하자.

이 경우 기업에 대한 투자를 통하여 얻는 수익이 감소하므로 투자수익과 관련된 수요곡선이 Da에서 원점 방향으로 이동하여 Db와 같이 된다고 생각할 수 있다. 이 경우 원점에서 Y축의 방향으로 km까지는 세금으로 인한 투자수익의 감소를 투자자들이 부담하게 되고, mn까지는 투자공급을 하는 기업들이 부담하게 된다.

만일 투자에 대한 공급곡선이 Supply A가 아니라 Supply A′과 같이 탄력성의 변화에 따라 달라진다면 기업에 대하여 투자하는 투자자의 수익과 투자의 공급주체인 기업이 부담하는 정도도 달라질 수 있다.

| 그림 9-1 | 세제와 투자, 투자수익의 관계[8]

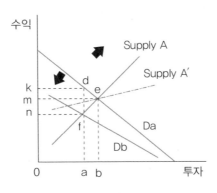

따라서 정부에서는 투자와 관련된 투자수익과 관련된 세금을 징수할 경우에도 경제주체들이 부담하는 정도와 정부의 당초 세금을 통하여 얻고자 하였던 의도대로 경제에 영향을 주게될 지를 면밀히 관찰한 다음에 신중히 정책을 집행하도록 하여야 한다.

기업에 대한 소득과 관련된 세제는 투자흐름과 관련하여 장기적인 측면에서 제품 판매의 가격에 대하여 영향을 줄 수 있다. 그리고 이는 임금부문에도 영향이 있게 된다. 장기적으로 이 기업이 속해있는 산업에 대하여 임금하락을 초래하게 된다.

기업은 세금부담으로 인하여 생산량을 줄이게 되고 당연히 투자의 축소로 나타나게 된다. 이는 이 기업이 속해 있는 산업 이외의 부문에 대한 자금흐름이 이루어지게 되는 결과를 초래하여 한 국가가 경제적으로는 악순환이 될 수 있고, 결과적으로 불황의 늪으로 빠져들 수 있다. 물론 이 기업이 속해 있는 산업이 제조업이고 양질의 일자리를 창출하고 있으며 국가경제에 대한 기여도가 비교 대상의 비생산적인 산업보다 훨씬 크다고 가정하자.

결국 기업에 대한 소득과 관련된 세금의 부과는 제품의 판매가격을 상승시키게 되어 상대적으로 이 기업이 속해 있는 산업 이외의 재화 가격에 대하여 저렴하게 만들고 이 부문에 자금이 흐르게 만드는 것이다.

---

8 Buiter, W.H. and J. Carmichael(1984), "Government debt: comment", *American Economic Review*, 74.

| 표 9-1 | 기업에 대한 소득과 관련된 세제의 영향

분류	내용과 특징
기업에 대한 소득과 관련된 세제의 영향	기업에 대한 소득과 관련된 세제는 투자흐름과 관련하여 장기적인 측면에서 제품 판매의 가격에 대하여 영향을 줄 수 있다. 그리고 이는 임금 부문에도 영향이 있게 된다. 장기적으로 이 기업이 속해있는 산업에 대하여 임금하락을 초래하게 된다.
	기업은 세금부담으로 인하여 생산량을 줄이게 되고 당연히 투자의 축소로 나타나게 된다. 이는 이 기업이 속해 있는 산업 이외의 부문에 대한 자금흐름이 이루어지게 되는 결과를 초래하여 한 국가가 경제적으로는 악순환이 될 수 있고, 결과적으로 불황의 늪으로 빠져들 수 있다. 물론 이 기업이 속해 있는 산업이 제조업이고 양질의 일자리를 창출하고 있으며 국가경제에 대한 기여도가 비교 대상의 비생산적인 산업보다 훨씬 크다고 가정하자.
	결국 기업에 대한 소득과 관련된 세금의 부과는 제품의 판매가격을 상승시키게 되어 상대적으로 이 기업이 속해 있는 산업 이외의 재화 가격에 대하여 저렴하게 만들고 이 부문에 자금이 흐르게 만드는 것이다.
	또한 이 기업과 관련된 제품을 소비하는 가구들에 대하여 실질소득 하락을 초래하게 된다. 이 기업과 관련된 고용에서도 변화가 일어날 수밖에 없는데 고용 감소로 이어지게 되는 것이다.
	결과적으로 이 기업부문에서 고용감소가 이루어지면 실업률이 높아져 이 기업부문의 임금이 하락하게 되는 결과를 초래하게 된다. 이와 같은 것이 이 기업이 속해 있는 산업의 전체에 걸쳐서 이루어진다면 결과적으로 이 기업이 속해 있는 산업부문의 임금은 세금 부과 전보다 하락하게 된다. 만일 세금부과가 이루어지는 이 기업에 해당하는 산업이 제조업이고 노동집약적이라고 가정하자. 그리고 그렇지 않은 다른 산업이 있는데, 앞에서 언급한 바와 같이 국가적으로 고용창출이나 국가 경제에 비생산적인 산업이라고 가정하자.
	만일 세금부과가 단행되면 상대적으로 낮아진 제조업부문에 대한 임금으로 인하여 비생산적인 산업으로 노동력이 이동해 갈 수 있다. 그리고 노동과 자본이 대체관계에 놓여 있다고 가정하자.
	이 경우 노동력과 대체관계에 놓여 있는 자본의 가격과도 상대적인 변화가 발생할 수 있어서 제조업과 비생산적인 산업 부문에서 노동과 자본 간의 대체 탄력성 정도에 따라 영향을 받게 된다.
	이와 같이 기업과 관련된 세금 중에서 법인과 관련된 소득세의 경우 기업에 대하여 투자한 투자자와 해당 기업에 투자를 하지 않은 투자자 사이에 실질소득에 변화도 줄 수 있다.

또한 이 기업과 관련된 제품을 소비하는 가구들에 대하여 실질소득 하락을 초래하게 된다. 이 기업과 관련된 고용에서도 변화가 일어날 수밖에 없는데 고용 감소로 이어지게 되는 것이다.

결과적으로 이 기업부문에서 고용감소가 이루어지면 실업률이 높아져 이 기업 부문의 임금이 하락하게 되는 결과를 초래하게 된다. 이와 같은 것이 이 기업이 속해 있는 산업의 전체에 걸쳐서 이루어진다면 결과적으로 이 기업이 속해 있는 산업부문의 임금은 세금 부과 전보다 하락하게 된다. 만일 세금부과가 이루어지는 이 기업에 해당하는 산업이 제조업이고 노동집약적이라고 가정하자. 그리고 그렇지 않은 다른 산업이 있는데, 앞에서 언급한 바와 같이 국가적으로 고용창출이나 국가 경제에 비생산적인 산업이라고 가정하자.

만일 세금부과가 단행되면 상대적으로 낮아진 제조업부문에 대한 임금으로 인하여 비생산적인 산업으로 노동력이 이동해 갈 수 있다. 그리고 노동과 자본이 대체관계에 놓여 있다고 가정하자.

이 경우 노동력과 대체관계에 놓여 있는 자본의 가격과도 상대적인 변화가 발생할 수 있어서 제조업과 비생산적인 산업 부문에서 노동과 자본 간의 대체 탄력성 정도에 따라 영향을 받게 된다.

| 그림 9-2 | 기업에 대한 소득과 관련된 세제의 영향 (1)

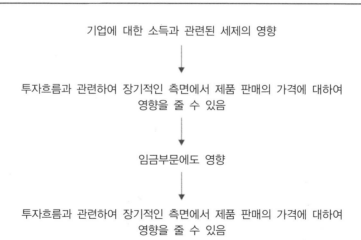

| 그림 9-3 | 기업에 대한 소득과 관련된 세제의 영향 (2)

기업에 대한 소득과 관련된 세제의 영향

↓

기업은 세금부담으로 인하여 생산량을 줄이게 되고
당연히 투자의 축소로 나타나게 됨

↓

이 기업에 속해 있는 산업 이외의 부문에 대한 자금흐름이 이루어지게 되는
결과를 초래하여 한 국가의 경제적으로는 악순환이 될 수 있고,
결과적으로 불황의 늪으로 빠져들어 갈 수 있음

↓

이 기업이 속해 있는 산업이 제조업이고 양질의 일자리를 창출하고 있으며
국가경제에 대한 기여도가 비교 대상의 비생산적인 산업보다
훨씬 크다고 가정

| 그림 9-4 | 기업에 대한 소득과 관련된 세제의 영향 (3)

기업에 대한 소득과 관련된 세제의 영향

↓

기업에 대한 소득과 관련된 세금의 부과는 제품의 판매가격을 상승시키게 되어
상대적으로 이 기업이 속해 있는 산업 이외의 재화 가격에 대하여
저렴하게 만들고 이 부분에 자금이 흐르게 만드는 것임

↓

이 기업과 관련된 제품을 소비하는 가구들에 대하여
실질소득 하락을 초래하게 됨

↓

이 기업과 관련된 고용에서도 변화가 일어날 수밖에 없는데
고용감소로 이어지게 되는 것임

| 그림 9-5 | 기업에 대한 소득과 관련된 세제의 영향 (4)

기업에 대한 소득과 관련된 세제의 영향

↓

이 기업부문에서 고용감소가 이루어지면 실업률이 높아져
이 기업부문의 임금이 하락하게 되는 결과를 초래하게 됨

↓

이 기업이 속해 있는 산업의 전체에 걸쳐서 이루어진다면
결과적으로 이 기업이 속해 있는 산업부문의 임금은 세금 부과 전보다
하락하게 됨

↓

만일 세금부과가 이루어지는 이 기업에 해당하는
산업이 제조업이고 노동집약적이라고 가정

| 그림 9-6 | 기업에 대한 소득과 관련된 세제의 영향 (5)

기업에 대한 소득과 관련된 세제의 영향

↓

만일 세금부과가 이루어지는 이 기업에 해당하는 산업에 제조업이고
노동집약적이라고 가정

↓

그렇지 않은 산업이 있는데, 앞에서 언급한 바와 같이
국가적으로 고용창출이나 국가 경제에 비생산적인 산업이라고 가정

↓

만일 세금부과가 단행되면 상대적으로 낮아진 제조업부문에 대한
임금으로 인하여 비생산적인 산업으로 노동력이 이동해 갈 수 있다.
그리고 노동과 자본이 대체관계에 놓여 있다고 가정

이와 같이 기업과 관련된 세금 중에서 법인과 관련된 소득세의 경우 기업에 대하여 투자한 투자자와 해당 기업에 투자를 하지 않은 투자자와의 사이에 실질소득에 변화도 줄 수 있다.

앞에서 살펴본 바와 같이 기업경영분석지표(2002~2006) 전산업 매출액경상이익률(좌)의 추이(단위: %)를 살펴보면, 2002년 이후 2004년까지 증가한 이후 2005년과 2006년에는 지속적으로 감소한 것으로 나타났다. 이 자료는 경제검색의 시스템[간편 검색, 한국은행]에 따른 것이다.

| 그림 9-7 | 기업에 대한 소득과 관련된 세제의 영향 (6)

기업에 대한 소득과 관련된 세제의 영향

↓

노동력과 대체관계에 놓여 있는 자본의 가격과도 상대적인 변화가 발생할 수 있어서 제조업과 비생산적인 산업 부문에서 노동과 자본 간의 대체 탄력성 정도에 따라 영향을 받게 됨

↓

기업과 관련된 세금 중에서 법인과 관련된 소득세의 경우 기업에 대하여 투자한 투자자와 해당 기업에 투자를 하지 않은 투자자와의 사이에 실질소득에 변화도 줄 수 있음

| 그림 9-8 | 기업경영분석지표(1960~2006) 제조업 매출액경상이익률(좌)과 고정비율(우)의 추이 　　　　　　　　　　　　　　　　　　　　　(각각의 단위: %)

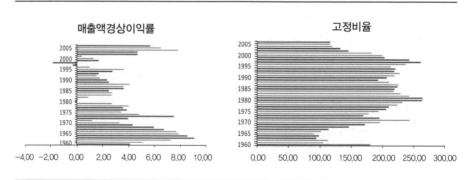

기업경영분석지표(1960~2006) 제조업 매출액경상이익률(좌)의 추이(각각의 단위: %)를 살펴보면, 1960년대 이후 2000년대 전까지 지속적인 감소추세를 보였는데 특히 1997년 한국이 IMF사태를 맞이했을 때 정도에 있어서는 음(-)의 수치를 나타낸 바 있다. 추세적으로 제조업 매출액경상이익률이 2000년대 이후에는 상승세를 보였다.

한국경제(Korea economy)는 새로운 융합산업의 제조업과 관련된 로봇과 2차전지, 자율주행차, 드론, 인공지능, 3D 프린팅(printing), 신재생에너지 등과 같은 4차 산업혁명 분야에 대해서도 세밀한 분석과 차세대 동력산업으로서의 가능성이 높을 경우 투자확대가 이루어지도록 하는 산업정책적인 패러다임(paradigm)의 전환이 필요한 상황이다.

또한 이와 같은 상황에 맞는 미국과 같은 실질적인 학생들의 주도 학습과 거꾸로 교실과 같은 플립러닝(flipped learning) 방식으로의 전환 등도 검토하는 교육혁신 시스템이 이루어져야 한다고 이 분야와 관련된 시장(market)에서는 미래의 한국경제를 위해 전문가들이 내다보고 있다. 이는 실제적인 4차 산업혁명 분야의 우수한 양질의 인력을 배출해 지속가능한 대한민국 경제(economy)에 버팀목이 될 것으로 예상되고 있기 때문이다.

그리고 블록체인 기술을 활용한 한국의 의료서비스의 기술 우위를 바탕으로 하는 의료관광과 원격의료(U-Health)산업 체계의 발전 등도 4차 산업혁명과 연계되어 발전을 해 나가야 할 분야로 꼽히고 있다.

예를 들어 미국의 유수 대학들은 실질적인 플립러닝(flipped learning) 방식으로 이루어져 4차 산업혁명과 관련된 로봇과 자율주행차, 인공지능, 드론(drone), U-Health 등과 같이 새로운 패러다임에 의한 학문들 간의 융합이 자연스럽게 연결되도록 하고 있는 것이 현실적인 상황이다.

이에 따라 교육혁신은 강의실에 의해서만 단순히 수업이 이루어지는 방식이 아니라 학생들이 예습을 통하여 이미 내용을 파악하고 학교에서는 토론식 수업이 이루어지는 실질적인 플립러닝, 즉 일명 '거꾸로 하는 학습' 등의 형태에 대하여 관련 학계와 산업계의 연구진들이 필요성을 역설하고 있다.

이와 같은 교육혁신(education innovation)을 통하여 향후 한국의 초일류의 반도체 이후 차세대 먹거리 산업을 만들어낼 수 있으며, 이에 맞는 우수한 인력을 양성해 낼 수 있을 것으로 시장에서는 내다보고 있다.

한국경제에 가장 큰 영향을 주고 있는 미국의 경제정책을 살펴볼 때, 적극적인 국내투자의 유인책을 내세우고 있는데, 이와 같은 정책도 벤치마킹할 필요가 있다. 그리고 미국의 실리콘밸리(silicon valley)와 같은 벤처투자의 산실의 경우 양질의 일자리 창출과 맞물려 있고, 스마트공장(smart factory)과 같은 새로운 산업의 발전으로 블록체인을 비롯한 4차 산업혁명(fourth industrial revolution)과 연결되어 있다. 이와 같은 혁신적인 시스템을 잘 갖출 수 있는 교육 뿐 아니라 산업(industry) 등의 융합적인 발전도 필요하다.

이러한 혁신적인 시스템의 중요성은 중국의 유명한 대학자가 미국과 중국과의 관계에 대하여 언급한 바와 같이 미국과 중국의 기술력 차이의 심각성과 미국의 핵심적인 기술에 중국의 의존관계가 심각함을 지적한 바 있다. 따라서 국내 산업 간의 융합적인 발전도 중요하고, 선진 미국의 4차 산업혁명 부문과의 협업을 비롯한 각종 공동연구 등이 진행되는 노력도 학계를 비롯하여 산업계가 해야 할 몫으로 시장에서 전문가들은 내다보고 있다.

앞에서 살펴본 바와 같이 기업경영분석지표(2002~2006) 전산업 고정비율(우)의 추이(단위: %)를 살펴보면, 2002년 이후 줄곧 하락 추세를 나타냈다. 고정비율(fixed assets to net worth ratio)은 고정자산(fixed assets)에 대한 자기자본(owner's capital)의 비율이며, 100%에 대하여 표준 숫자로 한다.

향후에도 한국의 전통적인 산업 뿐 아니라 4차 산업혁명 분야까지 성공적으로 한국경제를 지탱하기 위해서는 중국 뿐 아니라 미국의 가격변수들에 대한 움직임까지 잘 관찰하고 대응책과 협력관계 등을 잘 유지해 나가야 한다.

<그림 9-9>에는 주요국제금리 중 한국의 국고채(3년)와 미국의 T/Bill(6M)(각각 단위: %)이 나타나 있다. 이 자료(source)는 경제검색의 시스템[간편 검색, 한국은행]에 따른 것이다. 이들 자료의 기간은 한국의 국고채수익률(3년)은 2000년 1월부터 2018년 6월까지이고, 미국의 T/Bill수익률(6M)은 1980년 1월부터 2018년 6월까지이다.

이들 데이터들의 특징을 살펴보면, 미국의 금리동향에 한국의 금리가 비슷한 양상으로 동조성을 보이고 있는 것을 알 수 있다. 그리고 최근 미국의 금리 인상에도 한국은 경제여건상 같이 올리지 못하는 디커플링(decoupling) 현상이 발생되어 미국의 기준금리와 한국의 기준금리 간의 역전현상이 발생되고 있는 것이다. 이

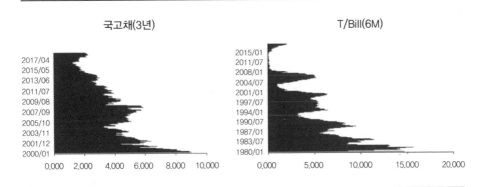

| 그림 9-9 | 주요국제금리 중 한국의 국고채(3년)와 미국의 T/Bill(6M)　(각각 단위: %)

는 한국에서 안전자산의 선호로 인하여 미국이 더 금리를 올리면 미국으로의 자금이동이 발생하지 않을까 하고 시장에서 우려하고 있다.

　한국은 세계적인 IT강국으로 제조업 위주의 전통적인 산업의 발전과 함께 4차 산업혁명에서도 두각을 나타낼 수 있는 좋은 조건들을 갖추고 있다. 이에 따라 인터넷전문은행에서 은산분리의 규제완화와 같은 담론이 2018년 하반기 들어 본격적으로 이루어지고 있기도 하다.

　이와 같은 움직임은 한국이 핀테크산업 분야에서 다른 국가들에 비하여 장점을 지닐 수 있고 발전가능성이 크기 때문이다. 핀테크는 금융을 뜻하는 기술을 의미하는 테크놀로지(technology)와 파이낸스(finance)가 합쳐진 합성어 개념이다. 이와 같은 핀테크 산업의 유망분야 중에 블록체인 기술을 기반으로 하는 가상화폐(암호화폐)도 있으며, 지자체를 비롯하여 4차 산업혁명에서 주요 산업으로 부각할지에 대해 시장에서는 예의주시하고 있다.

| 표 9-2 | 블록체인 산업과 장점[9]

분류	내용과 특징
블록체인 산업과 장점	블록체인은 사회와 경제 등 모든 부문에서 획기적인 새로운 시대를 열어갈 수 있는 능력을 갖추어 나갈 새로운 기술로 손꼽히고 있다. 블록체인이 금융과 관련하여 주목을 받아 온 것은 블록체인의 장점 때문이다. 이는 효율성과 투명성이 향상된 블록체인 기술에 주목하고 있는 것이며, 기업체들에게 있어서 비용절감의 금융서비스로써 도구가 될 것이라는 기대감 때문이다.
	블록체인의 경우 블록체인을 기반으로 하는 기술에 대한 제공업체의 수가 헤아릴 수 없을 정도로 전 세계에 걸쳐서 많이 만들어질 수도 있는 장점도 지니고 있다. 이는 기술의 발전에 가속도를 줄 수 있기 때문이다. 그리고 블록체인의 기업은 기존의 기업들과 달리 독립적인 형태로 창업되어 육성되고 발전되어 나가는 형태로 진행될 수도 있다. 또는 은행을 비롯한 다른 단체를 통하여 이들이 후원하고 혁신적인 연구소 형태가 만들어져 창업되고 생태계가 만들어져 나갈 수도 있다. 이러한 블록체인의 기업들은 금융서비스의 분야와 기술이 접목되었을 때 많은 발전을 해 나가고 있다.
	아직까지 블록체인의 선구자들은 미국을 비롯한 서부유럽이 중심이 되고 있다. 그리고 동남아시아의 경제공동체에서도 관심을 갖는 것을 비롯하여 세계적으로 확산조짐이 있는 상황이다. 블록체인이 성공하려면 정부와 은행을 비롯한 금융기관의 관심이 절대적으로 중요하다고 시장에서 전문가들은 내다보고 있다. 특히 최근에는 아시아지역에서 블록체인 산업과 관련하여 투자에 많은 관심을 갖고 있다.

　블록체인은 사회와 경제 등 모든 부문에서 획기적인 새로운 시대를 열어갈 수 있는 능력을 갖추어 나갈 새로운 기술로 손꼽히고 있다. 블록체인이 금융과 관련하여 주목을 받아 온 것은 블록체인의 장점 때문이다. 이는 효율성과 투명성이 향상된 블록체인 기술에 주목하고 있는 것이며, 기업체들에게 있어서 비용절감의 금융서비스로써 도구가 될 것이라는 기대감 때문이다.

---

9 Pesin, I.(2017), "Introduction to Fintech", Life SREDA venture capital, pp. 2~55.

| 그림 9-10 | 블록체인 산업과 장점의 체계도 (1)

블록체인은 사회와 경제 등 모든 부문에서
획기적인 새로운 시대를 열어갈 수 있는 능력을 갖추어 나갈
새로운 기술로 손꼽히고 있음

↓

블록체인이 금융과 관련하여 주목을 받아 온 것은
블록체인의 장점 때문임

↓

이는 효율성과 투명성이 향상된 블록체인 기술에 주목하고 있는 것이며,
기업체들에게 있어서는 비용절감의 금융서비스로써
도구가 될 것이라는 기대감 때문임

| 그림 9-11 | 블록체인 산업과 장점의 체계도 (2)

블록체인의 경우 블록체인을 기반으로 하는 기술에 대한
제공업체의 수가 헤아릴 수 없을 정도로 전 세계에 걸쳐서 많이 만들어질 수도 있는
장점을 지니고 있음

↓

이는 기술의 발전에 가속도를 줄 수 있기 때문

↓

블록체인의 기업은 기존의 기업들과 달리 독립적인 형태로 창업되어
육성되고 발전되어 나가는 형태로 진행될 수도 있음

블록체인의 경우 블록체인을 기반으로 하는 기술에 대한 제공업체의 수가 헤아릴 수 없을 정도로 전 세계에 걸쳐서 많이 만들어질 수도 있는 장점도 지니고 있다. 이는 기술의 발전에 가속도를 줄 수 있기 때문이다. 그리고 블록체인의 기업은 기존의 기업들과 달리 독립적인 형태로 창업되어 육성되고 발전되어 나가는 형태로 진행될 수도 있다. 또는 은행을 비롯한 다른 단체를 통하여 이들이 후원

하고 혁신적인 연구소 형태가 만들어져 창업되고 생태계가 만들어져 나갈 수도 있다. 이러한 블록체인의 기업들은 금융서비스의 분야와 기술이 접목되었을 때 많은 발전을 해 나가고 있다.

아직까지 블록체인의 선구자들은 미국을 비롯한 서부유럽이 중심이 되고 있다. 그리고 동남아시아의 경제공동체에서도 관심을 갖는 것을 비롯하여 세계적으로 확산조짐이 있는 상황이다. 블록체인의 성공은 정부와 은행을 비롯한 금융기관

| 그림 9-12 | 블록체인 산업과 장점의 체계도 (3)

블록체인의 경우 은행을 비롯한 다른 단체를 통하여
이들이 후원하고 혁신적인 연구소 형태가 만들어져 창업되고
생태계가 만들어져 나갈 수도 있음

↓

블록체인의 기업들은 금융서비스의 분야와
기술이 접목되었을 때 많은 발전을 해 나가고 있음

↓

아직까지 블록체인의 선구자들은
미국을 비롯한 서부유럽이 중심이 되고 있음

| 그림 9-13 | 블록체인 산업과 장점의 체계도 (4)

블록체인의 경우 동남아시아의 경제공동체에서도
관심을 갖는 것을 비롯하여 세계적으로 확산조짐이 있는 상황

↓

블록체인의 성공은 정부와 은행을 비롯한 금융기관의 관심이
절대적으로 중요하다고 시장에서 전문가들은 내다보고 있음

↓

특히 최근에는 아시아지역에서 블록체인 산업과 관련하여
투자에 많은 관심을 갖고 있음

| 표 9-3 | 블록체인 산업의 생태계[10]

분류	내용과 특징
블록체인 산업의 생태계	블록체인은 무엇인가? 블록체인은 넓게 정의하면 여러 독립체의 형태로 나뉘어져 있는 데이터베이스 네트워크의 형태를 의미한다. 즉, 데이터에 대한 소유자도 없고 관리자도 없는 것이다. 데이터베이스는 추가만 되는 경향을 지니고 있다.
	여기서는 블록체인의 장점은 기록은 가능하지만 네트워크에 대하여 참여하는 사람들의 막대한 범위에 해당하는 동의를 받지 않고는 기록한 데이터에 대하여 변경이 불가능하다는 것이다. 즉, 한 개의 독립체에 있게 되는 시스템의 관리자 혹은 사용자가 타 참여자의 동의를 받지 않고 블록체인에 기반한 데이터를 변경시킬 수 없는 것이다.
	블록체인이 탄생하기 전에는 참여자들이 같은 데이터베이스에 의존하는 신뢰할만한 제3자의 보유와 관리가 필요하고 엄청난 가치를 한 곳에 집약시키는 데이터에 대한 원천인 소스가 필요하였다. 블록체인의 또 다른 장점은 참여자들에게 제3자 필요 없이 행사에 동의할 수 있는 권리의 제공이 가능하다는 점이다.

| 그림 9-14 | 블록체인 산업의 생태계의 관계도 (1)

블록체인은 넓게 정의하면 여러 독립체의 형태로
나뉘어져 있는 데이터베이스 네트워크의 형태를 의미

↓

데이터에 대한 소유자도 없고 관리자도 없는 것이며,
데이터베이스는 추가만 되는 경향을 지니고 있음

↓

블록체인의 장점은 기록은 가능하지만 네트워크에 대하여
참여하는 사람들의 막대한 범위에 해당하는 동의를 받지 않고는
기록한 데이터에 대하여 변경이 불가능하다는 것임

---

10 Pollari, I. and A. Ruddenklau(2018), "The Pulse of Fintech 2018", Biannual global analysis of investment in fintech, KPMG, pp. 5~57.

의 관심이 절대적으로 중요하다고 시장에서 전문가들은 내다보고 있다. 특히 최근에는 아시아지역에서 블록체인 산업과 관련하여 투자에 많은 관심을 갖고 있다.

블록체인은 무엇인가? 블록체인은 넓게 정의하면 여러 독립체의 형태로 나뉘어져 있는 데이터베이스 네트워크의 형태를 의미한다.

즉, 데이터에 대한 소유자도 없고 관리자도 없는 것이다. 데이터베이스는 추가만 되는 경향을 지니고 있다. 여기서는 블록체인의 장점은 기록은 가능하지만 네트워크에 대하여 참여하는 사람들의 막대한 범위에 해당하는 동의를 받지 않고는 기록한 데이터에 대하여 변경이 불가능하다는 것이다. 즉, 한 개의 독립체에 있게 되는 시스템의 관리자 혹은 사용자가 타 참여자의 동의를 받지 않고 블록체인에 기반한 데이터를 변경시킬 수 없는 것이다. 블록체인이 탄생하기 전에는 참여자들이 같은 데이터베이스에 의존하는 신뢰할만한 제3자의 보유와 관리가 필요하고 엄청난 가치를 한 곳에 집약시키는 데이터에 대한 원천인 소스가 필요하였다. 블록체인의 또 다른 장점은 참여자들에게 제3자 필요 없이 행사에 동의할 수 있는 권리를 제공하는 것이 가능하다는 점이다.

<그림 9-16>에는 주요국제금리 중 주요국제금리 중 미국의 T/Note(5년)와 T/Note(10년)(각각 단위: %)가 나타나 있다. 이 자료는 경제검색의 시스템(간편 검색, 한

| 그림 9-15 | 블록체인 산업의 생태계의 관계도 (2)

블록체인의 다른 장점으로 한 개의 독립체에 있게 되는
시스템의 관리자 혹은 사용자가 타 참여자의 동의를 받지 않고
블록체인에 기반한 데이터를 변경시킬 수 없는 것임

↓

블록체인이 탄생하기 전에는 참여자들이 같은 데이터베이스에 의존하는
신뢰할만한 제3자의 보유와 관리가 필요하고 엄청난 가치를
한 곳에 집약시키는 데이터에 대한 원천인 소스가 필요하였음

↓

블록체인의 또 다른 장점: 참여자들에게 제3자 필요없이
행사에 동의할 수 있는 권리를 제공하는 것이 가능하다는 점

| 그림 9-16 | 주요국제금리 중 미국의 T/Note(5년)와 T/Note(10년)   (각각 단위: %)

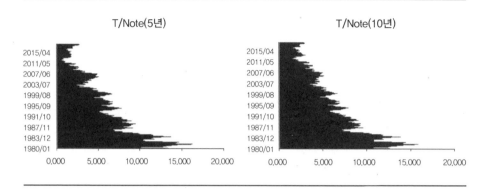

국은행]에 따른 것이다. 이들 자료의 기간은 1980년 1월부터 2018년 6월까지이다.

이들 데이터들의 특징을 살펴보면, 앞서 살펴본 바와 같이 미국의 금리동향에 한국의 금리가 비슷한 양상으로 동조성을 보이고 있는 것을 알 수 있다. 또한 최근 미국의 금리 인상에도 한국은 경제여건상 같이 올리지 못하는 디커플링(decoupling) 현상이 발생되어 미국의 기준금리와 한국의 기준금리 간의 역전현상이 발생되고 있다. 2018년 6월 현재 한국의 국고채수익률(3년)은 2.122%이고, 미국의 T/Note수익률(5년)은 2.738%이고 T/Note(10년)는 2.86%, T/Bond(30년) 2.989를 각각 기록하고 있다. 이에 따라 한국에서 안전자산의 선호로 인하여 미국이 더 금리를 올리면 미국으로의 자금이동이 발생하지 않을까 하고 시장에서 우려하고 있기도 하다.

한국은 세계적인 IT강국으로 제조업 위주의 전통적인 산업의 발전과 함께 4차 산업혁명에서도 두각을 나타낼 수 있는 좋은 조건들을 갖추고 있는 것이 사실이다. 따라서 앞에서도 살펴본 바와 같이 인터넷전문은행에서 은산분리의 규제완화와 같은 담론이 2018년 하반기 들어 본격적으로 이루어지고 있다.

이와 같은 핀테크 산업의 경우 세계의 핀테크 산업 시장규모가 2017년 들어 더욱 성장해 나가고 있는데, 한국의 경우 오히려 줄어들고 있는 것이 아닌가 하는 우려를 시장의 전문가들이 하고 있다. 따라서 블록체인을 비롯한 핀테크산업에 종사하고 있는 산업계 뿐 아니라 학계를 비롯한 전문가들의 지혜가 모아지고 사회 및 경제주체들의 관심 증가도 필요한 것으로 판단된다.

<그림 9-17>에는 주요국제금리 중 미국의 T/Bond(30년)와 독일정부채(10년)

| 그림 9-17 | 주요국제금리 중 미국의 T/Bond(30년)와 독일정부채(10년)   (각각 단위: %)

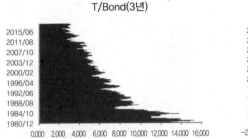

T/Bond(3년)

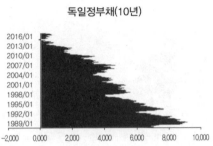

독일정부채(10년)

(각각 단위: %)가 나타나 있다. 이 자료(source)는 경제검색의 시스템[간편 검색, 한국은행]에 따른 것이다. 이들 자료의 기간은 미국의 T/Bond수익률(30년)이 1980년 12월부터 2018년 6월까지이고, 독일정부채수익률(10년)이 1989년 1월부터 2018년 6월까지이다.

　이와 같은 데이터들의 특징들을 살펴보면, 1980년 이후 꾸준히 각국별 수익률들이 미국을 중심으로 동조화 현상을 보이면서 하락한다는 것이다. 그리고 수익률이 각국의 경제성장률을 궁극적으로 반영한다고 할 때 경제성장률이 하락하고 있다는 반증이기도 하다. 이는 투자자들의 수익률 제고와 기업들의 투자여건도 과거에 비하여 복잡해졌다는 것을 나타내 주고 있다.

　중국은 전통적인 산업 뿐 아니라 바이오와 반도체 등의 차세대 성장동력산업의 부문에서 대규모 투자를 해오고 있으므로 한국의 기업들은 세계시장에서 이와 같은 중국의 기업들과 상당한 경쟁관계에 놓여 있고 미래에도 이와 같은 경쟁 추세가 이어질 것으로 시장의 전문가들은 내다보고 있다. 따라서 한국은 블록체인 기반의 기술인 가상화폐(암호화폐), ICO 등의 핀테크를 비롯한 4차 산업혁명에 관련된 기업들에서 IT기술의 강점을 최대한 활용해 나가야 할 시점이다.

블록체인 산업의 장점은 첫 번째 효율성 측면이다. 블록체인에 활용되는 기술의 장점은 앞에서도 살펴본 바와 같이 금융기관의 거래에 조정에서 효율성 증진이 가능하다는 점이다. 그리고 다른 이로운 점으로는 금융기관들 간에 있어서 지불하는 속도가 증진될 수 있다는 것이다.

블록체인 산업의 두 번째 장점은 투명성 측면이다. 거래되고 있는 데이터에 대하여 공통적인 플랫폼 게시로써 규제하는 기관 또는 이해관계자들이 이 거래에 대하여 실시간 확인이 가능하다는 점이다. 이와 같은 장점으로는 규제를 시행하는 금융당국에 도움을 줄 수 있는 측면이 되고 시스템에서의 위험에 대하여 보다

| 표 9-4 | 블록체인 산업의 장점

분류	내용과 특징
블록체인 산업의 장점	블록체인 산업의 장점은 첫 번째 효율성 측면이다. 블록체인에 활용되는 기술의 장점은 앞에서도 살펴본 바와 같이 금융기관의 거래에 조정에서 효율성 증진이 가능하다는 점이다. 그리고 다른 이로운 점으로는 금융기관들 간에 있어서 지불하는 속도가 증진될 수 있다는 것이다.
	블록체인 산업의 두 번째 장점은 투명성 측면이다. 거래되고 있는 데이터에 대하여 공통적인 플랫폼 게시로써 규제하는 기관 또는 이해관계자들이 이 거래에 대하여 실시간 확인이 가능하다는 점이다. 이와 같은 장점으로는 규제를 시행하는 금융당국에 도움을 줄 수 있는 측면이 되고 시스템에서의 위험에 대하여 보다 더욱 빠르게 감지가 가능하도록 하게 만든다는 것이다. 예를 들어 국제적인 스왑거래를 비롯한 파생상품들의 거래와 무역의 상환에서 거래내역을 보다 쉽게 이해하고 예측이 가능하도록 하는 블록체인의 장점을 가지고 있다. 또한 블록체인 기반의 기술은 토지의 등록시스템에서도 장점을 지니고 있는 것으로 알려지고 있다.
	블록체인 산업의 세 번째 장점은 탄력성 측면이다. 수많은 노드를 가지고 있으며 여기에 데이터베이스를 저장해두면 데이터에 대한 복원력 또한 상승하게 된다는 점이다.

더욱 빠르게 감지가 가능하도록 하게 만든다는 것이다. 예를 들어 국제적인 스왑 거래를 비롯한 파생상품들의 거래와 무역의 상환에서 거래내역을 보다 쉽게 이해하고 예측이 가능하도록 하는 블록체인의 장점을 가지고 있다. 또한 블록체인 기반의 기술은 토지의 등록시스템에서도 장점을 지니고 있는 것으로 알려지고 있다. 그리고 블록체인 산업의 세 번째 장점은 탄력성 측면이다. 수많은 노드를 가지고 있으며 여기에 데이터베이스를 저장해두면 데이터에 대한 복원력 또한 상승하게 된다는 점이다.

| 그림 9-18 | 블록체인 산업의 장점 (1)

블록체인 산업의 장점은 첫 번째 효율성 측면

↓

블록체인에 활용되는 기술의 장점은 앞에서도 살펴본 바와 같이
금융기관의 거래에 조정에서 효율성 증진이 가능하다는 점

↓

다른 이로운 점으로는 금융기관들 간에 있어서 지불하는 속도가
증진될 수 있다는 것

| 그림 9-19 | 블록체인 산업의 장점 (2)

블록체인 산업의 두 번째 장점은 투명성 측면

↓

거래되고 있는 데이터에 대하여 공통적인 플랫폼 게시로써
규제하는 기관 또는 이해관계자들이 이 거래에 대하여
실시간 확인이 가능하다는 점

↓

이와 같은 장점으로는 규제를 시행하는 금융당국에
도움을 줄 수 있는 측면이 되고 시스템에서의 위험에 대하여 보다 더욱
빠르게 감지가 가능하도록 하게 만든다는 것

블록체인을 비롯한 4차 산업혁명을 포함한 한국경제의 활성화를 위해서는 R&D(research and development) 및 투자(investment)와 관련된 세액공제의 확대를 비롯한 규제 완화의 노력이 지속되어야 할 것으로 시장의 전문가들은 내다보고 있다.

블록체인 산업과 같은 4차 산업혁명 부문은 전통적인 산업과 융합적인 발전을 해 나갈 때 더욱 활성화될 수 있다. 예를 들어 전통적인 은행산업과 같은 금융기관이 모바일뱅킹을 비롯한 IT산업의 활성화로 핀테크로 이어지고 있다. 서로 상생할 수 있는 부문이 넓어지고 있는 것이다. 그리고 한국의 IT산업 기술의 강점을 잘 활용해 나가야 한다.

이 책에서 금융과 재정을 동시에 염두에 둔 것은 미국이 금융위기를 금융정책과 재정정책을 통하여 동시에 추진하였기 때문에 빠른 시일 내에 성공적으로 미

| 그림 9-20 | 블록체인 산업의 장점 (3)

블록체인 산업 장점의 활용

↓

국제적인 스왑거래를 비롯한 파생상품들의 거래와
무역의 상환에서 거래내역을 보다 쉽게 이해하고 예측이 가능하도록 하는
블록체인의 장점을 가지고 있음

↓

블록체인 기반의 기술은 토지의 등록시스템에서도
장점을 지니고 있는 것으로 알려지고 있음

| 그림 9-21 | 블록체인 산업의 장점 (4)

블록체인 산업의 세 번째 장점은 탄력성 측면

↓

수많은 노드를 가지고 있으며 여기에 데이터베이스를 저장해두면
데이터에 대한 복원력 또한 상승하게 된다는 점

| 그림 9-22 | 주요국제금리 중 영국정부채(10년)와 일본정부채(10년)　　　(각각 단위: %)

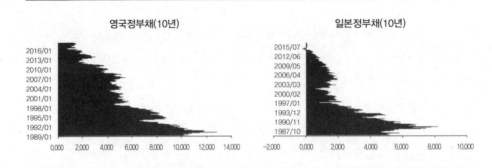

국의 금융위기 국면을 탈피할 수 있었기 때문이다. 이와 같이 국가 전체적으로 경제주체들의 노력이 있어야 블록체인을 비롯한 4차 산업혁명의 성공적인 발전이 가능할 것으로 판단된다.

<그림 9-22>에는 주요국제금리 중 영국정부채(10년)와 일본정부채(10년)(각각 단위: %)가 각각 나타나 있다. 이 자료는 경제검색의 시스템[간편 검색, 한국은행]에 따른 것이다. 이들 자료의 기간은 영국정부채(10년)는 1989년 1월부터 2018년 6월까지이고, 일본정부채(10년)는 1987년 10월부터 2018년 6월까지이다.

이와 같은 데이터들의 특징들을 살펴보면, 1980년 이후 꾸준히 각국별 수익률들이 미국을 중심으로 동조화 현상을 보이면서 대체로 하락한다는 것이다. 그리고 수익률이 각국의 경제성장률을 궁극적으로 반영한다고 할 때 경제성장률이 하락하고 있다는 것을 앞에서도 언급한 바와 같이 증명하고 있다.

이는 투자자들의 수익률 제고와 기업들의 투자여건도 과거에 비하여 복잡해졌다는 것을 나타내 주고 있는 것이다. 기업들의 경우 투자에 보다 신중히 질 수밖에 없고 세제 동향 등에도 더욱 민감해지고 있는 것이다. 따라서 시장전문가들은 블록체인을 비롯한 4차 산업혁명을 포함한 한국경제의 활성화를 위해 R&D(research and development) 및 투자(investment)와 관련된 세액공제의 확대를 비롯한 규제완화의 노력이 지속되어야 한다고 보고 있다.

물론 남부 유럽을 위주로 재정위기가 있었던 바와 같이 국가적인 재정건전성도 잘 유지되어야 해서 정부의 민간부문과 정부부문의 효율적인 발전을 위해 정책적으로 세련되어야 한다. 현재와 같이 고용증진과 경제 활성화를 위해서는 민

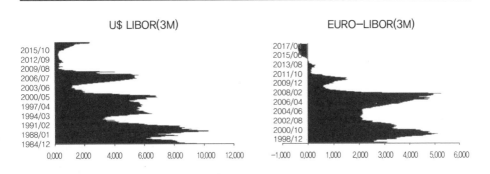

| 그림 9-23 | 주요국제금리 중 U$ LIBOR(3M)와 EURO-LIBOR(3M)   (각각 단위: %)

간부문의 경제적인 활력에 이전보다 더 관심을 기울여 나가야 한다.

<그림 9-23>에는 주요국제금리 중 U$ LIBOR(3M)와 EURO-LIBOR(3M)(각각 단위: %)가 각각 나타나 있다. 이 자료(source)는 경제검색의 시스템[간편 검색, 한국은행]에 따른 것이다. 이들 자료의 기간은 U$ LIBOR(3M)는 1984년 12월부터 2018년 6월까지이고, EURO-LIBOR(3M)은 1998년 12월부터 2018년 6월까지이다. 이 중에서 U$ LIBOR(3M)의 특징을 살펴보면, 1980년대 이후 꾸준히 수익률이 하락 추세에 놓여 있다는 것이다.

물론 미국의 경우 2018년 하반기 이후에도 금리인상이 예상되고 있는 상황이다. 이는 이머징마켓에서 안전자산의 선호현상(flight to quality)으로 인하여 미국으로의 자금이탈이 가시화될지에 대해 시장에서 예의주시하고 있는 상황이다.

아무튼 현재와 같은 한국의 저금리 추세는 기업들의 자금조달 측면에서는 우호적인 측면임에는 틀림이 없다. 하지만 한국의 경우에는 대외적인 수출의존도도 높고 대외경제적인 여건에 많은 영향을 받을 수밖에 없어서 최저임금을 비롯한 국내적인 이슈 이외에도 경제주체들이 해외 경제변수들에도 관심을 지속해 나가야 한다.

블록체인을 기반으로 하는 기술의 가상화폐(암호화폐, cryptocurrency)도 은행을 비롯한 기존의 금융기관과 상생하여 발전해 나갈 수 있는 동반성장이 가능하다. 이를 위하여 기업을 비롯하여 기관투자자들의 투자가 한국경제의 향후 차세대 성장동력산업인 블록체인을 기반으로 하는 기술의 가상화폐(암호화폐, cryptocurrency) 뿐 아니라 전체적인 4차 산업혁명과 전통적인 산업에서 잘 이루어져 양질의 일자리 창출과 함께 고용증대 등이 함께 이루어질 수 있도록 해 나가야 한다. 이를 위해서는 정부의 재정정책 집행에서도 현재와 같이 기업들과 관련된 세제변화의 방향과 함께 국가 전체적인 경제시스템까지 모두 고려해 잘 이루어져야 할 것이다.

Reference

Aaron, H.(1982), Economic Effects of Social Security, Washington: The Brookings Institute.

Ahmad, E. and N.H. Stern(1984), "The theory of reform and Indian indirect taxes", Journal of Public Economics, 25.

Bergstrom, T.C. and R.C. Cornes(1983), "Independence of allocative efficiency from distribution in the theory of public goods", Econometrica, 51.

Buiter, W.H. and J. Carmichael(1984), "Government debt: comment", American Economic Review, 74.

Carmichael, J.(1982), "On Barro's theorem of debt neutrality: the irrelevance of net wealth", American Economic Review, 72.

Christiansen, V.(1988), "Choice of occupation, tax incidence and piecemeal tax re-vision", Scandinavian Journal of Economics, 90.

Dasgupta, D. and J.-I. Itaya(1992), "Comparative statics for the private provision of public goods in a conjectural variations model with heterogeneous agents", Public Finance, 47.

Davies, J.B. and P. Kuhn(1992), "Social security, longevity, and moral hazard", Journal of Public Economics, 49.

Deaton, A.S. and N.H. Stern(1986), "Optimally uniform commodity taxes, taste dif-ference and lump-sum grants", Economics Letters, 20.

Eichhorn, W.(1988), "On a class of inequality measures", Social Choice and Welfare, 5.

http://ecos.bok.or.kr/

Pesin, I.(2017), "Introduction to Fintech", Life SREDA venture capital.

Pollari, I. and A. Ruddenklau(2018), "The Pulse of Fintech 2018", Biannual global analysis of investment in fintech, KPMG.

Index

저자 약력

김 종 권

성균관대학교 경제학사 졸업
서강대학교 경제학석사 졸업
서강대학교 경제학박사 졸업
대우경제연구소 경제금융연구본부 선임연구원 역임
LG투자증권 리서치센터 책임연구원 역임
한국보건산업진흥원 정책전략기획단 책임연구원 역임
전 한국경제학회 사무차장
전 한국국제경제학회 사무차장
현재 신한대학교 글로벌통상경영학과 부교수
　　　한국국제금융학회 이사
　　　한국무역상무학회 이사

저서
재정학과 실무, 박영사, 2017.12
정보경제학과 4차 산업혁명, 박영사, 2018.9

공적
의정부세무서장 표창장(2011.3.3)
국회 기획재정위원장 표창장(2018.5.3)

금융재정학과 블록체인

초판발행	2018년 10월 26일
지은이	김종권
펴낸이	안종만
편 집	배근하
기획/마케팅	손준호
표지디자인	조아라
제 작	우인도·고철민
펴낸곳	(주) **박영사**
	서울특별시 종로구 새문안로3길 36, 1601
	등록 1959. 3. 11. 제300-1959-1호(倫)
전 화	02)733-6771
f a x	02)736-4818
e-mail	pys@pybook.co.kr
homepage	www.pybook.co.kr
ISBN	979-11-303-0660-5 93320

정 가   18,000원